DAS JUNGS-BUCH

STEPHAN BORCHERS

DAS JUNGS-BUCH:

DER GANZE KRAM, DEN DU MIT 14 WISSEN SOLLTEST!

MIT ILLUSTRATIONEN VON JANA MOSKITO

SCHWARZKOPF & SCHWARZKOPF

TEIL I

DU & ALLES WICHTIGE

VON PIMMELN, LIEBE, SEX UND GIRLS!
— SEITE 11 —

TEIL II

DU & ALL DER ANDERE MIST

WAS SONST NOCH SO SPANNEND IST...
— SEITE 147 —

BESTE GLÜCKWÜNSCHE, MEIN ALTER!

Du bist – Zeit für gewaltigen Trommelwirbel – ein Mann! Absolut genial! Endlich, nach all den ewigen Jahren des Wartens, hast du das große Ziel erreicht – komplette und vollständige und absolute Männlichkeit!

Fast jedenfalls.

Denn momentan bist du 14, was aber schon mal ziemlich »beinahe-erwachsen« ist. Läuft also bei dir. Falls du schon etwas älter oder jünger bist, ist's auch okay. Kein Stress – so genau nehme ich es nicht mit dem Alter. Wer ich bin? Na, Buddy natürlich! Buddy heißt übersetzt: Kumpel, und genau das will ich für dich sein. Mein einziger Job dabei ist es, dir die Welt zu erklären.

Jawoll! Ich bin also genau wie all deine Lehrer. Klugscheißend und lästig.

Würg!

Jetzt schon die Schnauze voll? Tierisch Lust gerade, mich gegen die Wand zu klatschen oder mich in der Mikrowelle zu grillen? Und nur, weil ich Wörter wie »erklären« und »Lehrer« benutzt habe? Bleib locker! Ich bin vieles, aber ganz bestimmt nicht Schule in Buchform. Brauchst dir also keine Sorgen zu machen.

Aber trotzdem: Ich mach dich klug! Ja! Echt jetzt! Auch wenn du denkst, du bist schon ziemlich klug – mehr geht immer! Ich erkläre dir auf den nächsten tausend Seiten oder so nur die wirklich, wirklich wichtigen Sachen. Oder die, die ich für wichtig halte. Werde dich also mit Mathe-Gleichungen, englischen Vokabeln und historischen Daten foltern.

Kleiner Scherz. Ich lach mich tot.

Schätze mal, du hast irgendwie andere Sorgen als Mathe, Englisch und Geschichte oder den anderen Schulfuck. Mit 14 bist du nämlich in der Pubertät. Hast du wahrscheinlich schon gemerkt. Allein schon, weil sich dein Körper ziemlich verändert.

Mit 14 gehen dir deine Eltern deutlich mehr auf die Eier als noch mit zwölf oder zehn oder dem ganzen einstelligen Mist? Schule und Lehrer stehen ebenfalls im Spannungsabseits? Und Mädchen kapierst du immer noch nicht, auch wenn du sie allmählich viel interessanter findest als noch letztes Jahr? Du hast also zehn Milliarden Fragen? Über dich, Mädchen, Küssen, Liebe und Sex? Vielleicht sogar über deinen Pimmel?

Bitte was? Hä?

Krieg dich wieder ein! Hast schon richtig gehört.

PIMMEL! PIMMEL! PIMMEL!

Für viele Eltern wäre allein meine Wortwahl Grund genug, mich kilometertief im Garten zu verbuddeln. Aber ist ja wohl logisch, dass ich Pimmel sage und nicht Penis, weil DU ja schließlich auch Pimmel sagst. Oder Pillermann. Oder Schniedelwutz. Vielleicht sogar Lusthammer. Allein diese Begriffe – wunderbar männlich!

Will ich mich mit solchen Worten bei dir einschleimen? Aber sicher doch, du Nase! Ich habe gar keine andere Wahl – wenn du mich für einen uncoolen Spießer hältst, bin ich ziemlich gearscht, da du bestimmt keinen Bock hast, dich weiter mit mir zu beschäftigen. Solltest du aber! Ich bin hundertpro auf deiner Seite. Immer!

Jeder Boxer braucht jemanden, der ihm in seiner Ecke die Wasserflasche reicht und ihm das Blut abwischt. Jeder Pilot braucht jemanden, der vor dem Abflug Benzin in die Karre spritzt und sicherstellt, dass die Flügel nicht runterknallen. Jeder 14-Jährige braucht jemanden, der ohne endlos bescheuert rumzunerven einfach in Ruhe und ohne Gelaber seine Fragen beantwortet.

Klar – du kannst auch mit Mama oder Papa sprechen, wenn du irgendwas wissen willst. Ist absolut nicht verboten. Meinetwegen auch mit Lehrern. Kann man machen. Kann man aber auch lassen, vor allem, wenn du einfach deine eigenen Erfahrungen machen willst.

Dafür bin ich da. Ich bin, sofern du mich nicht in die Mülltonne beförderst oder mich im Klo ersaufen lässt, eine Art Kompass für dich. Du erfährst hier Dinge über alles, was dich interessiert. Keine Ahnung, ob ich immer hundertprozentig richtig liege. Vielleicht weißt du nämlich schon einige Sachen. Andere wiederum werden dir am Arsch vorbeigehen. Damit muss ich leben. Hat ja keiner gesagt, dass ich perfekt bin. Was will man denn auch von einem Buch erwarten, das gerade mal 20 Zentimeter groß und 13 Zentimeter breit ist …

Jetzt sagst du wahrscheinlich, dass ich absolut unnötig bin. Dass ich scheiße bin, weil man auf mir nicht herumklicken kann. Weil sich keine Videos öffnen. Weil's keine Kommentarfunktion gibt. Damit vergleichst du mich mit dem Web. Blöder Vergleich. Mir aber egal – ich gewinne! Denn vieles, was so im Internet steht, ist erstens falsch und zweitens von halb toten Erwachsenen geschrieben. Und dann auch noch in einer sterbensöden Sprache. So gesehen ist es also gut, dass irgendwer mich aus meinem langweiligen Buchladen-Leben herausgekauft hat. Keine Ahnung, vielleicht war's Mama? Oder Oma? Oder Tante Irgendwas? Eventuell sogar ein Kumpel oder eine Freundin? No Schimmer. Ist auch ziemlich wurscht. Auf jeden Fall war es jemand, der es gut mit dir meint.

Denn mal im Ernst und ohne wie ein arroganter Sausack rüberkommen zu wollen: Ich bin etwas Besonderes! Ich habe Fakten. Bin voll damit. So voll, dass ich kotzen könnte. Viel, viel bessere Infos als das Internet. Außerdem musst du hier nicht stundenlang herumsuchen, bis du eine verständliche Antwort findest. ALLES, was ich sage, ist wichtig. Auf jeder Seite, in jedem Kapitel, in jedem noch so winzigen Wort.

Ich gebe mir Mühe, dich normal anzusprechen, und werde dich zu keiner Zeit verarschen.

Okay, hin und wieder vielleicht doch. Einfach, weil ich's kann und es Spaß macht …

APROPOS SPASS: WOLLEN WIR EINFACH MAL ANFANGEN?

TEIL I

DU & ALLES WICHTIGE:

▼ ▼ ▼

VON PIMMELN, LIEBE, SEX UND GIRLS!

KAPITEL 1

DU & PIMMEL:

▼ ▼ ▼

ALLES ÜBER DAS GEILSTE TEIL DER WELT!

Der Begriff Penis (ja, so heißt das Ding in Offiziell) kommt aus dem Lateinischen und bedeutet nichts anders als »männliches Glied«, Singular. Das heißt also, du verfügst *nicht* über zwei oder drei oder 20 solcher Penisse! Sorry, aber ist vielleicht auch besser so. Frag dich mal, wo die Dinger alle hängen sollten …

Wenn du dir zwischen deine Beine greifst, wirst du *ihn*, Singular, früher oder später finden. Fühlt sich gut an, oder? Logisch! Dein Penis gehört schließlich genauso zu dir wie alles andere an deinem Körper, auch wenn du ihn normalerweise niemals so in der Öffentlichkeit zeigst wie zum Beispiel dein Gesicht. Nein – auch wenn's heiß ist: Dein Penis bleibt gefälligst in der Hose. Der ist da absolut happy und zufrieden.

1. IST MEIN PENIS EIGENTLICH ZU KLEIN?

Woher verdammte Axt soll ich das wissen? Soll ich mit 'nem Lineal vorbeikommen und das Ding durchmessen? Echt jetzt! Hättest du wohl gern! Aber ich kann deine Sorge trotzdem verstehen. Mädchen stellen sich häufig dieselbe Frage – bezüglich ihrer Möpse. Und andere Jungs gucken auch gerne mal sorgenvoll auf ihren Schwanz und sind sich unsicher: Passt das? Ist das so in Ordnung? Ist der nicht doch eine Spur zu mickrig geraten?

Insgesamt gilt: Das Ding ist noch im Wachstum, und es kann bis zu sechs Jahre dauern, bis es seine finale Größe erreicht hat. In deinem Alter wären 14 Zentimeter ein total ordentlicher Durchschnittswert. Ist er kleiner, ist's auch okay. Ist er größer, dann ebenfalls. Kein Grund zur Sorge. Allerdings gilt der Durchschnittswert natürlich nur im »ausgefahrenen« Zustand. Wenn du JETZT deine Penisgröße messen würdest, käme eine deutlich kleinere Zahl dabei raus. Soll heißen: Wenn du ernsthaft ein Geodreieck anlegen willst, muss das Teil zuerst einmal aufrecht stehen. Absolute

Fachleute wie ich sprechen dann von einem »erigierten Penis«. In anderen Worten: Steifer Schwanz oder harte Latte.

Manche Jungs machen sich den Spaß und messen ihre Latten im Freundeskreis. Kann man machen! Sollte man aber niemals auf dem Schulhof erledigen, und schon gar nicht im Winter! Penisse mögen Kälte nämlich nicht besonders und sind dann normalerweise noch eine Nummer kleiner als üblich.

Zum Thema Größe ein letztes Wort: Es ist echt wurscht, wie groß das Teil ist! Was Sex angeht, spielt es keine besondere Rolle, ob das Ding aussieht wie der Pariser Eiffelturm oder eine halbe Banane. Es kommt auf ganz andere Dinge an ... aber frag besser mal ein Mädchen danach.

2. WIE KRIEGE ICH ES HIN, DASS MEIN PENIS STEHT?

Entschuldige mal, du Scherzkeks. Du bist 14, also solltest du solches Grundwissen auf dem Kasten haben. Aber gut, falls es diesbezüglich noch Wissenslücken gibt, oder falls es mal Probleme mit dem Aufrichten gibt, hier die Basics: Um IHN zum Stehen zu bringen, könntest du natürlich höflich fragen. Ob er bereit wäre, sich mal kurz zu erheben aus seiner ruhigen Unterhosenwelt ... Allerdings scheitert diese Methode meistens, da dein Penis blöderweise über keinerlei Ohren verfügt oder einfach noch zu müde ist vom dauernden Pinkeln. An dieser Stelle möchte ich dir sagen: Ich spreche fließend ironisch ...

Wenn du willst, dass er steht, musst du ihn zuallererst einmal anfassen und mit ihm herumknuddeln. Es geht also, solltest du aus Bio kennen, um Masturbieren. Oder Onanieren. Oder Selbstbefriedigung. In Normalsprech: Du holst dir so richtig schön einen runter. Rubbelst dir einen ab. Melkst die Latte. Es gibt jede Menge

Begriffe für ein und dieselbe Sache, bei der es vor allem darum geht, Spaß zu haben und/oder Druck aus dem Tank zu lassen.

Manchmal hilft es, sich beim Wichsen »scharfe« Gedanken zu machen. Vielleicht gibt's irgendein Mädel, das du heiß oder sexy oder irgendwie rattenscharf findest? Vielleicht hast du sie schon mal in einem kurzen Rock oder so gesehen, was dich ziemlich angemacht hat? Oder du hast ihren Po in engen Jeans bemerkt und dachtest, ziemlich lecker? Du kannst beim Runterholen an alles Mögliche denken, deinen Fantasien freien Lauf lassen. Allerdings: Gedanken an Hausaufgaben, den Klimawandel oder Grünkohl sind eher nicht so geeignet, um einen »Ständer« zu bekommen. Einige Jungs gucken sich auch Bilder an, um besser in Fahrt zu kommen. Videos auf YouTube gehen natürlich auch, allerdings keine Katzenfilmchen!

Hier zur Verdeutlichung noch mal der Abrubbel-Ablaufplan in fünf Schritten, zum Nachmachen! Auch wenn dir die Methode bereits bekannt ist …

1. Hose runterlassen. Pimmel finden. Glücklich sein!
2. Auf den Rücken legen. Oder sitzen. Stehen geht auch. Tipp: Nicht auf dem Bauch liegen! Geht auch in der Badewanne oder unter der Dusche, nicht aber in der Schulbücherei oder im Bus. Soll heißen, gehen geht's schon, kommt aber bei Zuschauern irgendwie komisch rüber …
3. Pimmel umfassen und die Hand, egal ob links oder rechts, rhythmisch rauf und runter bewegen: Die Vorhaut soll sich über die Eichel vor- und zurückschieben.
4. So lange rubbeln, bis das Teil fest und hart und steif wird, sich also aufrichtet. Die Himmelsrichtung ist egal, aber irgendwas Nördliches wäre gut …
5. Kein Grund, um schon aufzugeben: Weiterrubbeln! Mal schneller, mal langsamer. Worauf du Bock hast. Bis du zum Orgasmus kommst. In diesem Fall kommt weißes Zeugs aus der Spitze deines Pimmels: Ob es fließt oder spritzt, spielt keine Rolle.

Es soll auch Jungs geben, die beim Selbstbefriedigen beide Hände benutzen, im Idealfall die eigenen … Eine Hand könntest du also für den Penis nehmen, die andere für weitere Körperzonen, die du an dir interessant findest, zum Beispiel die Brustwarzen oder die Hoden. Experimentiere einfach rum! Kann nichts schiefgehen, und abfallen kann das Teil auch nicht, egal, wie hart du es anfasst.

In früheren Zeiten hat man Jungs manchmal erzählt, dass man vom Masturbieren blind werden kann. Meistens kamen solche Sprüche von Leuten, die an Sehstörungen litten. Aber keine Sorge: Masturbieren macht weder blind noch taub, sondern einfach nur zufrieden. Es ist absolut okay, an deinem Penis herumzuspielen. Mädchen machen schließlich etwas ganz Ähnliches, um auf Touren zu kommen.

3. WAS TUN, WENN ER NICHT STEHEN WILL?

Erstens: Dein Penis ist vielleicht einfach nur schüchtern. Oder faul. Dieses dauernde Aufstehen ist schließlich ganz schön anstrengend. Außerdem muss er dauernd pinkeln oder masturbieren – das ist echt kein Picknick!

Zweitens: Manchmal läuft's halt einfach nicht … Es kann durchaus vorkommen, dass du in den unmöglichsten Situationen einen Ständer bekommst, z.B. in der Schule, natürlich ausgerechnet dann, wenn du gerade irgendeinen Mist an die Tafel kritzeln sollst. Oder, noch übler, im Schwimmbad, wenn dir ein hübsches Mädchen (hübscher Junge geht natürlich auch …) über den Weg läuft und dir die verdammt sichtbare Beule in deiner Badehose ernsthafte Probleme bereitet. Denk dran, dass so ein Penis einen eigenen Willen hat. Ihn kontrollieren zu wollen ist ziemlich zwecklos. Wenn er sich also nicht aufrecht in den Himmel erheben will, obwohl du es ganz total dringend möchtest, kann das daran liegen, dass du zu viel Druck aufbaust. Stress dich nicht, und ihn auch nicht.

Gerade, wenn vielleicht das erste Mal Sex anliegt, bist du mit Sicherheit hammer-hyper-nervös – und es kann eben passieren, dass sich diese Hammerhypernervosität auch auf deinen Penis ausdehnt. Er ist keineswegs krank oder kaputt oder gar zerbrochen, sondern einfach nur brutal gestresst, was wiederum an deinem Gehirn liegt, das ebenfalls total im Action-Modus ist. Unter Druck arbeitet niemand gern. Also: Zähle Schafe, oder Elefanten, oder Quadratzahlen. Ruhig atmen. Entspann dich, so gut es geht. Deine Freundin wird damit bestimmt kein Problem haben! Bringe dich anderweitig in Stimmung, indem du das Mädel küsst und berührst und streichelst und, und, und … Dir wird schon was einfallen … Vielleicht wird dein kleiner Mann ja doch noch ganz groß. Und falls nicht, dann eben beim nächsten Mal.

4. MEIN DING SIEHT AUS WIE DER SCHIEFE TURM VON PISA. WAS TUN?

Du könntest, natürlich mit jeder Menge brutaler Gewalt, versuchen, deinen Penis irgendwie gerade zu rücken. Ist aber nicht empfehlenswert und führt sowieso nicht zum Erfolg. Hat also schon seinen Sinn, dass man den Turm in Pisa lässt, wie er ist: scheißeschief und scheißeschön und eine absolute Touristenattraktion! Tatsache ist: Etwa die Hälfte aller »aufrechten« männlichen Penisse sind gekrümmt, gucken also nach links oder rechts. Nach unten allerdings eher selten. Solange deine Gurke keinen Kreis, kein Dreieck oder eine Pyramide formt, wenn sie ausgefahren ist, oder sogar Schmerzen verursacht, ist absolut alles in Ordnung. Falls dein Penis kerzengerade steht, prima! Falls nicht, drauf geschissen, es sei denn, er sieht wirklich aus wie eine kaputte Banane. Dann wird's mit der Krümmung etwas zu extrem, und du solltest einen Arzt aufsuchen.

Tipp: Bei allen Problemen mit deinem Intimbereich gehst du nie zum Zahn- oder Augenarzt. Auch Tierärzte sind nicht zuständig. Dein Penis ist schließlich ein Penis, und kein Wurm. Man wendet sich folglich an Urologen, absolute Profis, die den ganzen Tag nichts anderes tun, als sich mit Geschlechtsorganen zu beschäftigen und die schon so ziemlich alles gesehen haben, also durch nichts schockiert werden können. Sich schämen ist also Quatsch.

PS: Urologe wäre vielleicht was für deine berufliche Zukunft? Nur mal so als Idee …

5. WAS IST DAS EIGENTLICH GENAU FÜR EIN WEIßES ZEUGS?

Konkretisiere deine Frage: Meinst du Milch? Schnee? Oder doch die leckere Flüssigkeit, die aus deinem Penis kommt, wenn du so richtig gepflegt masturbierst? Falls du intelligent rüberkommen willst, sagst du natürlich Ejakulat. Normale Menschen sagen Sperma. Sperma ist nichts anderes als die Befruchtungsflüssigkeit männlicher Tiere (zu denen du ebenfalls gehörst!). Sperma besteht, halt dich fest, aus Spermien. Darauf muss man erst mal kommen! Außerdem aus Epithelzellen der Hodenkanälchen (ist eigentlich ziemlich wurscht) sowie aus einer stinkenden Flüssigkeit.

Sperma, auch wenn das Zeug als Crème de la Crème bekannt ist, sollte man nur in Ausnahmefällen trinken. Besser: Nie! Auch nicht geeignet zum Süßen von Kaffee oder Tee. Sperma kann theoretisch, wenn der Orgasmus einsetzt, bis zu einem halben Meter weit schießen. So gesehen ist der Vergleich mit einem Vulkan, der heiße Lava ausspuckt, gar nicht so verkehrt. Vielleicht hat schon mal einer deiner Kumpels davon erzählt, dass er kilometerweit abgespritzt hat? Ist Unsinn. Aber einen Laptopmonitor kann man tatsächlich erreichen …

Sperma neigt dazu, einen gewissen Fischgeruch zu entwickeln, sodass eine Verwendung als Deo-Ersatz nicht infrage kommt, schon gar nicht an warmen Sommertagen.

Wenn du irgendwann einmal Sex haben solltest – mit einem Mädchen –, musst du zur Vermeidung einer Schwangerschaft unbedingt vermeiden, dass deine Spermien in die Scheide des Mädchens eindringen: Hierzu benutzt du bitte immer! immer! immer! ein Kondom. Bananenschalen haben sich in diesem Zusammenhang leider als wenig schützend erwiesen. Auch abgesehen von der Schwangerschaftsproblematik sind Kondome wichtig, da sie dafür sorgen, dass keine Krankheiten übertragen werden. Wiederum davon abgesehen: Mit Kondomen kann man ganz prima Wasserballons machen!

6. KONDOME? ECHT JETZT?

Ja. Echt jetzt. Aber nur, wenn Sex ansteht. Beim normalen Wichsen sind sie nicht nötig, es sei denn, du willst dein Sperma unbedingt in einer Gummitüte sammeln und damit im Anschluss Mamas Blumen gießen. Übrigens nicht empfehlenswert!

Kondome gibt es in zig verschiedenen Sorten und Größen, da kann man schon mal verzweifeln. Aber wie zur Hölle funktioniert so ein Teil? Nur für den Fall, dass du in der einzigen Biostunde, in der so was thematisiert wurde, gepennt hast. Falls nicht – ein wenig Wiederholung kann nicht schaden. Also:

KONDOMANWENDUNGS-ABLAUFPROGRAMM:

1. Erst benutzen, wenn der Chef aufrecht steht. (Du bemerkst, dass ich deinen Pimmel einfach mal Chef nenne … das war zumindest der Spitzname, den ich selbst immer verwendet habe. Natürlich kannst du eigene Kosenamen erfinden, z.B. Luschi, Anakonda, Knüppel, Lolli, Gurke, Torpedo, Zauberstab, oder einfach Willy, wie dein Hamster.)

2. Kondom aus der Packung nehmen, vorher das Haltbarkeitsdatum checken. Packung nicht mit den Zähnen öffnen, auch nicht mit spitzen Messern oder Lötkolben.

3. Das Kondom erst AUF dem Penis abrollen; vorher die Luft aus der Spitze drücken.

4. Wenn das Abrollen nicht funktioniert, hast du das Ding wahrscheinlich falsch herum aufgesetzt. Also: Richtung ändern!

5. Kondom bis ganz nach unten abrollen und sofort abnehmen, wenn deine Latte nach dem Sex nicht mehr lattig ist.

Übrigens: Es ist aus Gründen des Umweltschutzes absolut nachvollziehbar, dass du nicht alles nach dem ersten Gebrauch wegwirfst, sondern bestimmte Sachen stattdessen wiederverwenden möchtest. Bei T-Shirts, Unterwäsche oder Socken ist das super, bei Kondomen nicht! Sie sind eindeutig nur zur einmaligen Anwendung bestimmt und gehören danach in den Hausmüll! Nicht Biomüll! Und auch nicht einfach in den Gartenteich.

7. WAS GIBT'S DENN SO FÜR GUMMISORTEN?

Du hast doch bestimmt schon mal ein Gummi in der Hand gehabt, oder? Also kann ich auf Zeichnungen und allzu viel Info-Gelabber verzichten. Gut so!

Das erste Kondom aus Gummi, wie du hundertprozentig nicht wusstest und was dir mit Sicherheit scheißegal ist, wurde vermutlich 1855 erfunden, ab 1930 erst gibt's Kondome aus Latex, was immer noch Standard ist. Aber auch schon vor Gummi und Latex gab es Möglichkeiten, sich vor Schwangerschaften oder Geschlechtskrankheiten zu schützen. Die ersten Kondommodelle bestanden noch aus gewebtem Stoff (nicht besonders wirksam); in der Folgezeit ging man zu Schafsdärmen über, was vielleicht nicht besonders lecker klingt. Andererseits sollst du die Dinger ja auch nicht essen. Tierdarmprodukte sind immer noch auf dem Markt, schützen allerdings nicht gegen Geschlechtskrankheiten und sind deshalb ziemlicher Mist.

Davon abgesehen, der Kondommarkt ist riesig. Früher oder später wirst du in einem Supermarkt vor so einem Regal stehen und, wie jeder normale Junge, völlig überfordert sein. Was echt zu Stresspickeln führen kann. Es scheint inzwischen mehr Kondom- als Joghurtsorten zu geben – die Auswahl ist somit eine ziemlich schwierige Veranstaltung. So findest du eine Vielzahl verschiedenster Geschmacksrichtungen von Banane, Erdbeere, Schokolade über Minze, Pfirsich, Tutti Frutti bis hin zu Kokos oder Kautabak. Nicht durchgesetzt haben sich leider, leider, leider bislang Brennnessel, Bratwurst oder Döner. Ich rate dir: einfach mal ausprobieren und durchprobieren. Auch gibt es die Dinger mit verschiedenen Oberflächenstrukturen: entweder total glatt, also normal, oder mit Perlen oder Rillen oder Riefen oder natürlich Noppen. Diese Teile sollen vor allem für deine Partnerin (oder deinen Partner) stimulierend sein. Einige Kondomsorten leuchten sogar im Dunkeln … Was nun die Größe angeht: Ich empfehle, nicht gleich die XXXXXL-Power-Large-Packung zu kaufen! Wir wollen schließlich deinen Penis einpacken und nicht deinen ganzen Körper. Die Standardlänge beträgt etwa 175 Millimeter und sollte, sofern dein Penis nicht meterhoch steht, problemlos passen.

8. KANN ICH DIE EINFACH SO KAUFEN?

Logisch kannst du. Oder denkst du, dass du dafür einen Waffenschein brauchst? Früher war der Verkauf von Kondomen in einigen Ländern sogar verboten, aber heutzutage weiß jeder, wie wichtig Gummis sind. Also findest du sie auch in jedem normalen Supermarkt. Manchmal hängen sie auch im Kassenbereich an einem Ständer (Wortspiel beachten ...).

Tipp: Gummis immer selbst kaufen. Nie Mama sagen, sie soll mal eben welche mitbringen, wenn sie shoppen geht.

Kondome bekommt man in verschiedenen Packungsgrößen. Eine 12er-Packung kostet kaum drei Euro, aber natürlich gibt es auch sündhaft teure Markenware. Ist aber unnötig. Lass dich außerdem nicht verrückt machen von dem ganzen Zeugs, den die Gummifirmen auf die Packungen drucken. Einige heißen »Fun Explosion«, andere »Gefühlsecht«, wieder andere »Intense« oder, darauf muss man erst mal kommen, »Love«. Im Regelfall: alles dasselbe.

Vielleicht denkst du, dass die Kassiererin dich blöd anguckt, wenn die Gummis übers Band rollen? Unwahrscheinlich. Erstens haben die gar keine Zeit dafür, zweitens ist der Kauf von Kondomen absolut Standard. Mädchen haben schließlich auch kein Problem damit, Tampons oder Binden zu kaufen. Falls du bereits eine Freundin hast und ihr beide demnächst Sex haben wollt, könnt ihr auch zusammen in einen Laden gehen und euch das vielfältige und explosive Angebot gemeinsam ansehen.

Wiederum: Mama solltest du nicht mitnehmen!

Wenn dir die Supermarktsache immer noch nicht geheuer vorkommt, weil dir das irgendwie viel zu öffentlich ist: Kondome gibt es auch im Automaten; diese findest du z.B. in öffentlichen Toiletten an Bahnhöfen.

Ist dir das immer noch too much und too heavy, bleibt nur eins: Besorge dir ein Schaf, füttere es, schlachte es, entnimm den Darm und beginne zu basteln!

9. HAARE AM PIMMEL?
SOLL ICH DIE NICHT BESSER LOSWERDEN?

Meine Fresse, stell dich nicht so an. Haare gibt's überall, z.B. auf Hunden oder Katzen oder auf ganz normalen Köpfen. Es spricht also überhaupt nichts dagegen, wenn sich Haare auch im Genitalbereich niederlassen. Allerdings tun sie das normalerweise nicht direkt auf deinem Penis. Aber Tatsache ist: Du müsstest gemerkt haben, dass dein Haarwuchs »da unten« in letzter Zeit zugenommen hat, oder? Reicht vielleicht noch nicht für eine richtige Frisur, aber allmählich muss man sich doch mal drum kümmern? Nein. Musst du nicht. Du kannst den krausen Kram einfach wachsen lassen. Es sei denn, sie gehen dir dermaßen auf den Sack, dass du sie wirklich loswerden willst. In diesem Fall hilft nur eins: Jedes Haar einzeln rausreißen! Tut zwar weh, dauert ewig, macht aber Spaß. Sofern du Schmerz geil findest. Ansonsten bleibt wohl nur Rasieren. Keine Sorge: Schamhaare haben keinerlei Funktion! Als Menschen noch Affen waren, also vor langer, langer Zeit, dienten Schamhaare dazu, Duftdrüsensäften beim Verdunsten zu helfen, was heutzutage nicht mehr nötig ist. Falls du dir also die Untenbehaarung wegrasieren möchtest, empfehle ich in einem ersten Schritt einen Langhaarrasierer. (Tipp: Nimm einfach den von Papa, erzähl ihm aber nichts davon …). Als Nächstes Schaum drauf und dann mit einem Einwegrasierer drüber. Problem: Haare haben die Angewohnheit, wiederzukommen. Wäre stattdessen eine richtige Frisur nicht doch sinnvoller? Frage einfach den Friseur deines Vertrauens, was man mit der ganzen Haarpracht anfangen könnte. Blonde Strähnchen? Extensions? Smileys? Alles ist möglich! Es versteht sich aber, dass deine Eltern dafür die Rechnung übernehmen sollten!

Übrigens musst du deine Genitalbehaarung nicht kämmen! Auch auf jede Art von Styling kannst du getrost verzichten.

10. WASCHEN? DA UNTEN?

Ist doch jetzt nichts Neues für dich, oder? Bestimmt hast du dir schon von Mama oder Papa oder Tante Gertrud oder im Sexualkundeunterricht »wichtige Hinweise zur Genitalhygiene« geben lassen dürfen … Muss man dir also nicht noch mal erklären. Tue ich trotzdem. Weil's wichtig ist! Alles, was dreckig ist, muss früher oder später gewaschen werden. Zugegeben, du hast mit deinem Penis wahrscheinlich nicht in nasser Blumenerde gespielt. Sicher hast du ihn ebenfalls nicht in ein Nutellaglas getaucht. Er sieht also gar nicht mal so schrecklich schmutzig aus, oder? Macht nichts – Waschen ist trotzdem notwendig. Normalerweise hast du deinen Penis in der Hose, wo es schön warm und feucht ist. Allerdings ergibt diese Kombination auch einen optimalen Nährboden für die Vermehrung von Keimen, die du aber gar nicht haben willst.

Wenn du also eh schon unter der Dusche stehst und dich mit Shampoo oder Duschgel beschmierst, gönne doch bitte deinem Hodensack, deinem Penis und deiner Genitalbehaarung eine kleine hygienische Auffrischung. Gerne auch unter der Vorhaut! Hat den gigantisch tollen Nebeneffekt, dass du und dein Penis euch total nahe sein könnt!

11. PICKEL AM PIMMEL? OCH NEE …

Kann leider vorkommen, ist aber kein Desaster. Immer noch besser da unten, wo sie im Verborgenen leben, als im Gesicht. Falls du an der Unterseite des Penis also kleine Verdickungen findest, dann sind das tatsächlich Pickel, um genau zu sein, Atherome. Allerdings tun die Dinger nichts Schlimmes. Weder musst du sie ausdrücken noch abbrennen. Die hauen von selbst wieder ab. Blöder ist es, wenn du Hautzysten findest, die sich normalerweise am Hodensack bilden. Sie sind entweder erbsen-, pflaumen- oder, ganz selten, melonengroß und mit Flüssigkeit gefüllt. Ausdrücken? Kannst du machen. Kannst du aber auch lassen, denn da im Inneren dieser Hodenpickel im Laufe der Zeit immer mehr Druck entsteht, platzen die Teile meistens von selbst. Siehst vielleicht alles nicht supergut aus, lässt sich aber nicht verhindern. Pickel haben schließlich auch ein Recht auf Leben.

12. WARUM HABE ICH EIGENTLICH EINEN SACK?

Boah! Du stellst vielleicht beknackte Fragen! Wieder nicht aufgepasst in Bio und danach das Interesse verloren? Aber gut, alles auf Anfang: Der Sack ist eine sagenhaft praktische Zusatzausstattung und macht dich, zusammen mit deinem Penis, zu einer männlichen Deluxe-Ausführung! Dein Sack dient vor allem dem Transport von Sachen. Zum Beispiel von Hoden. Naja. Eigentlich *nur* Hoden, mehr geht da blöderweise nicht rein. Manchmal besser bekannt als Klöten. Hierbei handelt es sich um diejenigen Zwillinge, die in der nähren Umgebung deines Pimmels herumhängen, im besagten praktischen Hodensäckchen, das, seien wir ehrlich, optisch nicht gerade der Knüller ist. Trotzdem haben Hoden wichtige Aufgaben:

Sobald du in die Pubertät einsteigst, beginnt dort die Produktion von Testosteron. Testosteron ist ein Geschlechtshormon und kümmert sich um deine körperliche Reifung, also zum Beispiel um die Entwicklung von Bartwuchs (auch Schambehaarung) oder Stimmbruch. Damit du irgendwann mal nicht mehr wie ein kleines Kind klingst, sondern wie ein Mann unterwegs bist. Testosteron ist außerdem hart damit beschäftigt, deinen Penis wachsen zu lassen, und baut außerdem Muskelmasse auf. Abgesehen von solchen Albernheiten steigert Testosteron dein sexuelles Verlangen, was man schließlich immer gebrauchen kann. Falls du übrigens merkst, dass du mit zunehmendem Alter aggressiver drauf bist – auch dafür ist Testosteron zuständig, ist also ein interessanter Nebeneffekt.

In den Samenkanälen der Hoden geht's mit Beginn der Produktion richtig ab: Ohne Unterlass werden dort nämlich Samenzellen produziert. Ab diesem Moment, jetzt kannst du dir überlegen, ob du dich freuen sollst, bist du zeugungsfähig – und könntest, sofern du dumm genug bist, ohne Kondom Sex zu haben, eine ungewollte Schwangerschaft auslösen. Halleluja!

Als dritte wichtige Aufgabe der Hoden gilt der Fun-Faktor: Was gibt es denn bitte Geileres, als einen mit Schwung geworfenen oder getretenen Ball (Tennis-, Fuß-, Basket-, oder Medizinball) direkt in die Klöten zu bekommen? Eben! In diesen Momenten freut sich so eine Hode so sehr, dass sie dich zwingt, auf den Boden zu fallen und Freudentränen zu weinen. Ein herrliches Glücksmoment, das man gar nicht oft genug erleben kann.

13. ES GIBT VERSCHIEDENE PENISSORTEN?

Natürlich! Warum denn nicht? Gibt schließlich auch verschiedene Käse-, Eis- oder Buttersorten. Was Schwanzsorten angeht – ich erlaube mir mal kurz, dir die zwei Typen vorzustellen. Mehr gibt's leider nicht, aber immerhin! Wir unterscheiden allerdings nicht zwischen groß und klein, baumstammriesig oder winzig, dick und dünn, dumm und dümmer, schmal und fett, sondern zwischen Fleisch und Blut! Mal schauen, wie deiner so drauf ist: Wenn dein Penis bereits im normal-schlaffen Schlafzustand ziemlich riesig ist, ist das natürlich eine feine Sache. Wie groß muss der erst werden, wenn er aufsteht … Wow! Gigantisch!

Oder eben auch nicht! Im aufrechten Zustand behält er nämlich fast dieselbe Größe und wächst nur minimal? In diesem Fall bist du stolzer Besitzer eines Fleischpenis!

Herzlichen Glückwunsch!

Das Gegenstück ist der Blutpenis. Im Normalmodus total normal und klein, fast schon eine Beleidigung fürs Auge. Sobald er aber Gas gibt, kann er die Größe locker verdoppeln.

Warst du schon mal in einer Gemeinschaftsdusche mit anderen Jungs? Hast du vielleicht mal nebenbei einen Blick auf die Pimmel der anderen riskiert? Vielleicht gab es Momente, wo du gedacht hast: Krasser Scheiß, im Vergleich zu meinem eigenen ist der andere ja mördermäßig extrem. Kein Grund, sich zu schämen. Erstens ist die Penisgröße, wie schon gesagt, sowieso scheißegal, auch wenn Jungs gerne mal von sich behaupten, den besten, härtesten, größten, fettesten und riesigsten Schwanz der Weltgeschichte zu haben. Zweitens, vielleicht erweist sich der auf den ersten Blick rie-

sige Kollege eben als nicht als Blut-, sondern als Fleischpenis und würde im erigierten Zustand keinerlei Wachstum mit sich bringen.

Blutpenisse sind deutlich häufiger als die Fleischversionen: Etwa 80% aller Jungs sind Eigentümer der blutigen Variante. Kannst ja mal checken, wie es bei dir aussieht … vergiss nicht, ein Foto zu machen, es zu posten und der erste zu sein, der auf »like« klickt!

14. WAS KANN ICH SONST NOCH MIT MEINEM PENIS ANSTELLEN?

Eine ganze Menge eigentlich! Dein Penis ist ein Allround-Talent! Er beherrscht verschiedene Sprachen und kann sogar Singen. Findet er allerdings blöd. Er ist außerdem ein hervorragender Zuhörer. Sprich also mit ihm wie mit einem guten Kumpel! Hundertpro plappert er niemals Geheimnisse aus! Er kann außerdem ein Leben lang, auch wenn er aussieht wie ein Wurm, ohne Nahrung auskommen. Getränke braucht er ebenfalls nicht! Kannst ihn gerne mal in ein Glas Cola halten – du wirst sehen, er freut sich vielleicht über die Abkühlung, aber er trinkt nicht den kleinsten Schluck! Dein Penis (hast du inzwischen eigentlich einen Namen für ihn gefunden???) verfügt außerdem über schlappe 4000 Nerven, was wohl der Grund dafür ist, dass er sich so schnell erregen kann. Mädchen sind dir trotzdem überlegen: In der weiblichen Klitoris befinden sich doppelt so viele Nervenenden …

Du kannst mit deinem Penis tolle Sachen machen, z.B. mit ihm spazieren gehen! Fairerweise – erlaubt ist das nur, solange er in der Hose bleibt. Gehst du also in eine Disco oder zum Fußballspielen, bedenke die einfache Regel: Ding bleibt Drin! Ich weiß, ich weiß, diese Regel ist Schwachsinn, aber so sagt es nun einmal das Gesetz. Auch zum Pinkeln ist dein Penis jederzeit hervorragend geeignet. Auch hier gibt's aber Regeln: So solltest du, wenn irgendwie möglich, immer ein Klo benutzen. Also nicht den Eingangsbereich des

Nachbarhauses, nicht das Waschbecken im Klassenraum und ganz bestimmt auch kein Taufbecken in der Kirche. Bäume, Blumen, Hecken und sonstiges lebendiges Zeugs möchten ebenfalls nicht angepullert werden!

Falls deine Eltern nach deinem Geburtstagswunsch fragen: Wie wäre es mit einem schönen Pimmel- oder Hodensackpiercing? Du solltest dich unbedingt informieren, damit für dich das richtige Intimpiercing in Frage kommt, z.B. ein Hafada: Mal ehrlich, so ein Ring am Sack steht dir bestimmt total gut! Theoretisch kannst du dir deinen Penis sogar spalten lassen … sieht zwar scheiße aus, ist scheiße, führt aber wenigstens dazu, dass du dann quasi zwei Pimmel hast. Nur, dass sie eben nur den halben Umfang haben …

KAPITEL 2

DU & MÄDCHEN:

ALLES, WAS DU NIE WISSEN WOLLTEST!

Mädchen sind eine großartige Erfindung. Noch tausendmal besser als alles, was Nintendo oder Sony bislang auf den Markt geworfen haben. Und das Schöne ist – Mädchen gibt's in tausend Variationen: hübsch und nicht-hübsch, groß und klein, dick und dünn, weiß und schwarz, klug und doof, sexy und supersexy, aufregend und langweilig. Soll heißen: Mädchen sind wie Jungs. Nur millionenfach rätselhafter. Es ist nicht lange her, dass du alle Mädchen doof fandest, aber irgendwie hat sich das geändert, oder? Interessiert bist du also, aber kapieren tust du vieles überhaupt nicht. Was völlig normal ist. Also, versuchen wir mal, uns des Phänomens anzunehmen:

1. MANCHMAL SCHMIEREN SICH MÄDCHEN PAMPE INS GESICHT. WAS IST DAS FÜR EIN ZEUG?

Du hast gut aufgepasst und bist ein aufmerksamer Beobachter des weiblichen Geschlechts! Respekt! Tatsächlich sind Mädchengesichter nämlich mal mehr, mal weniger offensichtlich irgendwie »gefärbt«. Klug wie du bist, weißt du natürlich, dass es sich um Make-up handelt!

Und wofür soll das gut sein? Hm, gute Frage: Ich denke mal, dass Mädchen glauben, mit Make-up im Gesicht besser auszusehen. Hin und wieder stimmt das sogar! Ob du's glaubst oder nicht, Mädchen haben, genau wie du vielleicht auch, hin und wieder tierische Probleme mit ihrer Haut. #Pickel! #Mitesser! #NotsoNice.

Was also liegt näher, als diese Unreinheiten irgendwie zu überdecken? Natürlich könnte man sich auch einfach eine Plastiktüte über den Kopf ziehen, was aber ziemlich blöd aussieht und zum Erstickungstod führen könnte. Außerdem sind Plastiktüten schlecht für die Umwelt. Stattdessen also Schminke.

Schminke hat viele Vorteile: Sie lässt sich abwaschen. Sie kann die normale Hautfarbe vorübergehend tönen oder färben, abschwächen oder bunt machen. Wenn ein Mädchen z.B. unhappy ist mit ihrem immer total blassen und weißlichen Gesicht, kann Make-up also dafür sorgen, mehr Farbe ins Spiel zu bringen und somit auf andere Menschen vielleicht attraktiver zu wirken. Soll heißen: Schminke ist gut, weil es hübscher macht. Denken Mädchen wenigstens. Schminke betont die persönliche Attraktivität und hat den Extra-Power-Effekt, Hautprobleme unter einer Schicht von Creme und Puder einfach verschwinden zu lassen. Zumindest, so gut es eben geht: Schminke kann, traurig, aber wahr, keine Wunder vollbringen, und Pickel in der Größe von Eisbergen kann man nun mal nicht mit einer Ladung Puderzeugs verstecken. Notfalls also doch wieder zur Tüte greifen!

Gegen sich schminkende Mädchen gibt es überhaupt nichts einzuwenden! Mal ehrlich – wenn du eine Pickel- oder Mitesserlandschaft im Gesicht hättest, würdest du den Mist nicht auch gerne irgendwie abdecken können? Eben! Und das Tolle ist: Du kannst es sogar! Ich bin zwar nur ein dummes Buch, aber sogar ich weiß, dass Schminke auf *deiner* Haut genauso haftet wie auf Mädchenhaut. Klar darfst du also Puder und Wimperntusche benutzen – allerdings lässt du es wahrscheinlich doch lieber bleiben, oder? Es gibt Jungs, die sich schminken. Kein Scherz! Manchmal werden sie dafür als Schwuchteln oder Tunten beschimpft. Und, mal ehrlich, vielleicht hältst DU solche Typen ebenfalls für irgendwie »schwuchtelig« und »tuntig«? Kann sein. Wobei mir außerdem nicht klar ist, was du gegen Homosexuelle hast. Hat ja keiner gesagt, dass du schwul werden musst, aber Respekt gegenüber schwulen Typen wäre schon mal stilvoll! »Schwul« oder nicht, warum sollten Jungs nicht tun, was für Mädchen selbstverständlich ist? Es muss ja nicht gleich Lippenstift und Nagellack sein. Und wenn doch, lass sie. Jeder hat das Recht rumzulaufen, wie er will.

Einige Mädels, wie du bestimmt schon gemerkt hast, drehen ziemlich am Rad und übertreiben es mit der Schminkerei: Man sieht dann leider deutlich, dass vom normalen Gesicht kaum noch etwas zu erkennen ist, als hätten sie das Make-up mit der Spritz-pistole aufgetragen. Das könnte daran liegen, dass Mädchen sich erst ausprobieren müssen. Sie haben vielleicht einfach noch nicht das richtige »Rezept« gefunden. Und in erstaunlich vielen Fällen sieht ein Mädchen ohne Make-up sogar viel schöner und süßer aus als mit Schminküberzug. Müsste ihr nur mal jemand sagen. Vielleicht du???

2. WAS VERDAMMT IST EINE ERDBEERWOCHE?

Bei einer Erdbeerwoche handelt es sich, wie allgemein bekannt sein dürfte, um die einzige Woche im Jahr, in der Erdbeerfarmer auf ihren Erdbeerfeldern eben Erdbeeren ernten. Ist doch eigentlich ganz logisch. Außerdem ist »Erdbeerwoche« ein nicht gerade netter Begriff für die weibliche Periode.

Weibliche Was?

Du hast dank deiner unglaublichen Weisheit bestimmt schon mitbekommen, dass Mädchen (und Frauen) etwas haben, was sie »Regel« nennen. Oder auch »Ich kann heute nicht, weil ich meine Tage habe.« Während der Regel gibt es Blut! Literweise! Badewannen voll davon! Schwimmbäder! Es spritzt heraus aus dem weiblichen Körper wie aus einer geschüttelten Colaflasche und kann mit seiner explosiven Wucht ganze Gebäude in Schutt und Asche legen.

Okay, das war vielleicht etwas übertrieben dargestellt. Aber irgendwas mit Blut stimmt tatsächlich. Also: Die Regel, um es wie ein Biolehrer zu formulieren, ist Teil des weiblichen Menstruationszyklus. So ein Zyklus dauert etwa 28 Tage. Während dieser Zeit geht im Körper eines Mädchens ziemlich viel ab, wovon sie aber nichts mitbekommt, du übrigens auch nicht – mit dem Ergebnis, dass am Ende ein unbefruchtetes Ei durch die Gebärmutter wandert und dann eben den Körper verlässt, vermischt mit

Blut und kleinen Gewebestücken. Und das, mein Freund, ist die Periode, auch als Menstruation bekannt. Eine total normale Sache, eine ganz normale biologische Veranstaltung. Blöderweise aber für Mädchen nicht immer ganz easy, da die Menstruation nämlich enorme Schmerzen mit sich bringen kann, inklusive Bauchkrämpfe. Muss nicht sein, kann aber.

Kein Mädchen findet es geil, ihre Tage zu haben. Die Regel kann sogar die Stimmung negativ beeinflussen: Mädchen sind dann oft gleichzeitig genervt und depressiv und zicken noch tausendmal mehr als üblich. Damit musst du leben! Stell dir mal vor, wie du drauf wärst, wenn du regelmäßig aus deinem Penis bluten würdest … Eben! Sehr unchillig, das Ganze!

Mädchen KÖNNEN während ihrer Regel Sex haben. Manche haben damit kein Problem, für andere geht's gar nicht, da unangenehm und vielleicht sogar schmerzhaft.

Wenn Mädchen schlecht drauf sind, sagen Jungs manchmal Sachen wie »Die Alte hat bestimmt ihre Tage«. Kann man sagen. Sollte man aber nicht! Stattdessen einfach mal die Klappe halten, ganz egal, ob ein Mädchen wirklich regelblutet oder einfach nur Bock auf Erdbeeren hat.

3. WIESO HABEN NUR MÄDCHEN IHRE TAGE?

Ach so! Du bist also neidisch, oder? All diese tollen Tampons und Binden, die im Supermarkt liegen, sind für dich nicht zu gebrauchen? Du empfindest das als diskriminierend und einfach nur unfair? Ist ja auch logisch – wenn Mädchen einmal im Monat mehr oder weniger komplett leerbluten, willst du natürlich dasselbe. Nur – es klappt nicht. Egal, wie sehr du dir eine Monatsblutung auch wünschst, dein Körper ist dermaßen nutzlos und unweiblich, dass du machen kannst, was du willst: Es blutet nichts. Außer natürlich, du rasierst dir mit einem scharfen Messer die Eier – was jedoch nicht empfehlenswert ist. Immerhin würde so was ähnlich wehtun wie eine weibliche Periode/Menstruation/Regelblutung.

Um deine Tage zu bekommen, brauchst du zuerst einmal eine Gebärmutter inklusive Gebärmutterschleimhaut. Eine Gebärmutter ist absolut praktisch, wenn du ein Baby möchtest. Da du über besagte Mutter aber nicht verfügst, gibt es auch keine Blutungen. Folglich ist es unnötig, Tampons oder Binden shoppen zu gehen. Du musst einfach den Tatsachen tief ins Auge blicken: Du – bist – kein – Mädchen. Das ist zwar schade und saumäßig ärgerlich, aber dafür hast du vielleicht andere Vorzüge.

Übrigens: Auch die meisten weiblichen Säugetiere haben mit Monatsblutungen keinen Stress, wobei es aber Ausnahmen gibt, z.B. Schimpansen oder einige Fledermausarten. Dracula hat ebenfalls keine Menstruationsbeschwerden. Entweder weil er ein Vampir ist oder ein Mann.

4. WAS REIMT SICH EIGENTLICH AUF FRITTEN?

Mal überlegen. Schlitten natürlich. Aber Schlitten hat eigentlich nichts mit Mädchen zu tun, unserem Hauptthema, sondern eher mit Winter und Schnee. Probieren wir es stattdessen mit Titten!

Brüste haben wir alle – du auch. Und falls du zu den eher dickeren Jungs gehörst, weißt du genau, wovon ich rede … Aber natürlich ist die Sache bei Mädchen anders: Brüste gibt es in unterschiedlichen Formen und Größen. Bei einigen Mädchen sehen die Dinger aus wie Äpfel oder Pfirsiche, bei anderen wie Melonen. Niemals aber haben sie Ähnlichkeit, um beim Obstvergleich zu bleiben, mit Bananen oder Ananas!

Biologisch gesehen sind Brüste notwendig, um Babys mit Milch zu versorgen, was aber nicht heißt, dass du dich bei jedem Mädchen einfach bedienen kannst, wenn du Durst hast. Ein Mädchen ist schließlich keine Milchbar!

Bestimmt kennst du das: Wenn dir ein hübsches Mädchen in einem engen Top über den Weg läuft, geht dein Blick bestimmt nicht zu ihren Augen, oder? Stattdessen wandert er direkt zu ihren Titten, was dich tierisch scharf macht, sodass du vielleicht sogar einen Ständer bekommst? Oder bist du überhaupt nicht tittengeil und hältst weibliche Brüste gerade mal für eine nette Zusatzausstattung? Wie auch immer – ganz egal sind dir Möpse ganz bestimmt nicht!

Mädchen haben hin und wieder ein ziemlich feindseliges Verhältnis zu ihren Hupen. Mal sind ihnen die Dinger zu groß oder zu klein, mal wachsen sie unregelmäßig, sodass vielleicht der linke Airbag etwas größer ist als der rechte, und mal können sie sogar richtig wehtun, vor allem eben in der Wachstumsphase oder während der Periode.

Als Junge kannst du also froh sein, dass dein Penis eigentlich viel unkomplizierter ist. Da tut nichts weh – außer, jemand wirft einen Ball mitten ins Ziel. Ansonsten wächst er fröhlich vor sich hin, und über unterschiedliche Größen deiner Hoden musst du dir ebenfalls keine Gedanken machen. Erstens: Sieht eh kaum jemand, ob die eine Klöte größer oder kleiner ist als die andere. Zweitens: Größenunterschiede sind normal. Es sei denn natürlich, dein linkes Ei fühlt sich an wie eine Minimurmel und das rechte wie ein Medizinball.

Weibliche Brüste verfügen übrigens über spezielle Extras, nämlich Nippel, auch bekannt als Brustwarzen. Du hast die Teile ebenfalls, allerdings sind sie bei dir nutzloser und mickriger. Und anders, als du vielleicht denkst, handelt es sich bei weiblichen Nippeln nicht um An- und Ausschalter, sondern sie dienen, halt dich fest, als Milchquelle. Nicht umsonst bezeichnen Jungs deshalb Titten gerne mal als »Euter«. Falls du nun aber denkst, dass Mädchen sich ihre Milch ohne Ende selbst zapfen können, liegst du natürlich daneben. Funktioniert nur bei Schwangerschaft und wird bei dir leider absolut nie klappen! Sorry, aber Biologie ist einfach eine Bitch!

5. WARUM VERSTECKEN MÄDCHEN IHRE BRÜSTE?

Weil es nun mal heutzutage nicht mehr üblich ist, den ganzen Tag nackt durch die Gegend zu rennen. Was vielleicht auch besser ist, allein schon wegen Kälte und Winter und Regen und Hitze und Sonnenbrand. Natürlich tragen Mädchen Pullover und Tops und Blusen und sonstige Oberteile – aber darunter eben auch, meistens jedenfalls, einen BH. Die Abkürzung steht für das Uraltwort »Büstenhalter«. Als Babys tragen Mädchen, anders als du vielleicht denkst, noch keinen BH und werden auch nicht damit geboren –

dieses Kleidungsstück wird erst interessant, wenn sich die Brüste entwickeln und allmählich größer werden. Wenn du zufällig mal neben Mädchen stehst, die sich über BHs unterhalten, checkst du normalerweise gar nichts mehr. Ein wirres Hin und Her von Zahlen und Buchstaben: 75A, 80B, 85C oder Doppel-D. Was klingt wie eine bescheuerte Geheimsprache, die nur Mädchen kapieren, hat eigentlich nur mit Brustumfang und Größe zu tun. Für Schuhe gibt es schließlich auch verschiedene Größen, und logischerweise passt dein Fuß nicht mehr in die Schuhe, die du noch vor einigen Jahren getragen hast.

Soll heißen: größere Titten = größere BHs.

Aber wozu sind die Dinger nun gut? Ganz einfach: Mädchen tragen einen BH, damit ihre Brüste nicht einfach blöd in der Gegend herumbaumeln oder runterhängen oder herumwabbeln – was nicht nur, aber auch beim Sport ziemlich wichtig ist. Versuch du doch mal, mit zwei sich bewegenden Gewichtsstücken unter deinem Kinn einen 100-Meter-Lauf zu machen. Es kann daher nicht schaden, sie zu stützen und zu halten. Ein BH kann also, gerade bei größeren Brüsten, Nacken- oder Rückenbeschwerden vorbeugen. Außerdem möchten Mädchen, genau wie Jungs, nicht immer alles zeigen, was ihr Körper alles Fantastisches zu bieten hat. Ohne BH kannst du, z.B. bei engen Oberteilen, die natürliche Form der Brüste sehen und vielleicht sogar die Nippel (siehe oben), was einige Mädchen aber ziemlich scheiße finden. Ein BH verdeckt also die Brüste – und kann dabei optisch sogar ziemlich klasse und sexy aussehen.

Einige Mädchen betrügen: Sie benutzen z.B. sogenannte Push-up-BHs, um ihre kleinen Melonen größer wirken zu lassen. Hierbei handelt es sich um BHs, in deren Körbchen eine Art Polsterfront von der Größe eines Airbags eingenäht ist. Manchmal gibt's die Teile auch mit herausnehmbaren Kissen. Warum Mädchen Push-ups tragen? Meistens tatsächlich, um attraktiver auf Jungs zu wirken. Oder auch, um das eigene Selbstvertrauen zu stärken. Genau wie du vielleicht hin und wieder jammerst, dass dein Penis deiner Meinung nach viel zu mickrig ist, denken Mädchen nämlich manchmal über ihre Brüste. Deshalb versuchen sie halt, ein wenig »nachzuhelfen«.

An dieser Stelle muss ich dir sagen: Für Jungs hält sich der Penis-Push-up-Markt leider in Grenzen, was echt schade ist. Aber natürlich spricht nichts gegen eigene, kreative Lösungen: Stecke dir also morgens vor der Schule einfach mal eine gefrorene Bratwurst vorne in die Unterhose und freue dich auf die erstaunten Reaktionen deiner Freunde und Lehrer!

6. WIESO GEHEN DIE IMMER ZU ZWEIT AUFS KLO?

Diese Frage gehört zu den großen unerforschten Problemen der Weltgeschichte. Wir wissen, warum Pyramiden erbaut wurden, wie man zum Mond fliegt und wie man Pommes frittiert – aber warum Mädels immer in Kleingruppen pissen gehen, ist wissenschaftlich noch nicht beantwortet worden. Manchmal benutzen sie sogar dieselbe Kabine. Es gibt allerdings verschiedene Erklärungsmodelle:

1. Zum Rumknutschen. Miteinander.
2. Um sich gegenseitig das Make-up aufzufrischen.
3. Um sich gegenseitig den Hintern abzuwischen.
4. Weil zwei Leute das Klo leichter finden als eine Person.
5. Um in aller Ruhe über wichtige Dinge zu quatschen. Über Jungs also. Vielleicht sogar über dich!

Ich persönlich tippe auf die letzte Theorie! Frag doch mal ein Mädchen, warum sie immer ihre BFF mitnimmt. Meistens erzählt sie dann irgendeinen Unsinn von wegen »Die Tür lässt sich nicht abschließen und Sabrina muss Wache stehen«. Keine Ahnung, wer Sabrina ist, aber die Antwort ist eh Schwachsinn. Mädchen lügen nach Strich und Faden, genau wie Jungs. Die Wahrheit ist nämlich wirklich, dass sie über Jungs reden. Über ihre Outfits, ihre Frisuren, über die besonders dämlichen Sprüche, die sie gerade gebracht haben. Oder wie cool und toll und großartig sie sind.

Du bist wahrscheinlich auch schon mal mit einem Kumpel strullen gegangen, oder? Und? Macht ihr da ein Ritual draus? Nee, natürlich nicht. Wenn Jungs pissen gehen, dann stellen sie sich nicht nebeneinander an die Pissbecken und tröpfeln fröhlich drauflos. Für Mädchen ist ein gemeinsamer Toilettengang eine lebensnotwendige Angelegenheit. Eine Auszeit von der Hektik eines Mädchenalltags. Für dich ist Pissengehen einfach Pissengehen, ohne Tamtam.

7. WARUM FINDE ICH MÄDCHEN SCHÄRFER ALS JUNGS?

Ist das denn so? Kann ich nicht auch einen Jungen scharf finden und mich in ihn verlieben? Logisch kannst du. Und darfst du auch. Die Wahrscheinlichkeit ist aber größer, dass du auf Mädchen einfach stärker abfährst. Macht Sinn: Mädchen sind hübscher als Jungs, und als du! Intelligenter sowieso, zickiger, emotionaler, wissen – anders als du –, was sie mit ihren Haaren anfangen sollen, und tragen Klamotten, die sich in deinem Kleiderschrank eher nicht finden. Röcke und Kleider und Tops zum Beispiel. Zugegeben, in einem kurzen Minikleid würdest du bestimmt ebenfalls ziemlich heiß aussehen, allerdings solltest du zur Schule vielleicht doch etwas anderes tragen.

Viel interessanter als die Frage, warum du Mädchen interessant findest, ist eigentlich: Warum finde ich *ein ganz bestimmtes Mädchen* interessanter als all die anderen? Na ja, wie jeder Mensch hast du bestimmte Vorlieben. Du hast ein Lieblingsessen, Pommes mit Ketchup vielleicht, eine Lieblingsfarbe, natürlich Rosa, und vielleicht sogar einen favourite teacher. Daher kannst du von einigen Mädels nicht genug bekommen, von anderen hingegen schon. Einige findest du dermaßen hübsch und niedlich und süß und bezaubernd, andere eher hässlich, unattraktiv, manchmal sogar lästig und irgendwie nur »Bah«. Ist halt so.

Wenn du Laura toll findest, heißt das noch lange nicht, dass alle Jungs Laura ebenfalls toll finden. Jeder findet andere Dinge schön. Du guckst zuerst auf das Gesicht und die Augen? Schön und gut. Dein Kumpel verknallt sich in ein Mädchen, wenn sie einen knackigen Hintern und große Titten hat? Auch in Ordnung. Wobei man nicht vergessen sollte, dass das schönste Gesicht und der tollste Po nicht viel taugen, wenn du mit dem Charakter des Mädchens nichts anfangen kann. Wenn sie also deinen Humor nicht teilt, nicht über deine Witze lacht, sie keinerlei Verständnis hat für z.B. deine Fußballleidenschaft, dann ist sie allerhöchstens am Anfang interessant – weil dich ihre Optik »heiß macht«. Und klar möchtest du sie vielleicht anfassen oder küssen – aber viel wichtiger ist, zumindest auf Dauer, dass du überhaupt mit ihr reden kannst.

8. ICH NEHM GUMMIS – UND WAS NEHMEN MÄDCHEN?

Die Pille. Meistens jedenfalls. Jeden Tag wird also so ein Tic-Tac-Ersatz geschluckt, der den Eisprung verhindert oder die Befruchtung der Eizelle und somit die Gefahr einer ungewollten Schwangerschaft ziemlich radikal nach unten schraubt. Allerdings funktioniert die Pille nur bei regelmäßiger Einnahme. Genauso wie du vielleicht vergisst, dir das Kondom über deinen Schwanz zu ziehen oder überhaupt eins dabeizuhaben, können auch Mädchen die Pillenfutterei einfach mal verpennen. Oder Durchfall haben – wodurch die Wirksamkeit der Pille ziemlich eingeschränkt wird …

Wenn das Mädchen die Pille nimmt, ist ein Kondom eigentlich nicht mehr nötig. Umgekehrt genauso. Aber: Beides zusammen ist natürlich die doppelte Sicherheit! Und, nicht zu vergessen, nur die Lümmeltüte ist in der Lage, das Risiko für Geschlechtskrankheiten wie HIV, Syphilis oder Hepatitis B einzugrenzen. Von daher ist ein Gummi gerade dann wichtig, wenn man nicht genau weiß, ob das Sexobjekt wirklich hundertprozentig gesund ist. Für Mädels gibt es, anders als für dich, sogar noch weitere Möglichkeiten, um zu verhüten, z.B. den Vaginalring. Ist ein Plastikteil, das in die Scheide eingeführt wird, dort drei Wochen herumhängt und währenddessen Hormone, nämlich Östrogen und Gestagen, in den Blutkreislauf abgibt. Gut gegen Eisprung! Vorteil des Rings: Auch wirksam bei Erbrechen oder Durchfall! Neben diesem Plastikring können Mädchen auch zu Hormonspirale, Verhütungspflaster oder Verhütungsstäbchen greifen. Ganz, wie's gefällt.

9. LIEBEN ALLE MÄDCHEN SHOPPING?

Natürlich nicht. Genauso wenig, wie alle Jungs Fußball oder Sportwagen geil finden. Oder Pornos. Aber trotzdem ist da was dran, dass Mädchen sich in Modeläden viel häufiger und länger aufhalten als Jungs. DU gehst rein in so eine Bude, findest 'ne Hose, die dir gefällt, probierst sie an, und wenn sie passt, ist das Thema für dich erledigt. Mädchen hingegen können stundenlang durch die Gänge latschen, dauernd irgendwelche Sachen anprobieren – aber kaufen tun sie dann doch nichts. Oder aber sie wollen nur mal eben ein neues T-Shirt besorgen für die Party am Wochenende, kommen aber mit zwei Paar Hosen und einem Wintermantel nach Hause, den sie vielleicht noch nicht mal anziehen werden. Am liebsten machen Mädchen Shopping-Touren mit Freundinnen. Da

kann man sich gegenseitig Tipps geben, wie toll und süß und sexy man in diesem oder jenem Top aussieht.

Für dich als männlicher Blindfisch sehen all diese Tops natürlich gleich aus, aber nur ein Idiot wäre mutig genug, so was in Gegenwart eines Mädchens laut auszusprechen. Also besser die Klappe halten! Wenn dich ein Mädchen fragt, ob du mit ihr shoppen gehen möchtest, solltest du trotzdem, egal, wie sehr dich die Sache ankotzt, immer brav mit dem Kopf nicken. Mit ihrer Einladung gibt sie dir nämlich zu verstehen, dass sie dich mag und dir vertraut. Du könntest allerdings ziemlich schnell in Zwangslagen kommen, etwa wenn sie fragt: »Findest du die blauen oder die schwarzen Leggins am hübschesten für mich?« Du findest vielleicht blau am hübschesten und sagst es auch. Weil es halt eine ehrliche Antwort ist. Oder weil es dir ziemlich Latte ist, welche Farbe ihre verfluchten Hosen haben, und einfach die Farbe nennst, die dir zuerst einfällt. Kann sein, dass sie dann mit purer Verachtung so was sagt wie: »Typisch. Du hast echt keine Ahnung und liebst mich nicht.« Wie das passieren konnte? Keine Ahnung. Mädchen ticken halt anders. Noch ein Beispieldialog, der dich in Teufels Küche bringt:

Sie: »Findest du, dass ich in dieser Hose fett aussehe?«

Du: (denkst: Ja!) »Auf keinen Fall. Du siehst super aus. Steht dir hervorragend.«

Sie: »Aha. Du findest mich also fett.«

Hast du weder gedacht noch gesagt. Wie sie auf einmal darauf kommt? Sorry, aber um das herauszufinden, müsste man 20 Jahre Psychologie studieren und wäre danach immer noch nicht schlauer.

10. WIE ANDERS TICKEN MÄDCHEN DENN?

Mädchen können, was sie interessant und unvorhersehbar macht, binnen weniger Minuten komplett ihre Stimmung wechseln. Von »YOLO! Das Leben scheint nach Sonne und alles ist supi« bis »Ich hasse die Welt und finde mich hässlich«.

So gesehen verfügen Mädchen also über Superkräfte! Manchmal, sei ehrlich, hast du wahrscheinlich ähnliche Stimmungsschwankungen. Aber der Unterschied ist: Bei Mädchen drehen die Hormone richtig am Rad, also Voll-Speed, was auch mit ihrer Regel zu tun hat. Da gibt's regelrechte Heultage *vor* und enormes Sensibel-Sein *während* der Erdbeertage.

DU hast jede Menge Stress – Schule, Eltern, Freunde, und dazu noch Mädchengeschichten und dauernde Geilheit ... Mädchen haben denselben Hammerstress, müssen sich aber gleichzeitig noch mit ihrer Periode herumschlagen und den mit der Pubertät verbundenen sonstigen körperlichen Veränderungen, die deutlich stärker ausgeprägt sind als bei dir. Es ist Fakt, dass Mädchen in der

Pubertät sich viel häufiger hässlich fühlen als Jungs. Weil sie einen Wachstumsschub erleben, ihre Oberweite zunimmt und das anfangs ganz schön ungewohnt ist. Weil die ganzen körperlichen und psychischen Veränderungen (das Gehirn wird umgebaut, genau wie eine Festplatte, die man neu formatiert) zu Verunsicherung führen. Also finden sie sich z.B. nicht mehr tageslichttauglich und haben Schiss vor ihrem eigenen Spiegelbild. Obwohl sie eigentlich total hübsch sind. Wollen sie meistens aber nicht wahrhaben, egal wie häufig du es ihnen erzählst. Und was kannst du dagegen tun?

Gib ihr Halt!

Verbringe Zeit mit ihr!

Zeig ihr mit allem, was du tust, dass sie dir wichtig ist!

Überfordere sie nicht.

Und sag ihr um Gottes willen nicht, dass sie schon wieder einen Pickel auf der Stirn hat.

Komm außerdem nicht auf die Idee, andere Mädchen hübsch zu finden. Nicht mal daran denken! Auch nicht, wenn deine Freundin sagt, dass z.B. Nina total niedlich ist und richtig tolle Haut hat.

Deine (absolut korrekte) Antwort: »So ein Quatsch! Sie kommt nicht mal zur Hälfte an dich ran.«

Ihre Reaktion: »Ach. Ich bin also nur halb so hübsch?«

Du: »Was? Häh? Hab ich doch gar nicht gesagt.«

Sie: »Du findest mich hässlich.«

Du siehst also: Mädchen ticken. Nur halt anders.

11. WARUM STEHEN MÄDCHEN AUF ROMANTIK?

Klar, viele Jungs denken: Romantik ist voll »schwul«. Hier stellt sich aber die Frage, warum »schwul« negativ sein soll. Wenn du mich fragst, und das solltest du natürlich, ist »schwul« nur ein anderer Begriff für »homosexuell« – und Homo-Sein ist absolut keine

Schande. Genauso wenig, wie Romantik automatisch scheiße ist. Was genau Mädchen romantisch finden, ist natürlich unterschiedlich. Sie ticken zwar anders, aber eben nicht alle gleich falsch. Die meisten Mädchen stehen mehr oder weniger stark auf romantische Abende, mit ihrem »Schwarm« ... also mit Candlelight, schöner Musik, dazu noch eine Liebesschnulze in der Glotze, vielleicht Süßigkeiten, Umarmungen, Kuscheln und noch anderes Blabla.

Sie möchte mit dir im Sonnenuntergang spazieren gehen oder nachts Sterne gucken gehen? Oh Mann, was für ein Dreck. Aber bitte – wenn du sie nicht verlieren willst (oder noch im Anbagger-Modus bist), solltest du den Spaß mitmachen. Spätestens, wenn sie deine Hand berührt, wirst du feststellen, dass Romantik doch nicht so jammervoller Weiberscheiß ist ... Dir fehlt wahrscheinlich, wie vielen Jungs, die richtige Antenne für romantische Situationen. Aber Antennen kann man bekanntlich ausrichten, sodass irgendwann der Empfang nicht mehr so gestört ist. Spiel mit, und, noch besser, sei gerne auch mal der Angreifer. Was spricht dagegen, einem Mädchen einfach mal eine Rose mitzubringen? Oder einen Anhänger mit deinem Bild drin? Eventuell sogar einen Porno auf DVD ... was so ziemlich das romantischste Geschenk ever ist ...

12. FINDEN MÄDCHEN MUSKELPROTZE EIGENTLICH GUT?

Nicht, dass ich mich in Mädchen reinversetzen könnte, aber ich nehme an, dass sie Muskeljungs gegenüber Bauchboys bevorzugen. Es gibt wohl kaum ein Mädchen, das einen Lkw-reifigen 150-Kilo-Typen als festen Freund haben möchte, ganz gleichgültig, wie toll oder intelligent oder witzig dieser Typ auch sein mag. Irgendwie zeigt sich bei der Vorliebe für Muskeln ein Urinstinkt: In der tiefsten und dunkelsten Steinzeit war es nämlich ziemlich wichtig, dass der Junge mit seiner körperlichen Kraft alle möglichen Gefahren abwehren konnte. So einen Fight mit einem mies gelaunten Säbelzahntiger gewinnt man nicht, wenn man aussieht wie ein Heißluftballon.

Das bedeutet nun keineswegs, dass du dich jeden Tag zehn Stunden im Studio abquälen musst und deine Hanteln überall mit hinschleppen musst – heutzutage sind Muskeln bestimmt ein nettes Extra, aber die meisten Mädels können auch mit Jungs ohne Bodybuilder-Outlook gut leben. Natürlich haben Mädchen ihre optischen Vorlieben: Einige stehen auf große Typen mit schwarzen Haaren und sonnengebräunter Haut, andere auf winzig klein, kreidebleich und ohne Haare. Mit Muckis, ohne Muckis – alles nicht mehr so super wichtig. Was allerdings wichtig ist: geistige Stärke! Mut und Abenteuerlust, Durchsetzungsfähigkeit, Zielstrebigkeit, Humor, Ehrlichkeit – diese und andere Charaktereigenschaften machen dich männlich, auch ohne Sixpack und Mega-Bizeps.

13. ALSO STEHEN MÄDCHEN AUF INTELLIGENTE TYPEN?

Wenn du ein superhübsches Mädchen siehst, mit tollen Beinen, einem knackigen Arsch, langen Haaren und einem Gesicht, das man einfach nur anknabbern möchte, fragst du dich bestimmt nicht, wie hoch ihr IQ ist, oder? Mädchen sind genauso. Zuerst einmal checken sie die Optik. Und wenn sie damit einigermaßen einverstanden sind, kommt die Frage nach der Intelligenz. Viele Mädchen sind also oberflächlich? Tja. Du aber auch! Vielleicht hast du den Eindruck, dass die süßesten Mädchen immer irgendwie mit den dümmsten Idioten zusammen sind? Mit Jungs, die zwar cool wie Sau sind, ziemlich gut aussehen, aber den Verstand einer Scheibe Toast haben. Stimmt schon, manchmal ist das so, aber ganz bestimmt nicht immer.

Die meisten Mädchen wollen keine Hohlnuss, wenigstens nicht auf Dauer. Genauso wenig wie *du* eine Dumpfbacke mit Gehirnleere willst. Gutes Aussehen ist super und macht dich scharf – aber ihre Intelligenz macht dich auf lange Sicht sogar noch schärfer! Allerdings, was heißt denn »intelligent sein«? Dass du die schwierigsten Matheaufgaben im Kopf lösen kannst und im Zeugnis nur Einser stehen hast? Wäre nicht schlecht, kein Thema, aber Intelligenz ist viel mehr als das. Sie ist ganz einfach die Fähigkeit, vernünftig zu denken. Dazu gehört auch, Dinge »zu wissen«, also eine Grundahnung von z.B. Geschichte oder Politik zu haben oder mal ein Buch zu lesen. Und natürlich »emotionale Intelligenz«, also das Klarkommen mit den eigenen Gefühlen (nicht immer gleich Jammern oder Aggro-Sein) – und denen anderer Menschen. Bei Mädchen kannst du dir einer Sache sicher sein: Sie stehen auf Jungs, die auf die Gefühle des Mädchens Rücksicht nehmen und sie nicht auslachen. Das geht auch ohne Einstein-IQ.

14. WAS SOLLTE ICH SONST NOCH ÜBER MÄDCHEN WISSEN?

Eine ganze Menge! Es bräuchte 50 Bücher wie dieses, um Mädchen auch nur zu zehn Prozent zu verstehen.

Mädchen lieben Kuscheltiere. Frag mich nicht warum. Und Kuschelkissen. Weil da »Erinnerungen dranhängen«. Du kannst das albern und kindisch finden, solltest es aber nie kritisieren! Und wer weiß, vielleicht findet sie in dir ja ein knuffigeres Kuschelkissen ...

Mädchen stehen auf Pferde. Nicht alle natürlich, aber viele. Vielleicht, weil männliche Pferde ziemlich dicke Schwänze haben. Oder weil ihnen Pferde ein Gefühl von Freiheit und Unabhängigkeit geben.

Noch mehr stehen sie nur auf ihre Mama! Für Mädchen ist Mama häufig die beste BFF ever! Man geht zusammen shoppen, trinkt Unmengen Tee und quatscht über Jungs. Auch über dich! Wenn du das Herz eines Mädchens erobern willst, ist es sagenhaft wichtig, ihre Mama von dir zu überzeugen. Ohne das Okay ihrer Mama kannst du das Mädchen jedenfalls vergessen.

Mädchen sagen nicht immer, was sie meinen. Sagt sie also: »Ich finde Kuscheln blöd«, meint sie eigentlich: »Nimm mich in den Arm und streichle mich und lass mich nie wieder los.« Sagt sie: »Ich finde deine Freunde echt super«, meint sie: »Und mit diesen Spacken verbringst du deine Zeit?« Und wenn sie dir freundlich mitteilt, dass sie dich »echt total gern« hat, kannst du dir eine Beziehung total abschminken. Sie will nämlich nichts von dir!

Mädchen, egal, wie hübsch sie sind, sind NIE mit ihrem Aussehen zufrieden. Meistens finden sie sich zu dick (was nicht stimmt), zu klein oder groß oder eckig oder rund. Sie finden ihre Möpse winzig oder viel zu riesig, denken, dass ihr Po wie ein Quadrat aussieht oder ihre Nase dringend eine Verkleinerung oder Begradigung bräuchte. Natürlich lehnen Mädchen Schönheitsoperationen komplett ab ... bis sie eine geschenkt bekommen. *Du* bist natürlich mit deinem Aussehen immer happy, richtig? ...

UND AM WICHTIGSTEN:
MÄDCHEN SIND DIE ABSOLUT GENIALSTEN UND FASZINIERENDSTEN UND WUNDERVOLLSTEN GESTALTEN EVER! EVER, EVER, EVER! NICHTS GEHT DRÜBER! MÄDCHEN WAREN, SIND UND BLEIBEN TOP-OF-THE-POPS!

KAPITEL 3

DU & DATING:

WIE JEDES TREFFEN EIN ERFOLG WIRD

Es mag dich überraschen zu hören, aber irgendwann wirst du bestimmt mal Lust haben, ein ganz bestimmtes Mädchen näher kennenzulernen. Ach, so ein Unsinn. Echt jetzt? Glaub ich nicht. Mädchen sind doch voll zickig und so.

Ja! Echt jetzt! Und klar, sie können wirklich dumm sein, aber ab einem gewissen Zeitpunkt werden sie immer anziehender für dich ... und dieses eine Mädel ganz besonders. Du weißt schon ... ja, genau die! Die, die dich immer so ansieht. Die, die so wunderbar lächelt. Die, die du am liebsten für immer behalten möchtest ...

Du willst sie also kennenlernen ... dich mit ihr verabreden. Ein erstes Date also. Oder du hattest das Vergnügen sogar schon mal? Dann bist du bereits Experte, und ich kann dir nichts mehr beibringen. Ist dann aber doch alles nicht so perfekt gelaufen, wie du es gerne gehabt hättest? Vielleicht helfen ja folgende kluge Tipps und verklickern dir, wie das nächste erste Date noch besser laufen könnte. Dating ist nämlich eine sauspannende Veranstaltung. Vor allem mit Mädchen. Aber natürlich ist Dating auch anstrengend, was schon bei der Wahl des richtigen Ortes anfängt. In einer Eisdiele? Auf dem Schulhof? Auf der örtlichen Müllhalde? Eigentlich ganz egal, denn die Hauptsache ist, dass du mit »ihr« allein sein kannst.

Erstes Date – Oh My Fucking God! Du hast richtig gnadenlos Schiss davor und freust dich trotzdem wie ein Erdmännchen auf Drogen? Prima – dann ist alles in Ordnung! Jeder, wirklich jeder, spürt ein Zittern in den Knien, wenn ein erstes Date bevorsteht. Diese Schmetterlinge, die durch deinen Bauch kreisen, gackernd und flatternd wie Hühner in einer Hühnerfabrik ... brutalstes Lampenfieber ... du fühlst dich, als ob du vor einer Million Menschen auftreten und ein französisches Volkslied trällern müsstest? Nochmals prima! Dann geht es dir wie eigentlich jedem Typen – und jedem Mädchen. Also, erweitere deinen Horizont, zieh dir die folgenden Infos und Hinweise rein und überlege dir selbst, welche Punkte du davon befolgen möchtest oder welche du einfach mal komplett dämlich findest.

1. DIE SACHE MIT DEM KINO

Viele verliebte Menschen gehen für ein »First date« ins Kino. Klingt ja auch total praktisch. Man sieht sich außerhalb der Schule, schaut zusammen einen netten Film, vielleicht legst du irgendwann deinen Arm um sie ... (ja! Das ist dein Job! DU legst Arm um SIE!) Nicht umgekehrt. Ist zwar eine Macho-Regel, muss deshalb aber nicht falsch sein! Vielleicht wird daraus sogar 'ne Kuschelnummer! Im Kino geht das absolut in Ordnung. Eine ideale Filmwahl wäre übrigens irgendwas mit Horror: So kannst du drauf warten, dass sie (natürlich total ängstlich wie alle Mädchen) sich bei den gruseligen Stellen an dich schmiegt. (Schon wieder: Machokack! Aber wäre trotzdem schön ...)

Kino ist also super! Es ist dunkel. Vorne läuft der Film. Und beim gemeinsamen Griff in den Popcorn-Eimer könnt ihr euch sogar berühren. Natürlich total ohne Absicht ... Alles also so richtig schön und herrlich einfach. Abgesehen davon, dass du IHR in deiner Trotteligkeit Nacho-Soße über die weiße Hose kippst, kann nicht viel schiefgehen. *Passieren* kann aber auch nicht viel. Dein Ziel ist es doch wohl kaum, zwei Stunden neben einem Mädchen zu sitzen, ganz egal, ob du auf sie stehst oder nicht. Nebeneinandersitzen ... Das kannst du auch an einer Bushaltestelle haben, und zwar deutlich preiswerter. Nein – du willst sie doch kennenlernen, richtig? Kennenlernen funktioniert nur, wenn Menschen miteinander in die Tiefen und Weiten eines sogenannten »Gesprächs« abtauchen. Nichts gegen Anlehnen und Kuscheln und Nacho-Soße auf der Hose, aber dafür ist beim zweiten, dritten, vierten oder vierzigsten Date immer noch Zeit. Vorerst sollte es dir darum gehen herauszufinden, wie sie tickt. Im Kino jedenfalls kannst du dies nicht feststellen. Ausnahme: Ihr macht noch etwas danach, geht irgendwo zusammen hin: Dann habt ihr zumindest schon mal den Film als Gesprächsthema.

2. DIE SACHE MIT DEM »WO?«

Wenn Kino also eher nicht so super ist, was bleibt dann noch? Ein Museum? Ein Bioladen? Der Schweinemastbetrieb in der Nachbarschaft? Oder noch besser: Du lädst SIE direkt zu dir nach Hause ein und sorgst dafür, dass deine Eltern sie auf Herz und Nieren durchchecken. Es gibt wohl keine bessere Wahl, als das erste Date direkt am Kaffeetisch von Mama und Papa stattfinden zu lassen! Da wird sich jedes Mädchen richtig wohlfühlen – und dich mit Sicherheit nie wieder angucken.

Natürlich, ist ja wohl logisch, braucht ihr einen neutralen Ort. Nichts mit Schule, nichts mit Eltern, nichts mit Kino. Der Klassiker ist und bleibt ein nettes Eiscafé. Hat auch den Vorteil, dass

du von ihrem Eis nippen darfst. Und sie von deinem. Dass du ihr vielleicht einen Sahneklecks von den Lippen wischen kannst. Und umgekehrt. Falls Café dir nicht gefällt – eine Einladung zu einem ganz simplen Spaziergang hat auch was! Nein – das ist kein romantischer Mist. Das ist einfach 'ne schöne Sache. Am besten an einem See zum Sonnenuntergang. Wenn kein See in der Nähe ist, gehen auch Meer, Fluss, Tümpel oder Pfütze oder Wald oder Stadtpark. Mit einer Spaziergang-Offensive rechnet sie nie und nimmer – und Ungewöhnlich-Sein ist gar nicht so schlecht für ein erstes Date. Ah ja – und flipp nicht aus, wenn solche Ideen von IHR kommen! Wir leben schließlich in modernen Zeiten. Mädchen dürfen also durchaus mal die Initiative ergreifen. Ist ja auch praktisch: Dann musst DU nicht immer denken und denken und denken … Davon abgesehen haben Mädchen, du wirst es nicht glauben, manchmal einfach die besseren Ideen. (Solltest du ihnen aber nie erzählen!)

3. DIE SACHE MIT DEM WARTEN

Warten ist eine der dümmsten Erfindungen der Menschheitsgeschichte und kommt gleich nach Erderwärmung, besser bekannt als Klimawandel, und Pommes mit Nutella. Warten ist nutzlos. Warten ist kacke. Zu spät kommen kann immer mal passieren – aber beim ersten Date? Entschuldigung! Wer da nicht pünktlich ist, macht grundlegend etwas falsch. Mal im Ernst, es ist schlicht und einfach eine grobe Unhöflichkeit, andere Menschen warten zu lassen – und Mädchen ganz besonders! Was dich also angeht: Sei zum verabredeten Zeitpunkt da, egal wo, zwei oder drei Minuten eher sind auch nicht übel. Und wenn sie nach zehn Minuten noch nicht da ist? Ist doch voll peinlich, wenn ich herumsitze wie bestellt und nicht abgeholt … Stimmt, ist es. Aber wer sagt denn, dass du allen Ernstes zehn Minuten auf ein Mädchen warten solltest?

Was bildet sich diese Kuh denn ein? Da hat sie mal die Chance, dich endlich privat zu treffen, mit dir allein zu sein, und kriegt es nicht einmal gebacken, ihre dämliche Uhr zu lesen? Sofern sie also keine Nachricht schickt, dass sie sich verspätet (vielleicht musste sie noch eine Entenfamilie vor dem Ertrinken retten, was gelegentlich durchaus passieren kann), darfst du getrost nach Hause gehen. Vielleicht wirft sie dir danach vor, du wärest ein fieser Hodenkobold. Macht nichts. Wer so drauf ist, hat dich schlicht und einfach nicht verdient.

4. DAS DING MIT DEM HANDY...

Dass du ohne Handy nicht leben willst und leben kannst, ist logisch. Auch, wenn dir ältere Leute gerne mal erzählen, dass man »früher« (also in der Steinzeit) ohne Handy existieren konnte, ist wohl klar, dass man die Zeit nicht mehr zurückkurbeln kann. Muss man ja auch nicht. Wäre eh viel zu stressig. Trotzdem haben Altmenschen recht, wenn sie, was sie häufig tun, dich mit »Das gehört sich nicht«-Sprüchen zutexten. Das gilt vor allem, wenn es um Telefone geht. Damit herumspielen, Nachrichten checken, Videos posten – alles okay und normal, aber nicht, wenn dir ein anderer Mensch gegenübersitzt. Dann ist's einfach irgendwie daneben, weil unhöflich, und bei einem Date sogar absolute Moppelkotze! Wenn du dich langweilst und deshalb dein Telefon brauchst, dann ist dein ganzes Date schrottig. Wenn du dich nicht langweilst, aber trotzdem dauernd und dringend und unbedingt irgendeine Sache auf irgendeiner Plattform prüfen musst, kommt das auch nicht viel besser.

Ich weiß, ich klinge gerade wie ein erwachsener Oberchefspießer, der von nichts eine Ahnung hat und seinen Verstand im letzten Jahrhundert vergessen hat. Aber nur, weil ich (wieder mal) recht habe, bin ich noch lange kein Klugscheißer: Du hast dich doch mit *ihr* getroffen, weil du wissen willst, mit was für einem Typ Mädchen du es eigentlich zu tun hast, oder? Na also! Und dies lässt sich wohl kaum herausfinden, wenn du dauernd online bist. Wer online ist, ist unkonzentriert, nicht bei derjenigen Sache, die eigentlich im Moment Vorrang haben sollte. Entweder, dir ist dieses Date wichtig oder nicht. Musst du ganz allein entscheiden.

Falls SIE übrigens die Flossen nicht von IHREM Bildschirm lassen kann, spricht überhaupt nichts dagegen, einfach aufzustehen und zu gehen. Wenn sie nicht checkt, dass nicht ihr Touchscreen, sondern ein tiefer Blick in deine Augen der Schlüssel zur Welt ist, hat eure Zukunft ohnehin keine Chance.

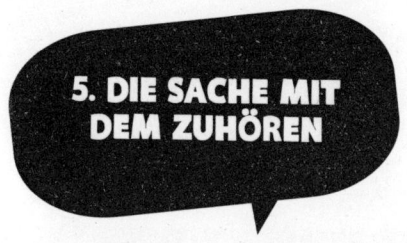

5. DIE SACHE MIT DEM ZUHÖREN

Zuhören ist gar nicht so einfach. Genau deshalb haben besonders kluge Ärzte schon vor geraumer Zeit das Ohr erfunden. Da ein Ohr am Kopf aber irgendwie blöd und asymmetrisch aussieht, kam ziemlich schnell noch ein zweites hinzu. Mithilfe dieser auch als Lauscher bezeichneten festinstallierten Hörgeräte, die viel, viel cooler sind als zum Beispiel Nasen oder Warzen, können Menschen Laute wahrnehmen, also Worte, die dann über irgendwelche Gehörgänge ins Gehirn geleitet werden (welches bereits und praktischerweise kurz vor den Ohren erfunden wurde), wo dann wiederum das sprachliche Lautwirrwarr entschlüsselt und verarbeitet wird. Wenn aber Infos verarbeitet werden sollen, muss man sie erst einmal aufnehmen – und zuhören.

Du redest gern? Großartig. Mädchen nämlich auch. Sogar noch mehr als du. Wobei … das könnte auch nur ein Klischee sein. Falls und wenn SIE redet, egal worüber, lass sie! Ist ja auch easy –

so musst DU dir keine Gedanken darüber machen, was du sagen sollst. Immerhin kannst du auf diese Weise eine ganze Menge über ein Mädchen lernen. Hör zu. Nimm wahr, was sie sagt. Nur so kannst du feststellen, ob sie »etwas taugt« für dich. Wenn du ihre Stimme schon nach fünf Minuten nicht mehr ertragen kannst, hat sich die Sache mit der Beziehung auf jeden Fall erledigt. Ja, erledigt! Auch wenn sie sagenhaft gut aussieht und tierisch niedlich ist. Wenn du gutes Aussehen und Niedlichkeit willst, guck in den Spiegel.

Okay – vergiss den Scheiß mit der Niedlichkeit. Jungs sind vieles, aber ganz bestimmt nicht niedlich! Wenn du wiederum vom supersüßen Klang ihrer supersüßen Stimme gar nicht genug bekommen kannst, weder vom Klang noch von ihren Worten, dann besteht noch Hoffnung. Achte allerdings darauf, dass sie dich ebenfalls zu Wort kommen lässt ... Wenn sie nämlich nur von sich selbst berichtet und keinerlei Fragen an dich hat, zeugt dies nicht gerade von Interesse. Soll heißen: Ab nach Hause! War schön mit dir ...

6. DIE SACHE MIT DEM INTERESSE ...

Oh Mann! Sie sieht wirklich ganz schön klasse aus, oder? Klamotten, Haare, Lächeln ... optisch bist du total weggedröhnt? Du möchtest ihr am liebsten die Zunge in den Hals stecken oder hoffst zumindest, dass sie denselben Gedanken hat und ziemlich bald aktiv wird? Du willst fummeln und befummelt werden? Endlich dieses süße Mädel in den Armen halten? Dagegen spricht absolut gar nichts, aber vielleicht solltest du deine »Leidenschaft« noch mal auf Sparflamme stellen. Du kennst sie doch noch gar nicht.

Nur weil sie sagenhaft geil aussieht, muss das noch lange nicht heißen, dass ihr wirklich bald eine romantische Beziehung haben werdet. Du bist nicht dumm – ich erzähle dir also nichts Neues. Ist ja auch normal und gut, wenn du dich von ihr angezogen fühlst.

Trotzdem: Erst einmal musst du wissen, womit du es zu tun hast, ungeachtet ihres Erscheinungsbildes. Stelle also Fragen. Viele Fragen. Verwickle sie in Gespräche. Gib ihr das Gefühl, wirklich interessant zu sein. Im Idealfall ist sie es ja auch – Heucheln ist also unnötig. Wenn du Interesse zeigst, weckt das wiederum *ihr* Interesse. Aber: Wenn alles, was sie erzählt, für dich uninteressant ist, dann nichts wie weg. Zwei Menschen, die sich nichts zu sagen haben, sind nicht füreinander geschaffen, egal wie toll du dir bereits die gemeinsame Zukunft ausgemalt hast. Besser jetzt schon wegrennen als später erst. Tipp: Es gibt auch noch andere Mädchen auf der Welt! Wenn wir von 3,5 Milliarden Frauen aus-

gehen, die auf diesem Planeten herumlatschen, sind jede Menge davon locker in deinem Altersbereich. So gesehen: Die Welt ist eine gigantische Pralinenkiste voller Mädchen!

7. DIE SACHE MIT DEN THEMEN …

What the f*** shall we talk about? Gute Frage! Ohne Sprechen geht's nicht. Man kann ja schließlich nicht sofort mit dem Knutschen anfangen. Okay, kann man. Aber bringt dich nicht sonderlich weiter. Sprechen also … miteinander reden. Aber worüber denn bloß? Politik ist gefährlich. Religion solltest du ganz schnell vergessen. Und wer tatsächlich bei einem ersten Date übers Wetter redet, hat sowieso verloren. Es sei denn natürlich, er findet Wetter total spannend. Wenn dem so ist, findet er aber wahrscheinlich auch das »gute Porzellan« in Mamas Schrank spannend.

Bietet es sich also an, sich vorher zu überlegen, welche Themen man ansprechen will? Keine gänzlich blöde Idee; allerdings solltest du nicht auf die dämliche Idee kommen, eine Liste zu schreiben und die einzelnen Punkte nacheinander abzuhaken. Ein Date lebt davon, spontan zu sein. Und ansonsten: Wie wäre es mit Schule als Geht-immer-Thema? Notfalls ja, besser als nichts. Oder Bücher! Falls sie keine Ahnung haben sollte, dass es sich dabei um die Dinger mit den Seiten handelt, wäre es für dich an der Zeit, den Rückweg anzutreten. Ansonsten natürlich Filme. Checke vor dem Date das Kinoprogramm der nächsten Tage – vielleicht finden sich ja Gemeinsamkeiten für ein zweites Date?

Serien … Computerspiele … Lieblingstiere … Lieblingsessen … Themen gibt's wie Sand am Meer! Auch Hobbys bieten sich immer als Gesprächsanlässe an – ganz anders als Exfreunde oder Exfreundinnen. Komm also um Gottes willen nicht auf die Idee, ihr von deiner total sagenhaft hammermäßig geilen Exfreundin zu erzählen. Vor allem nicht, wenn du überhaupt keine Exfreundin hast ...

Wenn es während eines Gespräches Momente des Schweigens gibt – kein Problem. Ist ganz normal, auch wenn es dir komisch vorkommen mag. Man muss auch mal zusammen schweigen können. Wenn du willst, probiere es aber doch in solchen Momenten mit kleinen Ratespielen im Sinne von »Welche drei Dinge würdest du mitnehmen auf eine einsame Insel?«, »Was war das Peinlichste, was du jemals erlebt hast?« oder »In welcher Serie würdest du gerne mitspielen?« Solche Spielchen bringen Leben und Spaß ins Date. Normalerweise wird sie die Frage dann zurückgeben ... eine perfekte Gelegenheit, sich auf witzige Art und Weise näherzukommen.

Ganz am Ende, wenn alles gut gelaufen ist, darfst du gerne noch einen draufsetzen: »Welche drei Dinge findest du an *mir* interessant?« Sagt sie dann »Deinen Schwanz, deinen Arsch und deine Pickel«, oder, noch besser, »Gar nichts«, hat sie zumindest Humor. Du darfst dann also auf ihre Gegenfrage ganz ähnlich antworten: »Deinen Arsch, deine Möpse, dein Gackern.« Besser hingegen wäre: »Dein Lächeln, deine Intelligenz, deine Augen.« Irgendwie so. Dir wird schon was einfallen ...

8. DIE SACHE MIT DER KÖRPERSPRACHE

Dein Körper hat eine ganz wunderbare Fähigkeit, über die du wahrscheinlich eher selten nachdenkst. Nein, ich meine nicht die Fähigkeit, deinen Penis aufsteigen zu lassen. Das ist zwar auch schön, aber dein Körper kann noch mehr – sprechen nämlich. Ganz ohne Stimme, nonverbal also. Jede noch so kleine Bewegung sagt etwas über dich aus. Die Art und Weise, wie du gehst und stehst, wie du lachst und lächelst, wie du mit den Händen gestikulierst – all diese nonverbalen Signale sendest du, manchmal ohne es zu wollen, an deinen Gesprächspartner. Wie du die Augenbrauen hochziehst, wenn du sagenhaft supersauer bist, wie du mit den Augen rollst, wenn du gelangweilt bist, du die Arme vor der Brust verschränkst, wenn du dich jemandem überlegen fühlst. So gesehen ist dein Körper ein ganz schön fieser Verräter. Mit solchen häufig spontanen und intuitiven Bewegungen vermittelst du Distanz – obwohl die Idee eines Dates ja eigentlich ist, Nähe zu schaffen. Bevor du dir nun allzu viele Gedanken darüber machst, wie du dich bewegen sollst, hier nun die wichtigste Info überhaupt: Eine offene Körperhaltung (also eben nicht mit verschränkten Armen herumsitzen) zeigt deinem Gegenüber-Girl, dass du a) ein selbstsicherer, offener Mensch bist und b) Lust hast, »sie« an deinem Leben teilhaben zu lassen.

Verschränkst du hingegen die Arme und lehnst dich arrogant im Stuhl zurück, weiß das Mädel: Der will nichts von mir. Hat keinen Bock auf mich. Ist wahrscheinlich ein arroganter Sack. Findet mich relativ zum Kotzen. Umgekehrt gilt also: Wenn du merkst, es hat keinen Sinn mit diesem Mädchen, verschränke die Arme, lehn dich zurück und hau die Füße auf den Tisch. Sollte als nonverbales Signal des kompletten Desinteresses eigentlich ausreichen … Kann allerdings auch sein, dass SIE gerade ein solches Verhalten besonders sexy findet. Bei Mädchen weiß man bekanntlich nie so genau …

9. DIE SACHE MIT DEM KNUTSCHEN

Knutschen beim ersten Date? Wenn ich es darauf anlege, bin ich dann nicht ein ziemlicher Aufreißer? Nein, bist du nicht. Wenn das Date so läuft, wie du es wolltest, und alles irgendwie wunderbar harmoniert und fast schon perfekt ist, spricht überhaupt nichts dagegen, auch noch Speichelflüssigkeiten auszutauschen. Kannst sie aber auch noch etwas »schmoren« lassen. Du musst schließlich nicht all dein Feuer gleich beim ersten Mal abbrennen lassen. Trotzdem – insgesamt spricht nichts dagegen. Aber wenn, dann bitte nicht schon bei der Begrüßung! Ein »Hallo« gefolgt von Zunge-in-den-Hals-Stecken mag auch beim coolsten Mädchen Irritationen auslösen und einfach ein klein wenig »too much« sein. Aber nach einigen Stunden? Kann durchaus passieren. Fragt sich bloß, wer hier wen küsst. Du sie? Sie dich? Ihr beide einen Laternenpfahl? Altmodisch gesprochen: Der erste Schritt ist dein Job. Aber das ist eben oldschool. Wenn SIE Vollgas gibt, ist's auch okay, besser sogar vielleicht. Mal ehrlich – da habt ihr euch stundenlang unterhalten, euch bestens verstanden, die eine oder andere kleine Berührung ausgetauscht – du willst also, was alles andere als unlogisch ist, dass es einen Schritt weitergeht? Willst es ganz unbedingt? Willst den perfekten Abschluss? Ach ja, wenn nur alles so einfach wäre … Was aber, wenn SIE nicht will? Du kannst natürlich vorpreschen und ihr die Zunge in den Hals rammen. Ist dein gutes Recht. Kannst es aber auch lassen, was vielleicht der bessere Zug wäre.

Vielleicht ist sie schüchtern. Vielleicht ist sie sich noch unsicher, ob sie dich wiedersehen möchte. Vielleicht traut sie sich einfach nicht und hat eine Scheißangst. Mit einem von dir ausgehenden Kuss würdest du ihr diese Angst wahrscheinlich nehmen – oder sie vollständig in den Wahnsinn treiben.

Um zum Punkt zu kommen: Wenn du zu einem Date gehst, sollte das Ziel »Küssen«, genau wie »zukünftige Beziehung«, nicht oben auf deiner Liste stehen. Auch nicht in der Mitte. »Küssen« etc. kann sich ergeben, aus der Situation heraus. Muss es aber nicht – und wenn es eben nicht dazu kommt, ist dein Date deshalb noch lange nicht Schrott gelaufen. Warte mal ab, wie es beim zweiten Date läuft. Oder beim dritten. Irgendwann kommt der richtige Moment. Wann? Keine Ahnung, du Nase. Du wirst es schon merken, wenn es so weit ist. Immer locker bleiben!

10. DIE SACHE MIT DEM ANFASSEN

Ja, du darfst das Mädchen anfassen. Ohne Scheiß! Ja, auch in der Öffentlichkeit. Das Anfassen eines Mädchens (früher hättest du noch gedacht: IGITT!!!) macht dich nicht zu einem Macho-Arsch. Nein, du kannst beim Angrabbeln nichts kaputt machen. Mädchen sind vielleicht etwas zärtlicher gebaut, aber relativ hart im Nehmen und lassen sich durch Berührungen nicht irritieren. Anders als vielfach geglaubt sind sie auch nicht ansteckend und verbreiten (in den meisten Fällen wenigstens) keine ernst zu nehmenden Krankheiten.

Das erste Touching kommt normalerweise am Anfang bei der Begrüßung. Für dich gilt: nicht gleich ihr Gesicht in deine Hände nehmen und es von oben bis unten abschlecken. Kannst du später immer noch tun, doch als »Hallo«-Ersatz ist Derartiges einfach eine Spur zu überdreht. Freundschaftliche Umarmung hingegen ist okay. Schmatzer auf die Wange ebenfalls, egal wer damit anfängt. Und dann? Die ganze Zeit Händchen-Halten? Wenn ihr beide noch nicht so wirklich wisst, wie ihr mit dem anderen umgehen sollt, schadet es nichts, etwas körperlichen Abstand zu halten. Was aber nicht heißt, dass es überhaupt keine Berührungen geben darf. Schau mal, wo sie ihre Hände hinsteckt. Liegen sie die ganze Zeit auf dem Tisch? Perfekt! Du musst nicht gleich zugreifen wie ein Maurermeister und die Dinger zerquetschen. Vielmehr – hin und wieder mal deine Hände auf ihre legen; beiläufig, spontan, immer nur kurz. Sie dann zurückziehen. Warten. Bei nächster Gelegenheit noch einmal dasselbe oder dich vielleicht von deiner Freundin (?) berühren lassen. Lass deine Hände stets in Griffweite. Moment aufsaugen und genießen. Sofern dir das »Touching« gefällt.

Falls dein Mädel allerdings mit Körperlichkeit nicht viel am Hut hat, sie sich also auch den leichtesten Berührungen verweigert, mag sie entweder total schüchtern sein oder total dämlich – oder sie hat irgendwie gemerkt, dass sie nicht auf dich steht.

So was zu realisieren tut weh, nützt aber nichts. Tröste dich: Zu Hause hast du bestimmt ein Haustier oder wenigstens eine Topfpflanze, die sich gerne von dir betatschen lässt. Ist zwar nicht der beste Ersatz, aber besser als gar kein Anfassen. Dein Mathebuch könntest du übrigens auch mal wieder anfassen … Es ist zwar ebenfalls nicht superhelle, aber wenigstens nicht schüchtern.

11. DIE SACHE MIT DEN KOMPLIMENTEN

Mal ehrlich, auch wenn du vielleicht sagst, Komplimente sind dir egal, sind sie es eigentlich überhaupt nicht. Auch wenn Komplimente häufig gebraucht werden, um sich bei anderen Leuten einzuschleimen (Ach, Frau Müller, Sie sehen aber wieder toll aus heute! Großartig, wie Sie es schaffen, uns im Religionsunterricht noch mehr zu langweilen als Herr Schmidt …), bieten sie gerade bei einem Date eine prima Möglichkeit, der anderen Person zu zeigen, wie unglaublich nett und aufmerksam du eigentlich bist. Du darfst dem Mädchen neben dir (oder vor dir, über dir oder unter dir) also gerne mal sagen, wie sehr du ihren Style magst, wie interessant du ihre Ideen bezüglich Klimawandel oder Kartoffelbrei findest oder dass du findest, dass sie einfach unglaublich »geil« ist.

Bei Letzterem allerdings aufpassen: Mädchen stehen nicht besonders drauf, als »geil« bezeichnet zu werden. Spiele vielleicht besser mit anderen Adjektiven herum: hübsch, zauberhaft, wunderschön – um ihre Optik zu betonen. Witzig, spannend, faszinierend – um ihre inneren Werte hervorzuheben. Trotzdem solltest du es nicht übertreiben mit der Komplimenterei. Mache Komplimente nur, wenn sie wirklich ernst gemeint sind. Eine kleine Notlüge zur Stimmungsauflockerung ist okay, oder wenn du glaubst, sie braucht einen leichten Kick. Dann sollte es das mit den Täuschungen auch gewesen sein. Du selbst willst schließlich auch nur solche Komplimente, die ehrlich sind und von Herzen kommen.

Risikobereite Typen können natürlich auch etwas schärfer rangehen – ob's zum Erfolg führt, ist aber zweifelhaft … Wie wäre es also mit …

> Du bist voll die scharfe Usche!
>
> Ich steh total auf deinen Arsch!
>
> Mit dir würde ich sofort ein Kind machen!
>
> Du bist so richtig schön dumm – das gefällt mir an dir!
>
> Boah! Hast du aber tolle Titten!

Ja! Und du hast bei so was total toll ihr Knie in deinen Eiern!

12. DIE SACHE MIT DER HOFFNUNG

Planst du schon Kinder? Wenigstens die Hochzeit? Bist in Gedanken bereits beim ersten Sex? – Durchatmen, Alter! Ein Date ist ein Date ist ein Date ist ein Date! Wenn du in ein Date gehst, verbindest du die Sache normalerweise mit Hoffnung. Das ist schon mal eine gute Grundeinstellung. Du hoffst, dass alles gut läuft. Dass du dich nicht blamierst. Dass sie sich nicht als komplette Hohlnudel herausstellt. Dass ihr einfach einige schöne und lässige und vielleicht sogar romantische Stunden miteinander verbringt. Dass ihr euch berührt. Dass sie dich berührt. Dass sie dir irgendwann ins Ohr haucht, wie toll sie dich findet. Wie faszinierend du bist. Wie gut du aussiehst. (Was man nun wirklich nicht extra erwähnen müsste …)

Aber da ist noch mehr: Schon vor dem Date hegst du Hoffnungen für die Zukunft, eure gemeinsame Zukunft. Wahrscheinlich überlegst du schon vor dem ersten Treffen, wie es eventuell weitergeht mit euch. Wann ihr euch das erste Mal küsst. Wann ihr das erste Mal pimpert. Was ihr am nächsten Wochenende macht. Was mit eurer Beziehung passiert, wenn irgendwann mal die Schulzeit vorbei ist. Ob ihr bis in alle Ewigkeit miteinander gehen werdet. Wie ihr eure Kinder nennt. Nicoletta-Britney oder Melvin-Kelvin? Und ob ihr füreinander sterben würdet …

Jesus Christus!

Geht's noch?

Sich Gedanken zu machen über das, was vielleicht und eventuell und möglicherweise sein wird, ist verständlich, bringt dich aber keinen Schritt weiter, außer, dass du dich viel zu sehr unter Druck setzt. Ein Date ist ein Date ist ein Date ist ein Date. Siehe oben, Punkt. Akzeptiere es als solches. Nach einem ersten Date kommt ein zweites Date. Vielleicht. Wenn ihr es beide wollt. Aber jetzt schon über die weite, weit entfernte Zukunft nachzudenken und sich eure gemeinsame Ewigkeit auszumalen lohnt einfach nicht. Und komm bloß nicht auf die dämliche Idee, das Mädchen zu fragen, wie viele Kinder sie eigentlich will … unter Umständen ist sie schneller verschwunden, als du überhaupt Melvin-Kelvin aussprechen kannst.

13. DIE DANACH-SACHE …

Dein Date ist vorbei? Du hattest Spaß? Viel Spaß sogar? Die Schmetterlinge im Bauch – ja, ich benutze solche Ausdrücke und schäme mich nicht die Bohne dafür! – tanzen inzwischen Samba? Du hast den Eindruck, dass SIE wirklich »Miss Perfect« ist oder dass du definitiv Bock auf weitere Treffen hast? Erstklassig! Glück gehabt! Hätte schlimmer kommen können. Sie ist, als kleines Extra, ebenfalls interessiert? Gut, das war ja schließlich auch zu erwarten bei einem Qualitätstypen wie dir …

Also: Ab nach Hause und bombardiere sie mit Nachrichten, damit sie gar nicht erst zu zweifeln beginnt. Variiere normale Textnachrichten mit Sprach- und Bildmessages. Frag sie, ob sie an dich denkt. Frage dies mehrfach. Dauernd. Die ganze Zeit. Minütlich. Geh am nächsten Tag in der Schule direkt auf sie zu, umarme sie inmitten ihrer Freundinnen und schlecke sie ab. Mädchen stehen auf so was! Außerdem solltest du sie unbedingt ganz dringend mit Plänen für eure gemeinsame Zukunft überraschen – du wirst schon sehen, was du davon hast …

Dass du natürlich nach einem toll gelaufenen ersten Meeting mit einem Mädchen sofort in die nächste Stufe eurer Beziehung einsteigen möchtest, ist logisch. Du willst, dass sie ganz dir gehört – willst praktisch einen festen Vertrag schließen. Aber – entspann dich! Wer ein zartes Schneeglöckchen stündlich mit einer Badewanne voll Wasser begießt, muss sich nicht wundern, wenn das Blümchen lieber stirbt als dauerhaft zu ersaufen. Übertreibung und Hochgeschwindigkeit führen ins Leere – auch und vor allem bei Beziehungen.

Nach dem Date schickst du ihr also – genau! – exakt EINE Nachricht. Irgendwas mit »War wahnsinnig schön mit dir. Würde dich gerne wiedersehen, wenn du Lust hast. Schlaf gut!« Damit bleibst du nett und freundlich und sympathisch und außerdem locker. Reicht doch. Allerdings, schlau wie du bist, wartest du einige

Stunden, bis du auf »Senden« klickst. Im Idealfall kommt nämlich vorher schon eine Nachricht von ihr, vielleicht sogar mit den identischen Worten. Und wenn sie noch ein »Ich mag dich« hinzufügt, ist dies sicherlich als gutes Zeichen zu deuten. Soll heißen: Strike! Alles Weitere folgt später.

14. DIE SACHE MIT DEM WIEDERSEHEN

Es ist ziemlich üblich, dass man sich, sofern keiner von euch beiden ins Gras beißt, nach einem Date wiedersieht. Zum Beispiel in der Schule. Wo auch sonst – ist schließlich dein Lebensmittelpunkt, ob du willst oder nicht. Fragt sich bloß, WIE man sich wiedersieht. Eigentlich gibt es nur wenige Möglichkeiten:

Erstens: Das Date war genial! Alles hat gepasst! Geküsst habt ihr euch zwar noch nicht, ist aber nur eine Frage der Zeit. Wahrscheinlich seid ihr nun Girlfriend und Boyfriend. Herzlichen Glückwunsch! Ich freue mich für dich! Und nun? Tja. Gute Frage. Gehst du einfach auf sie zu in der Pause? Klar, kannst du bringen. Musst du aber nicht, da sie dir mit Sicherheit zuvorkommen wird, zumindest, wenn du Glück hast … Was dann passiert – keine Ahnung. Umarmung. Hand in Hand über den Schulhof latschen. Vielleicht ein Kuss. Alles möglich. Spielt aber keine Rolle: Ihr seid ein Paar, und jeder kann es sehen. Was weiterhin folgt, bleibt euch beiden ganz allein überlassen.

Zweitens: Date war absolut Schrott. Superschrott sogar. Um genau zu sein, sagenhaft und megamäßig beschissen. Du hast gemerkt, dass sie nicht die Richtige für dich ist. Hättest du ihr aber unbedingt sagen müssen. So schonend wie möglich natürlich. Versprechungen, die du niemals halten willst, sind übel. Sag ihr also klar und deutlich, dass es nicht passt. Und fertig. Vielleicht versucht sie es trotzdem weiter. Solltest du ihr aber nicht übel nehmen: Sie kämpft schlichtweg um das, was sie gut findet – dich nämlich. Auf jeden Fall führen Begegnungen nach einem misslungenen Date zu Komplikationen. Keiner weiß genau, wie er sich verhalten soll. Am besten, so blöd es klingt – solltest du dich ganz normal benehmen. Wie immer irgendwie.

Drittens: Date war immer noch Schrott, aber nur von ihrer Seite aus. DU hingegen bist absolut happy und lucky und glaubst, dass dieses Wahnsinnsmädel jetzt deine feste Freundin ist. Womit du danebenliegen könntest. Vielleicht hat das Mädchen die falschen Signale ausgesendet und dir zu verstehen gegeben, dass sie hammerinteressiert an dir ist. Obwohl's nicht stimmt. In diesem Fall wirst du ziemlich schnell peilen, dass irgendwas nicht stimmt, dass ihre Sicht auf dich so ganz anders ist als deine auf sie. Womöglich holst du dir, wenn du auf sie zugehst, eine ziemlich brutale und unerwartete Abfuhr ein. Was saumäßig wehtut und dich fertigmacht. Möchtest dann heulen, dich irgendwo verkriechen, einfach nur noch sterben. Und selbstverständlich wünschst du ihr die Krätze an den Hals. Immerhin hast du schon so viele Hoffnungen gehegt, und nun ist alles nur noch ein Fliegenschiss. Verständlich, dass du dich zum Kotzen fühlst.

Aber – und das ist die gute Nachricht, und diese solltest du dir in solchen Schmerzmomenten immer wieder ins Gedächtnis rufen: Es gibt viele, viele, viele, viele, viele, viele andere Mädchen da draußen. Interessante, spannende, faszinierende Zaubermäuse, von denen du bislang noch nicht mal geglaubt hast, dass sie wirklich existieren. Tun sie aber – und früher oder später wird eines dieser Mädchen auf dich zukommen und dich um ein Date bitten …

Und dann? Dann beginnt das ganze Spiel von vorne … Niemand hat schließlich gesagt, dass Dating ein Kindergeburtstag auf dem Ponyhof ist.

KAPITEL 4:

DU &
KNUTSCHEN:

ALLES ÜBER
SPEICHEL & CO

Erstens: Ein Mädchen zu küssen ist absolut genial. Vorausgesetzt, du hast das Mädchen wirklich gern – und sie dich auch. Klar kannst du auch ein Mädchen küssen, ohne es zu mögen. Kann vielleicht auf einer Party vorkommen und muss noch nicht mal schlecht sein. Aber schöner ist's, wenn du wirklich etwas für sie empfindest.

Zweitens: Küssen ist weder gefährlich noch schwierig. Du kannst also davon nicht sterben. Auch ist Küssen viel, viel einfacher als zum Beispiel den Mount Everest hochzukraxeln.

Drittens: Küssen ist geil! Aber das sagte ich bereits. Ich wiederhole es aber gern: Küssen ist geil! Mehr musst du eigentlich gar nicht wissen. Oder doch? Na gut …

1. WAS IST, WENN MAN SCHISS HAT VORM KNUTSCHEN?

Bestimmt hat deine Mutter dir schon mal einen Kuss gegeben, oder? Als Kind war das ganz normal für dich. Allmählich findest du es aber scheiße? Nachvollziehbar! Aber immerhin – deine Mutter küsst dich nicht auf den Mund, und schon gar nicht mit Zunge.

Jungs haben bekanntlich vor gar nichts Angst. Aber dieses Küssen … oje … vor allem, wenn man es noch nie gemacht hat. Und dann auch noch mit einem Mädchen … Der erste Kuss ist meistens derjenige, der einem am meisten Respekt einflößt. Stelle ich mich richtig an? Gefällt ihr, was ich tue? Wo genau soll ich meine Zunge hintun? Halte ich die Augen geöffnet oder geschlossen? Umarme ich das Mädchen dabei? Kann ich auch jemanden küssen, wenn ich erkältet bin? Wird man schwanger vom Küssen?

Viele, viele Fragen, die sich da auftürmen. Sollte man diese komische Knutscherei also besser sein lassen?

Auf keinen Fall!

Jemanden küssen kann der absolute Wahnsinn sein! Allerdings musst du locker rangehen. Das Schöne ist: Du kannst nichts falsch machen! Echt nicht! Glaubst du ernsthaft, es ist schwer, deine Lippen auf die Lippen eines Mädchens zu pressen? Wenn zwei Menschen sich küssen, müssen sie erst einmal etwas herumexperimentieren. Auch hier gilt: Es kann nichts schiefgehen. Eventuell schiebt sie irgendwann zärtlich ihre Zunge in deinen Mund. Oder du deine in ihren. Eure Zungen treffen sich, egal wo. Fühlt sich vielleicht komisch an, irgendwie glibberig, aber gleichzeitig unglaublich schön. Nach Bauchkribbeln oder Brause. Kann sogar sein, dass du während des Küssens einen Ständer bekommst. Damit sagt dir dein Körper: Ist geil! Hau rein! Mach weiter!

Vielleicht stöhnt das Mädchen irgendwann. Ebenfalls ein gutes Zeichen! Vergiss nicht, dass deine Kusspartnerin vielleicht genauso viel oder wenig Erfahrung hat wie du. Ihr beide werdet ziemlich bald merken, welche Zungen- und Lippenbewegungen euch gefallen.

Übrigens: Einige Mädchen haben »mit Zunge« noch nichts am Hut und lassen so was Intimes erst zu, wenn ihr euch schon länger kennt. Aber keine Sorge: Auch das normale »Lippenküssen« kann großartig sein und natürlich die Spannung auf ein »Mehr« deutlich steigern helfen …

2. IST KÜSSEN EIGENTLICH GESUND?

Oh ja. Viel gesünder jedenfalls als Obst oder Gemüse. Küssen ist wie Sport und trainiert immerhin 34 Gesichtsmuskeln, von denen du noch nicht einmal wusstest, dass sie überhaupt existieren. Beim Küssen läuft außerdem deine Atmung auf Highspeed, was natürlich super ist für die Lungentätigkeit. Dein Blutdruck steigt an, weil deine Nebennieren Adrenalin freisetzen; Stresshormone in deinem Körper verrecken, Glückshormone wiederum werden im Eiltempo produziert und machen dich, wie der Name schon sagt, glücklich. Und geil. Und dies trotz der eigentlich ekelig klingenden Tatsache, dass ein ganz normaler Kuss unter anderem aus Wasser, Fett, Salz und jeder Menge Viren und Bakterien besteht. Über 20.000 Bakterien können gegenseitig übertragen werden, also von Mund zu Mund. Klingt nicht gerade sexy, aber a) du merkst es nicht, und b) die Gefahr, dass da irgendwas »Tödliches« passieren kann, ist minimal. Kein Grund zur Sorge, und Kondome brauchst du auch nicht, es sei denn, ihr beide plant bereits den nächsten Schritt …

3. EH, BABY, WOLLEN WIR KNUTSCHEN?

Eine tolle Frage für den Schulhof! Einfach auf ein Mädchen zugehen und fragen. Was soll schon groß passieren … Richtig: im Extremfall ein Tritt in die Glocken. Im weniger extremen Fall nur irritiertes Kopfschütteln oder Gelächter. Mädchen sind halt keine Gegenstände, die man einfach »haben« kann. Um zu knutschen, musst du ein Mädchen, dieses ganz bestimmte Mädchen, erst einmal kennenlernen. Gut, auf Partys kann das auch mal anders laufen, und man küsst in der ganzen Hektik vielleicht jemanden, den man eigentlich gar nicht auf dem Schirm hatte … Aber das ist eine andere Sache. Im Normalfall solltet ihr euch vor dem Küssen beschnuppern, ihr müsst gegenseitig abchecken, ob ihr aneinander interessiert seid, ob ihr zueinander passt, euch mögt.

Du findest jemanden ganz großes Kino und hättest sie gern als feste Freundin im Sinne einer Beziehung? Feine Sache! Aber wenn sie anderer Meinung ist, musst du, auch wenn du natürlich nicht sofort aufgeben solltest, im Endeffekt damit leben. Ist zwar knallhart doof, aber es hat ja auch keiner gesagt, dass Beziehungen einfach sind.

Wenn ihr aber beide der Meinung seid, dass ihr gut harmoniert, und vielleicht schon mal ein Date hattet, entwickelt sich die Kusssache meist von ganz allein. Entweder ganz ohne Worte. Oder du setzt einfach mal alles auf eine Karte: »Ich würde dich gern küssen« ist ein Satz, den man durchaus mal bringen kann. Meinetwegen auch als Frage formuliert.

Wenn sie dann Ja sagt oder nickt, nimm ihr Gesicht in deine Hände (Tipp: Verwische dabei nicht ihr Make-up), schau ihr in die Augen und nähere dich ihrem Mund.

Und wenn sie Nein sagt?

Dann meint sie Nein! Muss aber keine Katastrophe sein: Vielleicht ja dann morgen oder übermorgen …

4. AUGEN ZU? AUGEN AUF?

Du kennst das Mädchen, das vor dir steht. Du weißt, wie sie aussieht. Du stehst auf ihre wunderbaren Augen, ihr superschönes Gesicht, ihren ganzen sexy Körper und die Art, wie sie ihre Haare trägt oder was für Klamotten sie gut findet. Du siehst sie sogar vor dir, wenn sie gar nicht da ist. Außerdem magst du ihre Art. Wie sie lacht, wie sie sich bewegt. Und natürlich ihren Verstand. Wie sie denkt. Woran sie glaubt. Was sie will.

Kurzum: Du findest sie in jeder Hinsicht sagenhaft genial. Da kann man nur hoffen, dass das auf Gegenseitigkeit beruht. Wenn ihr euch also küsst, ob nun zum ersten, zweiten oder tausendsten Mal, darfst du dich gerne fallen lassen, und zwar mit geschlossenen Augen. Denn nur dann kannst du den Moment hundertprozentig genießen!

Kusswissenschaftler (ja, gibt es wirklich: sogenannte Philematologen) haben herausgefunden, dass 92% aller Mädchen ihre Augen beim Küssen geschlossen halten, aber nur 52% aller Jungs. Komische Ergebnisse. Könnte daran liegen, dass Jungs sich ihrer Sache nicht sicher sind und immer im Gesicht des Mädchens nach Anzeichen suchen, ob sie zufrieden ist mit der Qualität des Kusses. Was Quatsch ist!

Meine persönliche Empfehlung: Augen zu. Ab geht's. Enjoy the moment! Wenn du schon mal bei absoluter Dunkelheit geduscht hast, weißt du, dass dein Körper völlig anders reagiert als üblich. Dunkelheit ist gut: Du musst beim Küssen nichts sehen. Aus Sehen wird Fühlen, und Fühlen ist mehr als ausreichend.

5. WAS STINKT HIER DENN SO?

Du küsst ein Mädchen. Das Mädchen wendet sich von dir ab und kneift die Augen zusammen. Du erkennst Ekel und Abscheu in diesen Augen … Irgendwas stimmt also nicht … Vielleicht dein Atem? Könnte es sein, dass du aus dem Mund stinkst wie die Reste des skelettierten Hamsters in deiner Nachttischschublade? Wie eine Knoblauchfarm? Eine Dönerfabrik?

Mädchen sind, wie du bereits weißt, komische Dinger – sie sind ziemlich zimperlich und zickig, wenn es um Gerüche geht, vor allem beim Küssen. Wäre ein frisches Kaugummi oder eine Ladung Mundspray vor dem Küssen also wirklich zu viel verlangt? Kaum etwas ist beim Zungenverknoten ätzender als Mundgeruch: Von daher ist, auch wenn ich mich jetzt wie deine Mutter anhöre, regelmäßiges Zähneputzen keine schlechte Sache. Für Mädchen gilt natürlich dasselbe – durchaus möglich also, dass IHR Geruch auch nicht gerade der Knüller ist. Ob du es ihr sagen willst, musst du allerdings selbst entscheiden. Hängt davon ab, wie mutig oder ehrlich du bist.

6. IST KÜSSEN EIGENTLICH ERLAUBT?

Klar. Du darfst absolut alles küssen: Blumenvasen, Schultaschen, Möhren, sogar Bücherregale, auch mich! Absolut alles – aber eben nicht jeden! Wenn du 14 bist, das Mädchen allerdings erst 13, musst du theoretisch die Lippen von ihr lassen. So sagt es nämlich das Jugendschutzgesetz. Auch Zwölfjährige oder Elfjährige sind tabu, nicht aber 15-Jährige. Zwei 13-Jährige dürfen sich genauso küssen wie zwei 15-Jährige. Aber 14 ist eben das magische Alter – ist das Mädchen jünger, müsstest du eigentlich …

Tatsächlich siehst du auf dem Schulhof aber, dass solche »verbotenen« Küsse trotzdem ausgetauscht werden? Klar doch! Ist gar nicht mal ungewöhnlich, und es interessiert keine Sau, es sei denn, IHRE Eltern haben damit ein Problem. Sie könnten, wenn sie dich zum Kotzen finden oder eure Beziehung aus verschiedenen Gründen nicht tolerieren, Anzeige erstatten. Du würdest dann für mindestens 200 Jahre in den Knast wandern und könntest höchstens noch Gitterstäbe oder männliche Mithäftlinge mit der Kraft deiner Zunge bezaubern …

Kleiner Scherz. Alles halb so wild natürlich.

Wichtig ist halt, dass du nicht aufdringlich wirst: Ein erzwungener Kuss ist normalerweise kein guter Kuss, und außerdem illegal.

Wenn SIE auch Lust auf Knutschen hat und nicht sehr viel jünger ist als du, musst du dir normalerweise keine Sorgen machen. Kannst also unbesorgt drauflosküssen, ob nun auf dem Schulhof, im Freibad, im Eiscafé oder während der Mathestunde (Tipp: Vorher abchecken, ob deine Lehrer das ebenfalls in Ordnung finden. Wahrscheinlich nicht …).

7. AN JEDEM ORT KÜSSEN? DARF MAN DAS?

Na ja. Vielleicht doch nicht unbedingt überall. In der Kirche ist irgendwie blöd, vor allem während einer Beerdigung. Aber ansonsten ist die Welt dein Spielplatz ... Trotzdem gibt es Länder, die das öffentliche Herumknutschen nicht so toll finden.

In Indien zum Beispiel wirst du nur sehr selten Menschen sehen, die Speichelflüssigkeiten austauschen, da es sich um eine »öffentliche Zurschaustellung von Zärtlichkeiten« handelt, welche in den Augen von Beobachtern »störend« wirken kann. Ohne Scheiß – die Inder meinen das ernst: Selbst in Filmen wird kaum geknutscht. Tut man es trotzdem, gibt's bis zu drei Monate Gefängnis.

Ähnliches gilt für Indonesien: Das sehr muslimisch geprägte Land steht überhaupt nicht auf leidenschaftliches Küssen, zumindest nicht dort, wo andere zugucken können. Als Strafe warten bis zu fünf Jahre hinter Gittern oder 29.000 Euro Geldbuße. Nicht gerade billig, aber vielleicht ist das Mädchen das ja wert ... In anderen hauptsächlich muslimischen Kulturen (Irak, Iran, Saudi-Arabien, Sudan, Jordanien oder Ägypten) könnte es ebenfalls Stress geben, wobei kaum davon auszugehen ist, dass man einen 14-Jährigen in den Bau steckt. Andererseits ... so genau kann man das nie wissen. Besser vorsichtig sein!

Die genialsten Kussgesetze kommen aus den USA und sind dermaßen uralt und beknackt, dass sich kein Mensch mehr daran hält, nicht einmal die Polizei:

Im Staat Colorado ist es verboten, schlafende Mädchen zu küssen. Ziemlicher Drecksstaat also!

In Maryland ist Küssen absolut in Ordnung – solange das Ganze in weniger als einer Sekunde erledigt ist ... Hier gilt also: Geschwindigkeit vor Qualität! Einige Städte in Maryland sind allerdings großzügiger und erlauben dir immerhin eine Minute ...

Noch besser ist's in Idaho! Alles, was über 18 Minuten Knutscherei geht, ist verboten. Aber 18 Minuten sollten eigentlich reichen, oder? In Boston, Massachusetts, darfst du offenbar knutschen, wo und wie lange du willst – nur nicht vor einer Kirche …

In Hartford, der Hauptstadt des wunderschönen Staates Connecticut, gilt: Sechs Tage darfst du richtig Gas geben, aber irgendwann braucht auch der beste Küsser mal Pause. Was praktisch ist, denn sonntags ist's verboten …

Die Stadt Riverside in Michigan steht offenbar auf blumige Küsse: Vor der Action muss gewaschen werden. Und zwar deine Lippen – mit Rosenwasser!

Kein Mensch würde je auf die Idee kommen, in Wisconsin mit dem Zug zu fahren. Erstens sind die Dinger dauernd unpünktlich, zweitens ist der Service an Bord miserabel, und drittens: Küssen geht gar nicht!

8. WAS GENAU IST EIN ZUNGENKUSS?

Als Erfinder des Zungenkusses gelten die Franzosen, die ohnehin viele interessante Sachen erfunden haben, z.B. den gebratenen Froschschenkel oder die Französische Revolution. Ob das mit dem Kuss nun hundertpro stimmt, ist zweifelhaft, aber wir benutzen für alles mit Zunge trotzdem den Begriff »French Kiss«. Fragt sich bloß, wie so was funktioniert und ob man dabei französisch sprechen muss …

Es ist superhilfreich, wenn ihr beide nicht meterweit voneinander entfernt steht! Also: Stelle körperliche Nähe her. Auge in Auge, fast Nase an Nase. Gerne darfst du auch deinen Arm um das Mädchen legen und sie vorsichtig an dich heranziehen. Falls sie sich jetzt bereits bockig anstellt, ist das ein klares Zeichen, dass sie eben keinen Bock hat. Lass also gut sein!

Kein Grund für Stress! Du schreibst schließlich keine Mathearbeit. Die Lippen bleiben also locker. Der Mund ist leicht geöffnet. Betonung auf »leicht«! Also nicht so, dass man darin ein Auto parken könnte!

Du solltest deinen Kopf etwas neigen, damit eure Nasenspitzen nicht aufeinanderprallen. Du willst schließlich ihren Mund und nicht ihre Nase.

Finde die Lippen des Mädchens. Spüre, wie sie sich anfühlt. Sie macht genau dasselbe in diesem Moment.

Es ist nicht nötig, ihr schon jetzt direkt die Zunge in den Rachen zu jagen. Schöner ist es für euch beide, wenn du ihre Lippen einzeln küsst. Oben, unten, an den Mundwinkeln. Finde also heraus, wie sich jeder Bereich ihres Mundes so anfühlt – bereits hierbei wäre deine Zunge ein hilfreicher Begleiter! Gleite also schön langsam mit der Zunge über ihre Lippen. Eventuell bekommst du auf diese Weise sogar etwas von ihrem Lippenstift oder Labello ab …

Allmählich finden sich eure Zungenspitzen? Sehr gut! Jetzt die Zungen umeinanderkreisen lassen, wie zwei Schlangen, die miteinander poppen wollen. Aber nicht gleich übertreiben. Ihr habt es schließlich nicht eilig. Daher ist etwas Zurückhaltung nicht schlecht. Du sollst genießen und den Kuss nicht als sportliche Herausforderung sehen.

Mit ihren Lippen kann man ziemlich viel anstellen: Ob nun an Ober oder Unterlippe, Knabbern und Saugen funktionieren immer und sind eine schöne Spielerei. Tipp: Nicht zubeißen, egal, wie lecker das alles ist!

Zwischendurch, vor allem, wenn ihr beide Spaß habt und der Kuss länger dauert, dürft ihr gerne eine kurze Pause machen. Du kannst dann die Gelegenheit nutzen, in ihre Augen einzutauchen und ihr zu sagen, wie hübsch sie ist, wie gern du sie hast, wie toll es ist, sie zu küssen … Falls du aber immer noch sprachlos bist, darfst du sie auch einfach nur umarmen und dabei lächeln.

Und das wäre nun ein French Kiss. Er kommt komplett ohne französische Sprache aus. Im Vordergrund steht vielmehr die Sprache der Liebe und des Herzens. (Für diesen Romantikmist darfst du mich übrigens gegen die Wand klatschen. Kommt nicht wieder vor, versprochen.)

Stimmt aber trotzdem.

Wenn dein Herz nicht bei der Sache ist und Liebe auf beiden Seiten komplett fehlt, ist jeder Kuss, auch mit dem schönsten und süßesten Mädchen der Welt, absolut sinn- und bedeutungslos. Es gibt Jungs, die machen einen Wettbewerb daraus, jedes Mädel abzuknutschen, das sie finden können. Es gibt Mädchen, die lassen so was zu. Ist natürlich nicht verboten. Aber wer Küssen betreibt wie ein Fußballstürmer, dem es nur darum geht, möglichst viele Tore zu schießen, sollte doch besser beim Sport bleiben – von Romantik hat er (oder sie) nämlich keine große Ahnung.

9. WAS GENAU IST EIN KNUTSCHFLECK?

Ein Knutschfleck passiert, wenn du dir beim Küssen Schokosoße über den Pulli kippst. Sehr ärgerliche Sache, und nur mit den besten und teuersten Waschmitteln der Welt wieder rauszukriegen!

Ende der Antwort.

Aber natürlich nicht der richtigen Antwort: Ein Knutschfleck (in Fachkreisen bekannt als hypobare Sugillation) ist selten im Gesicht anzutreffen, sondern meist am Hals oder irgendwo im Nackenbereich oder an der Schulter. Wie der da hinkommt? Du bist schuld! Wenn du nämlich wie ein Staubsauger am Hals eines Mädchens hängst und an ihrer Haut saugst und saugst und saugst … an sich in Ordnung, denn Küssen und Saugen am Hals kann wirklich prickelnd sein. Allerdings entsteht ein Bluterguss, ein blauer Fleck. Das ist nicht schlimm und geht nach einigen Tagen wieder weg. Einige Mädchen finden Knutschflecke klasse und sehen so was als Liebesbeweis. Sie zeigen ihre Flecke sogar, während andere Mädchen lieber einen Schal drumwickeln oder ohne Ende Make-up draufschmieren, weil sie es ganz einfach peinlich finden. Umgekehrt gilt natürlich dasselbe: Du kannst ebenfalls einen Knutschfleck bekommen, vorausgesetzt, das Mädchen hat Lust auf die ganze Saugerei.

Wenn du das Mädchen besser kennst, sind auch andere, intimere Knutschfleckvarianten möglich: Du kannst ihr, was vielleicht komisch klingt, einen am Po machen oder an den Innenseiten der Oberschenkel. Einfach mit den Lippen etwas Haut ansaugen und so lange daran herumlutschen, bis die Haut sich rötet. Spätestens am nächsten Tag wird diese Stelle dann blau oder schwarz oder schimmert in allen Regenbogenfarben.

Falls du üben möchtest, brauchst du nicht unbedingt ein Mädchen: Nimm einfach deinen Arm und leg los!

Tipp: Nicht in der Schule und nicht beim Familienessen!

Tipp für Fortgeschrittene: Anstelle deines Mundes kannst du die Arbeit auch von einem Staubsauger erledigen lassen. Das untere Ende auf die Haut pressen und die Maschine anmachen ... Der Rest kommt von ganz alleine.

Tipp für athletische Jungs: Du kannst auch, wenn du entsprechend gelenkig bist, an deinem eigenen Arsch herumknabbern. In diesem Fall solltest du davon ein Video machen und irgendwo hochladen! Wäre doch schade, wenn andere nicht von deinem Können profitieren würden ...

Es gibt übrigens Mädchen, die sich gegenseitig Knutschflecken verpassen, um irgendwelche Jungs eifersüchtig zu machen. Also: Nicht jedes Mädel mit blauem Fleck am Hals hat automatisch einen Freund. Vielleicht stehen deine Chancen also doch noch nicht so schlecht ...

10. WAS IST EIGENTLICH INTIMES KÜSSEN?

So ein Mädchen besteht aus jeder Menge Haut. Das Tolle an Haut ist: Man kann sie berühren und küssen. Egal wo. Im Gesicht. Am Nacken. Auf dem Rücken, den Beinen, den Armen. Handküsse sind ebenfalls kein Problem. Du kannst bei einem Mädchen sogar den Po abknutschen, mit Zunge oder ohne, oder natürlich, wenn du das interessanter findest, ihre Fußsohlen.

Intimes Küssen hat aber damit nichts zu tun – obwohl, mal ehrlich, die Oberschenkel eines Mädchens zu küssen ist schon mal deutlich intimer, als die Lippen auf ihren Handrücken zu pressen. Aber: Wenn du ein Mädchen küsst, ist erst einmal jeder Kuss intim. Dir fällt in Sekunden auf, ob du dein Gegenüber wirklich magst oder ob da nicht vielleicht doch irgendwas »Ekliges« ist … irgendwas, was dich stört. Beim Küssen, ob mit offenen oder geschlossenen Augen, fühlst du dich durchschaut. Du kannst dich nicht verstecken, kannst nicht einmal etwas sagen. Darum ist ein Kuss auf den Mund schon mal hammerintim! Wenn du dann andere Hautbereiche auf ihrem Körper küsst, findest du das manchmal genauso interessant und spannend wie ihren Mund. Dem Mädchen geht es ganz genauso. Jedes Mädchen hat einen wunderbaren Körper mit ziemlich vielen sogenannten erogenen Zonen – an diesen Stellen reagiert sie besonders empfindlich auf Berührungen:

Nacken: Da reicht es meist schon, das Mädchen einfach nur deinen Atem spüren zu lassen … oder deine Zunge …

Kniekehlen: Im Ernst jetzt! Klingt vielleicht unerotisch, ist aber so: Dort gibt's superdünne Haut, und superdünne Haut ist halt besonders sensibel, wenn sie berührt wird.

Innenseite der Oberschenkel. Muss man sich aber erst mal trauen …

Ihr Arsch! Was jetzt nicht heißen soll, dass du jedem Mädchen einfach an den Hintern greifen darfst! Das wäre Macho-Gehabe, und Macho-Gehabe kommt bei den meisten Mädels nicht gut an!

Ohren! Perfekt zum Saugen, Knabbern und Lecken. Nicht aber, um Sachen reinzustecken. Schon gar keine Penisse!

Füße! Funktioniert aber nur, wenn dich der Käsegeruch nicht abschreckt. Fakt ist: Auch Mädchen haben manchmal stinkende Treter. Wenn der Geruch okay ist, kannst du sie mit der Berührung von Fußsohlen, Zehen, Fußgelenken richtig scharf machen … Aber Vorsicht: Füße sind ziemlich kitzelige Regionen … wenn das Mädel also einen Lachanfall bekommt, solltest du auf andere erogene Zonen ausweichen. Zum Beispiel:

Ihre Handgelenke! Glaubt man zwar nicht, ist aber so.

Brüste und Brustwarzen! Normalerweise sind Brüste und Brustwarzen nicht gerade die ersten Stellen, die du küsst, anknabberst oder antatschst. Die wären eher was für den nächsten Schritt, oder den übernächsten. Aber ja – viele Mädchen stehen tierisch drauf, dort berührt oder geküsst zu werden.

Vagina oder Klitoris! Was du damit anfangen kannst und wo sich die beiden Dinger befinden, wirst du bestimmt selbst herausfinden können …

Lippen! Die Klassikerregion unter den erogenen Zonen.

Und jetzt kannst du dir überlegen, welche Bereiche bei DIR besonders erogen sind … Nase? Pimmel? Ohrläppchen?

Lass dich einfach von einem Kumpel an bestimmten Stellen berühren und finde es heraus! Ein idealer Zeitvertreib für langweilige Sonntagnachmittage.

11. KANN MAN VOM KÜSSEN SCHWANGER WERDEN?

Nein. Nein. Nein. Nein. Nein. Nein. Nein. Nein. Nein. Nein. Nein. Nein.

So – du solltest das Prinzip verstanden haben! Ach ja – Geschlechtskrankheiten gibt es auch nicht. Absolut unmöglich!

12. ICH HAB NOCH NIE EIN MÄDCHEN GEKÜSST… IST ES JETZT ZU SPÄT DAFÜR?

Oh ja! Alles ist aus und vorbei! Game over. Tschüss!

Jesus – stress dich nicht so! Es ist absolut scheißegal, wann du das erste Mal jemanden küsst. Ob mit zwölf oder 14 oder 16 oder 18. Es gibt eine Statistik, die besagt, dass ein 70-jähriger Mann im Verlaufe seines Lebens ungefähr 76 Stunden Lebenszeit mit Knutschen verbracht hat. So gesehen hast du also noch Zeit. Aber, schon klar – du siehst in der Schule überall knutschende Pärchen und fragst dich: Verfickte Scheiße, wann zur Hölle bin ich denn mal dran? Du bist einerseits neidisch, weil du auch zu diesen Leuten gehören willst, andererseits verzweifelt, weil weit und breit kein Mädchen in Sicht ist, mit dem du »es« machen könntest.

Erstens: Der Neid ist berechtigt. Weil Küssen einfach gigantisch sein kann. Aber: Am besten ist Küssen mit dem absolut richtigen Mädchen! Und da muss man halt manchmal etwas warten …

Zweitens: Verzweifelt-Sein ist echt unnötig. Glaub mir, dein Tag wird kommen!

Mädchen, wieder mal typisch, haben ihren ersten Kuss im Regelfall früher als Jungs. Frag mich nicht warum. Die haben es vielleicht einfach nur eilig. Einige Mädels sogar schon mit elf oder zwölf. Mal mit, mal ohne Zunge. Meistens aber kommt die Zunge erst etwas später zum Einsatz. Jungs küssen im Durchschnitt das erste Mal mit 14. Das heißt aber noch lange nicht, dass DU küssen MUSST. Niemand zwingt dich dazu. Schon klar – du willst! Wäre auch blöd, wenn nicht. Du bist scharf drauf! Vor allem, wenn es da irgendwo ein Mädel gibt, das dich magisch anzieht, das mehr als nur heiß ist.

13. WIE KRIEG ICH ES HIN, DASS ICH EIN MÄDCHEN KÜSSEN DARF?

Ja! *Darf* ist das Zauberwort! Mädchen sind nämlich keine Gegenstände, an denen du dich einfach mal nach Lust und Laune ausprobieren kannst. Ist zwar irre modernes Denken, aber die wollen tatsächlich ein Mitspracherecht haben. Die Voraussetzung für einen Kuss ist normalerweise, dass du bereits mit einem Mädchen zusammen bist, sie also dein Girlfriend ist. (Wie gesagt, die Sache kann auf Partys auch mal schneller ablaufen.)

Egal, wie viel du planst, ob du den richtigen Moment abwartest oder bereits den richtigen Ort dafür abgecheckt hast – meistens läuft es doch anders und ist eher eine spontane Nummer. Viele Kids in deinem Alter küssen sich das erste Mal, ob du's glaubst oder nicht, in der Schule! Ausgerechnet. Als ob es keine romantischeren Plätze gäbe ... zugegeben, sie tun das nicht gerade während des Unterrichts, und auch nicht auf dem Lehrerklo. Aber große Pausen sind halt zu mehr zu gebrauchen als nur zum Pinkeln und Brötchenkaufen. Doch wie ist der Ablauf? Soll man das Mädchen fragen, ob Küssen okay wäre? Na ja, warum nicht? Kann man bringen. Aber nicht im Sinne von »Willst du, dass ich dir meine Zunge reinstecke?«. Probiere eher: »Ich würde dich gerne küssen. Möchtest du das auch?« Gerne kannst du das auch mit einem Kompliment anreichern: »Ich finde dich einfach großartig und würde dich total gerne küssen ...«

Theoretisch kannst du ihr natürlich auch Geld anbieten! Oder ein Pony. Wundere dich aber nicht, wenn du dafür eine Ohrfeige bekommst. Sieht nämlich verdächtig nach Bestechung und käuflicher Liebe aus. Wenn DIR hingegen ein Mädchen Kohle oder Auto oder Pferd anbietet – nimm mit!

14. WIE KANN ICH KÜSSEN ÜBEN?

Die Frage ist gar nicht mal so doof – schließlich muss man für andere Sachen schließlich auch üben. Für Klassenarbeiten in der Schule zum Beispiel. Bevor ein Stabhochspringer zum ersten Mal zehn Meter überspringen soll, ist Üben sicherlich hilfreich. Es gibt Mädchen, die vor ihrem ersten Kuss mit einem Jungen tatsächlich trainieren. Aber nicht an einem Pott gefrorener Butter, sondern mithilfe eines anderen Mädchens, meistens ihrer besten Freundin. Soll heißen: Auch Mädchen haben Schiss vor ihrem ersten Kuss. Sie haben Angst, sich vor einem Jungen, den sie mögen, zu blamieren, und wollen einfach vorbereitet sein. Coole Sache eigentlich. Was bei Mädchen gar nicht unnormal ist, geht bei Jungs normalerweise nicht die Bohne. Du kannst nicht einfach zu deinem besten Kumpel sagen: »Eh, lass mal knutschen nachher.« Fairerweise: könntest du durchaus, aber tut *Mann* halt nicht. Scheint eine Art ungeschriebenes Gesetz zu sein.

Tatsache ist: Du musst nicht üben. Jedenfalls nicht das Küssen. Du musst wirklich keine Angst haben, dich lächerlich zu machen.

FALLS DU ABER TROTZDEM UNSICHER BIST, DU UNBEDINGT EINE TRAININGSRUNDE BRAUCHST!

Auch dann nicht, wenn das Mädchen bereits mehr Erfahrung hat. In diesem Fall nämlich erst recht nicht – da sie dir ziemlich schnell zeigt, was sie möchte und was ihr gefällt. Das passiert normalerweise ganz ohne Worte.

Falls du aber trotzdem unsicher bist und unbedingt eine Trainingsrunde brauchst, mag sich vielleicht die Fruchtmethode anbieten.

Besorge dir eine Aprikose, eine Mango … irgendetwas Weiches und Reifes.

Beiße ein Loch rein. Den Teil, den du abbeißt, darfst du essen. Kannst ihn aber auch in den Futternapf der Katze spucken. Mir egal.

Jetzt ist dein Trainingsmund also einsatzbereit. Küsse zuerst den oberen Teil, dann den unteren Teil. Versuche, so etwas wie einen Rhythmus reinzukriegen.

Allmählich kannst du deine Zunge mit ins Spiel bringen. Schiebe sie sanft in das Fruchtfleisch und lecke in alle möglichen Richtungen. Flipp aber nicht aus, wenn deine Aprikose keine Reaktion zeigt. Ganz normal! Früchte sind seelenlose Vitaminbomben, die sich für dich und deine Zunge in keiner Weise interessieren.

Tipp: Um die Sache professioneller zu gestalten, darfst du deiner Frucht gerne auch Augen aufmalen und ihr einen Namen geben, z.B. Schakline.

Tipp 2: Anstelle einer Frucht geht auch alles andere – Hauptsache, es verfügt über ein mundgroßes Loch. Nicht geeignet sind allerdings: Klobrillen, Klopapierrollen, Abwasserrohre aller Art oder Tupperdosen.

Tipp 3: Wenn du deine Aprikose küsst, denke immer daran, dass ein Mädchen tausendmal besser schmeckt und millionenfach sexier ist als jedes Obst, das du dir vorstellen kannst.

KAPITEL 5

DU & AUFREISSEN:

WIE DU ES HINKRIEGST, DASS SICH EIN MÄDCHEN IN DICH VERLIEBT

Das Blöde ist: Die absolut perfekte Standardantwort gibt es nicht. Weil jedes Mädchen anders ist und andere Dinge toll findet. Freundschaft, Liebe und Beziehung kannst du nicht erzwingen, egal, wie sehr du sich anstrengt. Trotzdem – manchmal muss man einem Mädchen vielleicht nur ein wenig auf die Sprünge helfen. Was noch lange nicht heißt, dass du ein Mädchen wirklich »aufreißen« sollst. Nur Machos »reißen auf«; coole Typen »gewinnen« Herzen …

1. SOLL ICH IHR GESCHENKE MACHEN?

Gegen Geschenke spricht nie etwas. Geschenke sind prima und zeigen, dass sie dir etwas wert ist. Einige Präsente solltest du aber vermeiden, da sie mit etwas Pech mit einem Tritt (von ihr) in die Eier (deine) enden:

- Niemals Geld!
- Niemals einen Präsentkorb mit Würsten!
- Niemals Mundspray! Sie könnte das irgendwie missverstehen …
- Keine Binden. Keine Tampons. Keine Lady-Shave-Geräte.
- Keine Nacktselfies! Auch keine Porträts deines Pimmels. Gleiches gilt für deinen Arsch.

Stattdessen: Blumen. Blumen gehen immer, auch wenn's irgendwie ein Klischee ist. Natürlich stehen nicht alle Mädels auf Grünzeug, aber glücklich machen Blumen trotzdem. Wenn du klug bist, informierst du dich vorher bei einer ihrer Freundinnen, welche Sorten sie mag. Hoffentlich handelt es sich um ganz normale Rosen; unter Umständen steht sie aber auch auf Hecken, wobei, streng genommen, Hecken nur ganz teilweise zu den Blütengewächsen gezählt werden!

2. GIBT'S BEI BLUMEN EINE REGEL?

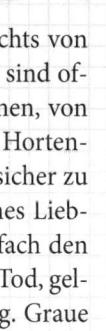

Blumenläden sind für Jungs absolut fiese Geschäfte. Nichts von dem Zeugs sagt dir etwas. Einige Sachen blühen, andere sind offenbar kaputt und bleiben dauerhaft grün. Tausend Namen, von denen du noch nie gehört hast: Anemonen, Ranunkeln, Hortensien. Jeder Name klingt nach Fußpilz. Um auf Nummer sicher zu gehen und wenn du die Lieblingsblume und -farbe deines Lieblingsmädels noch nicht herausgefunden hast, nimm einfach den Klassiker: Rosen. Rote Rosen stehen für Liebe, weiße für Tod, gelbe für Abschied ... für jede Farbe gibt es eine Bedeutung. Graue Rosen stehen für »Ich find dich sterbenslangweilig«, sind aber eh nur selten zu finden. Das Schöne aber ist: Mädchen haben genauso wenig Ahnung von Blumen wie du. Wenn du also einfach etwas nimmst, was dir schön vorkommt (und nicht zu teuer ist), liegst du nicht daneben.

Tipp: Nicht gleich einen ganzen Powerstrauß mit hundert Blümchen erwerben. Weniger ist mehr! Eine einzige Rose sagt mehr als ein ganzer Blumenladen. Nämlich, dass du für »mehr« einfach zu geizig bist.

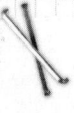

3. ICH FIND BLUMEN BLÖD. GEHEN AUCH ANDERE GESCHENKE?

Aber sicher doch! Du kannst dich einfach (mehr oder weniger bekleidet) in eine rote Schleife wickeln und deinem Opfer schon morgens vor ihrer Haustür auflauern. Wow! Die wird bestimmt total glücklich sein.

Aber vielleicht sind andere Dinge doch noch etwas geschmack- und stilvoller. Die Frage ist halt immer, wie gut du das Mädchen bereits kennst. Umso besser kannst du dich natürlich ihren Wünschen und Vorlieben anpassen. Ziemlich genial wäre es, ihr einfach mal einen Song zu »schenken«, per CD oder notfalls auch als Datei. Irgendein Lied, das dir gefällt, das eine besondere Aussage hat, das genauso schön ist wie sie. Brutaler Heavy-Metal-Hip-Hop-Fuck sollte es aber ebenso wenig sein wie die Neunte Symphonie von Beethoven.

Für verfressene Mädchen bietet sich wiederum ein selbst gebackener Kuchen an – natürlich in Herzform. So kann sie auch in deiner Abwesenheit an dir herumnaschen … Ansonsten: What about a book???

Guck nicht so erschrocken, du Lesegnom! Ja, ein Buch. Geht sogar für Mädchen, die sich eigentlich gar nicht für Bücher interessieren. Idealerweise kaufst du ein Werk mit einem interessanten, romantischen Cover und/oder Titel. MICH übrigens solltest du ihr eher nicht geben. Bin für Mädchen komplett ungeeignet.

Falls das Mädchen nicht lesen kann, nimm ein Bilderbuch. Irgendwas mit rammelnden Tieren auf einem Bauernhof. Und falls sie Bücher tatsächlich zum Kotzen findet – dann lass es. Mit Büchern und mit ihr.

4. WIE SCHREIBE ICH EINEN LIEBESBRIEF?

Oh Mann. Liebesbriefe sind absolute Megawaffen. Daran trauen sich nur Typen mit Klasse und Stil. Vielleicht hältst du einen Liebesbrief aber für kitschigen Schwachsinn und Vollfuck? Mit dieser Sichtweise liegst du falsch. Liebesbriefe sind vielleicht nicht gerade modern, aber sie haben Wirkung! Da sich kaum noch Jungs an Liebesbriefe heranwagen (Weicheier!), ist die Chance groß, dass DEIN Loveletter etwas ganz Besonderes für dein Traumgirl sein wird. Fragt sich bloß noch, wie man so ein Ding eigentlich verfasst.

Immer handschriftlich! Egal, wie scheiße deine Schrift auch sein mag. Aber niemals auf einem Post-it-Zettel oder einem Bierdeckel. Benutze also einen richtigen Zettel, am besten komplett weiß (was es allerdings schwierig macht, »gerade« zu schreiben). Ach ja: Liebesbriefe per WhatsApp, Insta oder sonst was sind noch unromantischer als Dates bei Kochlöffel oder Burger King!

Mache vorher eine Liste von Dingen, die dir an ihr gefallen (wunderschöne Augen, süßes Lächeln, stets hilfsbereit, zu jedem Menschen immer freundlich, toller Musikgeschmack …). Diese kleine Liste hilft dir vielleicht, um später deine Gedanken in Sätze zu packen.

Fang an. Klug wie du bist, zuerst mit der Anrede. Es wäre clever, ihren Namen richtig zu schreiben. Also bitte »Liebe Nicole« statt »Liebe Nichholl«. Viele Mädchen kennen nämlich ihren Namen und die korrekte Schreibweise – solltest du also ebenfalls draufhaben. Und, ja, man beginnt wirklich mit »Liebe XXX«, nicht mit »Hi«, nicht mit »Hallo«, und ganz bestimmt nicht mit »Na, du kleine Schlampe?«.

Jetzt, da du schon zwei Worte geschafft hast, ist der Rest kaum noch der Rede wert. Du musst einfach nur deine ganzen zärtlichen Gefühle irgendwie in einen Text packen (Genaueres im nächsten Abschnitt).

Sei ehrlich und labere nicht rum. Quatsche auch nicht seitenlang darüber, wie großartig DU selbst bist. Das ist allgemein bekannt und muss nicht näher erläutert werden.

Gerne kannst du versuchen, einen poetisch-romantischen Stil zu verwenden. So ein Satz wie »Deine Augen sind wie der Sonnenaufgang« klingt für dich vielleicht scheiße, aber wenn er ernst gemeint ist, werden solche Worte bei ihr bestimmt gut rüberkommen.

Ach ja: Irgendwann solltest du vielleicht erwähnen, dass du sie gerne näher kennenlernen möchtest ..., dass du sie treffen willst ..., dich über ein Date also total freuen würdest ...

Erwähne aber auch, dass es absolut okay ist, wenn sie anders fühlt als du. Du wolltest ihr nur mal sagen, was DU fühlst ...; wenn sie die ganze Nummer nicht erwidert, musst du ohnehin damit leben.

Am Ende solltest du deinen Namen hinzufügen. Wiederum gilt: Rechtschreibung beachten! Wie übrigens für den gesamten Brief. Daher solltest du das Ding auch noch mindestens 20 Mal durchlesen. Falls du Fehler findest – noch mal schreiben! Also keine Durchstreichungen oder Korrekturroller.

Die Leute, die vor vielen Milliarden Jahren Briefe erfunden haben, wussten anfangs nichts damit anzufangen, da es für Briefe keine Behältnisse gab. Man behalf sich jahrhundertelang damit, Briefe in Hundefutterdosen oder leeren Nutellagläsern zu verschicken. Erst mit der Erfindung des »Briefumschlags« wurden Briefe richtig populär. Tue also dein romantisches Geblubber in einen vernünftigen und schönen Umschlag.

Wenn du willst, kannst du natürlich auch ein Gedicht schreiben! Gedichte kennst du wahrscheinlich aus dem Deutschunterricht und hältst die meisten für sterbensöde? Dann mach es gefälligst besser! Sag ihr, was du fühlst – in wunderschönen Reimen, ganz in der poetischen Art eines William Shakespeare:

Ich find dich einfach super, du!
Mein Herz schreit tierisch laut juchhu!
Wenn ich dich sehe, pocht mein Herz!
Wie ein Hammer, echt kein Scherz!
Du hast die superschönsten Titten!
Am liebsten esse ich frittierte Fritten!
Ich liebe dich, so viel ist klar!
Hast auf der Welt das schönste Haar,
wir zwei zusammen, das geht klar,
Mach du jetzt meine Träume wahr!

Hach! Wie wundervoll! Wenn ein Mädchen bei so was nicht dahinschmilzt wie Butter in der Mikrowelle, dann kann ihr nicht mehr geholfen werden!

Und bitte schön – wenn du meinst, es besser zu können als ich, kannst du deine Vorschläge gerne an den Verlag dieses Buches schicken!

5. KANN ICH FÜR SO'N BRIEF NICHT'NE VORLAGE BENUTZEN?

Hier wäre jetzt mal ein Beispiel. So, wie ich ihn formulieren würde:

Liebe Lalala (ein besserer Name fällt mir gerade nicht ein ...), ich schreibe dir einfach mal kurz, weil ich dir unbedingt sagen wollte, dass du das wunderschönste und bezauberndste Buch bist, das ich kenne. Ich traue mich leider nicht, dir das direkt zu sagen, aber vielleicht freust du dich über diesen Brief ... Ich mag einfach alles an dir: Wenn du dich öffnest, dann habe ich das Gefühl, als würde in mir die Sonne aufgehen. Wenn du mich ansiehst, denke ich manchmal, du siehst nur mich an, auch wenn das vielleicht gar nicht stimmt. Ich mag deine Seiten, weißt du? Da sind mehr Farben drin als in einem Tuschkasten. Außerdem funkeln die Buchstaben darin wie die hellsten Sterne am Nachthimmel. Es gibt noch tausend andere Dinge, die ich dir gerne sagen würde, aber vielleicht könnte ich das bei einem gemeinsamen Leseabend machen? Ich verstehe aber, wenn du kein Interesse an mir hast. Das ist völlig okay. Ich wollte dir einfach nur sagen, dass du etwas ganz Besonderes bist und ich dich unglaublich gerne besser kennenlernen möchte.

Falls du Ja sagst, würde ich mich unglaublich freuen!

Ganz liebe Grüße!

Buddy.

Geiler Schrieb, oder? Und jetzt sag nicht, du findest das grausam! Ich hab mir nämlich echt Mühe gegeben. Wenn du Liebesbriefe googelst, findest du Tausende solcher Vorlagen. Ich empfehle aber, nicht einfach irgendeinen Mist zu kopieren. Mädchen sind (meistens) ziemlich klug und peilen (meistens) schnell, ob die Worte wirklich von dir kommen (also »von Herzen«) oder von jemand anderem. Davon abgesehen willst du ja DEINE Gefühle zu Papier bringen. DEINE Gefühle für DEIN Mädchen. Egal, wie schief und krumm dein Text auch wird, ein eigener Text ist immer noch besser als geklaute Rotze.

6. BRIEF IST FERTIG! YES! – UND JETZT?

Tja. Jetzt kommt die Königsdisziplin. Ist ja toll, dass du ihr geschrieben hast, echt jetzt, aber Briefe entfalten nur Wirkung, wenn sie gelesen werden. Also: Gib ihn ihr! Aber ganz bestimmt niemals, wenn ihre Freundinnen dabei sind. Ist für alle Beteiligten irgendwie peinlich. Finde also einen Moment, in dem sie allein ist. Du darfst ihn auch in ihre Jacke oder Tasche stecken, wenn sie nicht hinguckt. Falls du Schiss hast, ihr das Ding direkt zu übergeben, kannst du den Brief natürlich auch stumpf mit der Post verschicken oder ihn heimlich bei ihr zu Hause in den Briefkasten werfen.

Tipp: Bei IHR zu Hause, nicht bei dir!

Tipp 2: Du solltest VORHER herausfinden, wo sie wohnt.

Tipp 3: Niemals den Brief ihrer Mutter, ihrem Vater, ihrem kleinen dummdoofen Bruder oder ihrem wurst artigen Dackel übergeben!

7. SOLLTE ICH MEINEN STYLE VERÄNDERN?

Nein. Solltest du nicht. Wenn dein Dream Girl auf Gothic steht, heißt das noch lange nicht, dass du ebenfalls zu Friedhofklamotten wechseln musst. Nur, weil sie gerne pinke Oberteile trägt, bleibst du bitte bei allen anderen Farben. Und wenn sie Typen mit schwarzen Haaren geil findest, du aber blond oder braunhaarig bist, musst du noch lange nicht zu Färbemitteln greifen. Ist logisch – du willst ihr gefallen. Du willst auffallen. Das gelingt aber am allerbesten, indem du einfach bleibst, wie du bist. Natürlich solltest du gepflegt auftreten: Deine Kleidung sollte sauber sein, deine Fingernägel ordentlich geschnitten, dein Atem riecht nach Pfefferminz oder wenigstens nach Zahncreme oder Mundspray, deine Haare kennen sich mit Shampoo aus, und Duschen ist generell kein Fremdwort für dich. Ein vernünftiger Duft wäre ebenfalls gut. Vielleicht ein Aftershave? Aber Vorsicht: Kipp dir das Zeug nicht mit Wucht in die Visage, benutze es sparsam und dezent. Mädchen, die nur nach Parfüm riechen, findest du schließlich ebenfalls scheiße. Ein gepflegtes Äußeres ist immer gut, nicht nur, wenn du einem Mädchen gefallen willst. Ich weiß, ich weiß, ich klinge wie deine Oma, aber was wahr ist, ist halt wahr. Zusätzlich darfst du trotzdem in die Trickkiste greifen: Hat das Mädchen vielleicht eine Lieblingsband? Besorg dir doch mal ein T-Shirt mit dem Logo dieser Band – und trage es zur Schule oder zu einer Party, wo du sicher sein kannst, dass sie es sieht. (Kleiner Tipp: Informiere dich über die Musik, sodass du wenigstens einen Titel oder Songtexte parat hast …) Auch wenn sie sich nicht sofort in dich verknallen sollte: Neugierig ist sie auf jeden Fall. Mit etwas Glück spricht sie dich sogar an:

Sie: »Hey, cooles T-Shirt.«
Du: »Oh. Danke. Magst du Justin Bieber?«
Sie: »Auf jeden Fall. Er ist einfach der Größte.«
Du: »Ich mag vor allem seine Lovesongs. Kennst du ›Let me Love you‹?«
Sie: »Logo. Find ich großartig.«
Du: »Wollen wir uns mal treffen und in Ruhe darüber reden?«
Sie: »Unbedingt! Du scheinst echt ein interessanter Typ zu sein.«
Du: »Na ja, geht so. Aber du … du bist einfach super-hübsch …«

Na gut, zumindest der letzte Teil ist vielleicht etwas übertrieben. Aber heißt ja nicht, dass es nicht doch so kommen könnte …

8. ICH TRAU MICH NICHT, MÄDCHEN ANZUSPRECHEN. WAS TUN?

Mit diesem Problem bist du nicht allein. Für einige ist »Talking to Girls« absolut easy-going, für andere ist es genauso schlimm, wie eine Riesenspinne auf der Hand zu streicheln.

Wir schließen daraus: Du bist schüchtern.

Wenn du jetzt nickst, machst du bereits den ersten Fehler! Schüchternheit hat nämlich sehr viel mit Einbildung zu tun. Du hast es dir so lange eingeredet, dass du es tatsächlich glaubst. Bist du mit deinen Kumpels etwa schüchtern? Wahrscheinlich nicht. Zugegeben, Mädchen sind mit deinen Jungs nicht zu vergleichen, schon gar nicht, wenn es sich um ein ganz besonderes Mädchen handelt. Aber es nützt ja nichts: Wenn du darauf wartest, von ihr angequatscht zu werden, kannst du mit etwas Pech warten, bis du im Grab verrottest. Praktischer ist es also, selbst den ersten Schritt zu machen. Komm jetzt aber nicht auf die dämliche Idee, zu ihr rüberzugehen, wenn sie in einer Gruppe von Freundinnen steht. Funktioniert überhaupt nicht, also lass es! Du musst schon einen Moment abwarten, um sie alleine anzutreffen.

Und dann? Na, wie wäre es mit einem »Hallo«? Dann vielleicht, zum Beispiel, wenn ihr auf einer Party oder einem Dorffest seid, »Gefällt dir die Musik?« Oder irgendwas mit einem Kompliment:

»Das ist ja ein tolles Kleid, das du da trägst.« Mädchen finden Komplimente normalerweise ziemlich klasse, auch wenn sie von einem Fremden kommen. Wenn ihr euch mit etwas Glück bereits vom Sehen aus der Schule oder so kennt, ist so was sogar noch ein wenig einfacher. Notfalls kann und darf man auch über Schule quatschen. Wichtig ist, dass du dabei locker bleibst und nicht versuchst, übermäßig cool oder witzig rüberzukommen. Eigentlich ist es ja dein Ziel, sie kennenzulernen. Daher darfst du sie auch gerne jetzt schon mit Fragen bombardieren: »Bist du häufig hier?«, »Findest du die Party auch so öde?«, »Magst du vielleicht was trinken?« Die letzte Frage ist ein Hammer – hier zeigt sich deine ganze männliche Risikobereitschaft. Aber was soll schon passieren? Gut, sie könnte Nein sagen. Was schade ist – für sie! Und sonst? Dass sie dir die Fresse poliert? Unwahrscheinlich. Dass sie dir verklickert, dass sie bereits einen Freund hat? Durchaus möglich, aber damit muss man leider leben. Sorry, dann hat sich die Sache für dich erledigt. Du kannst dich dann nur noch mit einem lässigen »Ach, das ist aber schade« aus der Affäre ziehen. Kein Grund jedenfalls, wütend zu werden, schon gar nicht ihr gegenüber.

9. ANMACHEN MIT ANMACHSPRÜCHEN?

Jedes Mädchen findet einen Jungen toll, der auch mal einen ironisch-witzigen oder zynischen Spruch bringt – kein Thema! Was aber gar nicht geht, sind Anmachsprüche. Die sind dermaßen dumm und bescheuert, dass Mädchen sich normalerweise sofort von dir abwenden, zur Toilette rennen und sich reihernd über die Kloschüssel hängen. Trotzdem gibt es immer wieder Jungs, ziemliche Denkzwerge, die tatsächlich glauben, mit solchen Sprüchen erfolgreich sein zu können.

- Bist du mit Harry Potter verwandt? Du hast mich nämlich gerade total verzaubert ...

- Hast du schon mal das Wort »Wow!« gegoogelt? Ich schon! Da gab's dann ein Foto von dir ...

- Wie heißt du eigentlich? Ich muss deinen Namen unbedingt auf meinen Weihnachtswunschzettel schreiben ...

- Sag mal, hast du zu lange in der Sonne gelegen? Oder warum bist du so heiß?

- Boah! Du schwitzt ja. Wollen wir zusammen duschen gehen?

- Ich bin kein Typ für eine Nacht, aber für dich mache ich eine Ausnahme ...

- Wusstest du, dass Küssen die Lebenszeit verlängert? Komm ... lass uns ewig leben ...

- Mein Mund ist total trocken ... kann ich mal deine Zunge zum Befeuchten haben?

- Eh, Baby, hast du Zucker in den Augen, oder bist du echt so süß?

- Mein Kumpel und ich haben gewettet, dass du keinen BH trägst. Kann ich mal anfassen?

- Sind deine Eltern eigentlich Terroristen? Ich mein ja nur, weil du scharf bist wie 'ne Bombe ...

- Kannst mich Ken nennen. Du willst doch meine Barbie sein, oder?

- Du musst der Grund für die Erderwärmung sein ...

- Wie fühlt es sich eigentlich an, wenn man das hübscheste Mädchen im Raum ist???

Und das hier sind noch die *guten* Sprüche! Wenn du wirklich tausendprozentig verkacken willst bei einem Mädchen, empfehle ich diese hier:

- Meine Liebe zu dir ist wie Durchfall. Ich kann's einfach nicht zurückhalten.

- Magst du eigentlich Tiere? Bist du gut zu Vögeln???

- Ich würde total gern was mit dir machen ... aber ich komm nicht drauf. Reimt sich auf Stricken ...

10. ANMACHEN MIT KOMPLIMENTEN?

Komplimente sind immer freundlich. Eine Person A (also du) hebt gegenüber Person B (Supermaus) etwas hervor, was besonders gefällt oder positiv auffällt. Dir gefallen bei einem Mädchen die großen Brüste? Prima! Dennoch solltest du nicht auf sie zugehen und sie dafür loben. Auch verkneifst du dir sprachliche Verirrungen wie »Du hast echt den süßesten Arsch der Schule«. Kann ja sein, dass ihr Hintern wirklich hammermäßig knackig aussieht – trotzdem kein Grund, es in der Kennenlernphase zu betonen. Dafür ist später immer noch Zeit. Ein »Später« gibt es aber nur, wenn du den Anfang nicht vergeigst. Sag lieber etwas über ihre Kleidung. »Schöne Bluse«, »Cooles Shirt« – irgendwas in diese Richtung. Da kann man nicht viel falsch machen. Gegen körperliche Komplimente spricht ebenfalls nichts: »Ich mag die Art, wie du deine Haare trägst« kommt immer gut, genauso wie »Ich finde, dass du richtig schöne Augen hast«. Ohnehin – Komplimente bezüglich ihrer Augen treffen immer ins Herz. Gleiches gilt für ihr Lachen. Es sei denn, sie sieht bereits beim Grinsen aus wie ein Hase, dem man auf dem Schwanz getreten hat, und hört sich an wie eine Feuerwehrsirene. In dem Fall: Komplimente über ihr Lächeln unbedingt vermeiden.

Egal, was du tust: Sei immer ehrlich! Erzähle keinen Quatsch und lüge nicht rum. Wenn du sie also zwar supernett, aber eben nicht superhübsch findest, erzähle ihr nicht, wie supersexy sie ist. Aber, wenn du sie wirklich optisch abstoßend und ekelig finden würdest, würdest du sie wohl kaum kennenlernen wollen … Ich erzähle dir bestimmt nichts Neues, aber nicht alles, was hammerheiß und superniedlich aussieht, hat auch Charme, Intelligenz, Humor und Freundlichkeit. Und das, oh mein Freund, sollten die Dinge sein, die dich wirklich an einem Mädchen interessieren müssten! Falls sie dabei auch noch gut aussieht – umso besser …

11. KANN MAN ANMACHEN ÜBEN?

Du kannst alles üben! Matschkuchenbacken, Matheaufgaben, Masturbieren. Menstruieren wiederum geht nicht – ist ausschließlich eine Mädchentätigkeit. Anmachen allerdings ist absolut in Ordnung: Kannst du sogar mit deinen Freunden als »lustige« Mutprobe machen. Einfach nachmittags im Einkaufszentrum auf ein Mädchen zugehen und sie nach ihrer Handynummer fragen.

Logischerweise solltet ihr nicht zu fünft oder so auf euer Opfer losrennen – könnte vielleicht falsch verstanden werden und zu einer Panikattacke führen. Macht euch einen Spaß draus: Wer nach einer Stunde die meisten Nummern mitbringt, hat gewonnen. Und, wer weiß … vielleicht entwickelt sich ja aus einer eigentlich hirnverbrannten Situation mehr …

Tipp: Nimm Mädchen! Mädchen in deinem Alter! Keine Frauen! Auch keine Verkäuferinnen! Schon gar nicht irgendwelche Omas oder Tanten oder sonstige Verwandte, die dir zufällig über den Weg laufen.

Tipp 2: Wenn ein Mädchen mit einem Typen Hand in Hand herumläuft, handelt es sich mit hoher Wahrscheinlichkeit um ihren festen Freund, ihren Boyfriend, ihren Lover. Klar kannst du sie trotzdem nach ihrer Nummer fragen, aber nur, wenn du auf Survival keine Lust hast ...

Tipp 3: Nimm nicht ein und dasselbe Mädchen 20 Mal. Wenn sie einmal Nein gesagt hat, heißt das Nein, und nicht »vielleicht später«. Mehrfaches Anquatschen ist peinlich und zeigt einfach nur, wie verzweifelt du bist.

12. RICHTIG RANGEHEN ODER LANGSAM UND ABWARTEN?

Die Sache ist wie beim Fußball. Da kommt der Ball genau im richtigen Moment auf deinen Fuß; alles, was du noch tun musst, ist ein wenig herumdribbeln und dann das Ding mit Volldampf ins Tor befördern. Keine große Sache. Es sei denn natürlich, du zögerst – und tust das Schlimmste, was man in dieser Situation machen kann: nachdenken nämlich. Nachdenken führt dazu, dass deine Gegenspieler Zeit finden, dir den Ball wieder abzujagen, womit sich die »Ich schieße ein Tor«-Sache erledigt hat. Alles hängt immer an der Frage, ob du offensiv oder defensiv sein willst. Voll drauf auf das Mädchen oder lieber langsam. Wie immer gibt es keine superklare Antwort, da Mädchen, erstaunlicherweise, nicht alle gleich sind. Einige lieben es, wenn Jungs sich richtig »reinschmeißen«. Andere finden so etwas nur nervig und halten dich entweder für peinlich oder einen Aufreißer oder beides. Außerdem ist die Offensivtaktik nicht jedermanns Sache. Vielleicht willst du lieber etwas vorsichtiger vorgehen. Stell dir Folgendes vor: Du hast ein Mädchen so lange angeflirtet, dass sie allmählich Interesse an dir zeigt. Auf deinen Vorschlag, zusammen Eis essen zu gehen, hat sie absolut positiv reagiert. Ihr wollt euch morgen treffen. 15.00 Uhr.

Man könnte also sagen: Läuft!

Was du tun solltest: Am nächsten Tag pünktlich bei der Eisdiele erscheinen. Eine tolle Zeit mit ihr haben. Sie kennenlernen.

Was du jedoch auf keinen Fall tun solltest: ihr am Abend vorher hundert Nachrichten schicken mit »Ich freu mich so«, »Ich find dich wunderschön«, »Ich glaub, unsere Beziehung hat echt eine Chance«.

Ich darf dich erinnern, dass du bis jetzt gar nichts hast. Kein Meeting. Keine Beziehung. Und auch kein Eis.

Mach das Mädchen nicht verrückt. Lass sie in Ruhe. Du siehst sie früh genug. Kein Grund also, nachts vor ihrem Haus ein Zelt aufzubauen und mit einem Fernglas in ihr Zimmer zu starren.

Obwohl, zugegeben, so was durchaus spannend sein könnte.

Wenn du zu viel Gas gibst, siehst das ganze nach Arbeit aus: Sich verlieben soll aber vor allem schön sein und Spaß machen. Für Arbeit und Stress hat Gott die Schule erfunden. Außerdem könnten Mädchen den Eindruck bekommen, dass du verzweifelt bist. So verlieren sie das Interesse an dir.

Also – wenn du ein Mädchen wirklich gern hast, ist es vielleicht sinnvoller, die Dinge langsam angehen zu lassen, auch wenn dich Langsamkeit ankotzt und du das Gefühl hast, nicht richtig voranzukommen und das Tor aus den Augen zu verlieren. Zu viel Dribbeln, zu wenig Torgefahr. Trotzdem noch lange kein Grund, ihr ein romantisches »Ich liebe dich« ins Ohr zu hauchen. Schon gar nicht, BEVOR ihr euch das erste Mal richtig getroffen habt. Und auch nicht per WhatsApp. *Vor allem* nicht über WhatsApp. Noch beschissener kann man eine eventuelle Beziehung nämlich wirklich nicht verkacken.

13. WAS LÄUFT BEI MIR FALSCH, WENN ICH NOCH KEINE FREUNDIN HABE?

Ach so. Weil um dich herum bereits total viele deiner Kumpels eine Freundin haben, du aber nicht?

Tja. Tut mir leid. Dann wird's halt nichts mehr. Das war's. Du wirst komplett freundinnenlos sterben. Ende. Aus die Maus.

Schätze mal, du weißt, was Ironie ist. Die letzten Sätze waren ironisch. Womit ich dir sagen will: Stress dich nicht ab, Alter! Klar, ich verstehe dich: Natürlich ist es blöd, wenn deine Freunde herumknutschen und Händchen haltend durch die Schule latschen und du selbst allerhöchstens dein Käsebrötchen festhältst. Du fühlst dich wie das fünfte Rad am Wagen – absolut nutzlos und ziemlich scheiße. Noch schlimmer: Du bist neidisch. Eifersüchtig. Angepisst irgendwie, obwohl du es dir natürlich nicht anmerken lässt. Du fragst dich, warum das mit dem Freundin-Kriegen bei dir noch nicht funktioniert hat.

Meine ehrliche Antwort (und ich sage dir schon jetzt, sie wird dir nicht gefallen …): Alles leider verdammt normal. Bei einigen geht's schneller, bei anderen braucht es Zeit. Beides ist aber in Ordnung. Überleg mal: Willst du nur eine Freundin, um eine Freundin zu haben? Um »mitspielen« zu können bei deinen Kumpels? Oder wäre es nicht doch besser, auf »The special girl« zu warten? Vielleicht gibt es dieses »Special girl« ja bereits in deiner Welt … dann musst du es nur noch schaffen, sie anzusprechen. Vermeide dabei unbedingt und in jedem Fall und absolut hundertprozentig den Satz »Ich liebe dich«.

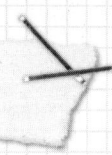

14. WAS MÖGEN MÄDCHEN EIGENTLICH AN JUNGS?

Oh Mann. Alles. Nichts. Irgendwas. Du könntest genauso gut fragen: Was mögen Jungs an Mädchen? Was gefällt DIR? Eine bestimmte Haarfarbe? Blaue Augen oder grüne Augen? Große Titten, kleine Titten? Körper klein oder groß oder riesig oder kreisförmig oder im sympathischen Pyramidenlook? Gesicht schmal? Oder lieber lang? Nase klein oder groß oder besser gar keine Nase? Sexy Klamotten? Schöne Finger? Nagellack?

All das sind erst einmal optische Kategorien. Und ja, natürlich, du springst auf Optik an. Das Äußere IST wichtig, egal, was andere dir erzählen.

Allerdings gibt es noch andere Dinge, die dich interessieren. Schließlich bist du kein oberflächlicher Affenarsch! Du weißt und verstehst, dass ein scharfer Po, lange Beine und ein hübsches Gesicht auf Dauer nicht genug sind für eine Beziehung. Du brauchst jemanden, der dich versteht. Ein Mädchen, das witzig ist. Mit dem du über alles reden kannst. Jemand, der mit dir lacht UND mit dir weint. Jemand, bei dem du dich nie schämen musst für Gefühle. Sie und du – ihr seid auf einer Wellenlänge. Dabei müsst ihr nicht einmal dieselben Interessen haben oder auf dieselbe Musik stehen. Manchmal sind große Unterschiede sogar noch faszinierender und spannender als tausend Gemeinsamkeiten.

Du möchtest ein Mädchen, mit dem du Spaß haben kannst. Ansonsten wird's schnell langweilig. Allerdings möchtest du dich auch unterhalten können. Sie soll lieb sein. Und freundlich. Und gütig. Nicht nur zu dir, sondern auch zu anderen. Du willst keine arrogante Pissnelke als Freundin, richtig? Keine Megazicke, die eigentlich nur den ganzen Tag herumnervt. Du kannst mit jemandem, der die Krone hoch auf dem Köpfchen trägt und die Nase sogar noch höher, absolut nichts anfangen.

Und genauso – genauso denken Mädchen auch über Jungs.

Die meisten Mädchen, obwohl es natürlich Ausnahmen gibt, finden Machomänner zum Kotzen. Sie hassen Rassisten genauso wie Sexisten. Tierhasser genauso wie Menschenfresser. Sie wollen Jungs, die etwas zu sagen haben. Die intelligent sind. Auch emotional intelligent. IQ und EQ als Mischung. Die vielleicht sogar mal ein Buch lesen. Vor allem aber will jedes Mädchen, vermute ich jedenfalls, einen Typen, der gut zu ihr ist. Der sie nicht wie Dreck behandelt, sondern wie das Beste, was ihm jemals passieren kann.

Sie ist eine Prinzessin. Deine Prinzessin! Wenn du IHR genau dieses Gefühl gibst, stehen deine Chancen deutlich besser, als wenn du dich wie ein großkotziger Aufreißer benimmst.

Wieder aber gilt die alte Regel: Jedes Mädchen steht auf etwas anderes. Einige flippen aus bei Erdbeereis, andere übergeben sich bei Bananensplit. Genau wie du eben auch. Was die Sache zwar nicht leichter macht, zumindest aber interessanter! Und was noch viel, viel interessanter ist, erfährst du jetzt:

KAPITEL 6

DU & SEX:

KNALLHART AUF DEN PUNKT GEBRACHT!

Sex ist hammereasy! Du steckst deinen Penis in eine beliebige weibliche Körperöffnung, am besten irgendwo unten. Und damit wäre die Sache erledigt. Herrlich! Sex ist einfach einfach! Falls du trotzdem noch Fragen hast, obwohl nun doch wirklich alles geklärt ist – bitteschön:

1. WIE GENAU FUNKTIONIERT SEX EIGENTLICH?

Boah! Hab ich dir doch gerade erklärt. Penis rein – Penis raus – fertig.

2. WAS GENAU BRAUCHE ICH, UM SEX ZU HABEN?

Als Junge: einen Pimmel. Sofern du keinen hast, gehen auch Schwanz, Latte oder Lötkolben. Ohne irgendwas davon kannst du Sex knicken; das schlangenartige Ding ist so 'ne Art Grundvoraussetzung für Geschlechtsverkehr.

Als Nächstes: ein Mädchen. Wäre zumindest hilfreich. Ein Junge ist allerdings auch okay. Falls du ein Mädchen gefunden hast, solltest du sicherstellen, dass sie WIRKLICH Sex will. Wenn sie NEIN sagt, meint sie NEIN. Lass es dabei. Biete ihr auch kein Geld! Geld und Sex sind eine ziemlich unromantische Kombination.

Drittens: ein Kondom. Siehe Kapitel 1.

Viertens: Lust. Bei dir UND ihr.

Fünftens: einen passenden Ort. Im Idealfall bedient ihr euch dafür eines Bettes.

Tipp: Dein Bett oder ihr Bett. NICHT das Bett deiner Eltern. Nicht die Betten im Bettenladen. Falls kein Bett vorhanden, kann man auch den Boden nehmen. Drinnen oder draußen. Auch ideal: auf, neben oder unter dem Küchentisch. Hier sind der kreativen Ortswahl keine Grenzen gesetzt. Nicht so geeignet sind allerdings Schulklos – obwohl der herrliche Geruch billiger Putzmittel natürlich sehr einladend wirkt …

3. ZURÜCK ZU MEINER ERSTEN FRAGE: WIE FUNKTIONIERT DER SCHEIß?

Na gut. Wenn du unbedingt die längere Antwort brauchst, bitte schön: Nötig ist, wie schon gesagt, ein Penis. Allerdings muss dein Penis steif sein. Steif wird er meistens ganz von selbst, wenn du ein Mädchen vor dir hast. Ein Mädchen, das dich scharf macht. Somit weiß dein Gehirn: Ich sag mal dem Penis Bescheid! Diesen steifen Penis führst du in die Scheide des Mädchens ein. Tipp: Das Mädchen sollte »untenrum« nackt sein! Du übrigens auch. Einfach den Pimmel aus dem Reißverschluss hochschnellen lassen ist ziemlich ungeil! Gehen wir davon aus, dass ihr beide euch in einem Bett befindet – und euch beide ziemlich gern habt. Den Knutschkram habt ihr schon vor Ewigkeiten erledigt, und jetzt steht euch beiden der Sinn nach »mehr«? Also gut! Du führst deinen Penis, am besten mit der Hand, bei ihr »unten« ein. Wenn du nicht gleich den richtigen Weg findest, kein Problem, ist halt ein ziemlicher Irrgarten. SIE weiß, wo's langgeht, und hilft dir weiter. Hat auch den Vorteil, dass SIE damit steuern kann, wie weit und tief du in sie eindringst. So blöd es klingt: Stell dir vor, die Scheide ist eine Höhle. Darin ist es warm und kuschelig, und auch ein wenig glitschig. Glitschig ist gut, denn so ist es leichter für deinen Penis. Falls dein Penis anfangs nicht »passt«, hat das absolut nichts mit der Größe zu tun. Egal wie dick oder dünn oder lang oder kurz dein Teil ist – die Größe spielt keine Rolle. Vielmehr kann »Geht nicht rein« damit zu tun haben, dass die Scheidenmuskulatur des Mädchens angespannt ist. Vergiss nicht: SIE ist genauso nervös wie du! In solchen Fällen: einfach miteinander reden, sie zärtlich streicheln oder eine Runde »Mensch ärgere Dich nicht« spielen.

4. TUT SEX WEH?

Oh ja! Leute, die Sex haben, also Sexisten, berichten immer wieder von Ohrenweh, Zahnschmerzen oder Koma. Sex ist die Hölle auf Erden, die barbarischste Quälerei, die man sich vorstellen kann – schlimmer noch, als sich eigenhändig mit der Kneifzange einen Fußnagel herauszuziehen. Doch im Ernst – Sex KANN wehtun, aber meistens »nur« dem Mädchen. DIR passiert nicht viel, es sei denn, SIE erwürgt dich versehentlich. Wenn dem Mädchen etwas wehtut, liegt es meistens an dir und deinem Penis. Aber keine Sorge: Kaputt machen kannst du nichts beim »Eindringen«. Es kann aber sein, dass du zu schnell bist oder, unabsichtlich natürlich, zu brutal. Deshalb gilt: locker bleiben. Ruhig atmen. Langsam rangehen. Keine Sorge – das Mädchen haut schon nicht ab, nur weil es etwas länger dauert. Länger ist sogar besser, weil ihr dann mehr voneinander habt.

5. WAS IST, WENN »SIE« SICH AUSKENNT, ICH MICH ABER NICHT?

Dein Problem ist verständlich – SIE ist erfahren, und du bist ein absolut blutiger Anfänger. Macht aber absolut gar nichts. Könnte sein, dass es sogar besser ist, wenn wenigstens einer von euch bereits weiß, wie die Dinge ablaufen. Ist schon klar: Als Typ denkst du natürlich, du musst alles besser wissen, alles besser können und gegenüber Mädchen immer die Chefposition einnehmen. Musst du aber gar nicht. Nutze doch die Chance, wenn deine Freundin dir helfen kann, deine Nervosität runterzukühlen, was wiederum dazu führt, dass ihr beide eine geilere Zeit miteinander habt!

Umgekehrt genauso: Du hast schon mal, sie aber noch nicht. Use your experience! Und freue dich, den Kram mit einem anderen Mädchen zu erleben. Abwechslung ist eine feine Sache, glaub mir! Du wirst sehen: Das Prinzip bleibt gleich, aber das Gefühl ist neu. Vielleicht unangenehmer, vielleicht aber auch millionenfach schöner als beim ersten Versuch. Finde es heraus.

Und vor allem: Enjoy!!!

6. GEHT AUCH SEX OHNE MÄDCHEN?

Selbstverständlich kannst du mit allem Sex haben, was irgendwie tierisch und groß genug ist, um deinen Penis aufzunehmen. Stechmücken scheiden also aus. Haustiere auch. Erstens, weil verboten, zweitens – und viel, viel wichtiger, weil absolut ekelig! Komm also gar nicht erst auf den Gedanken, den Dackel der Nachbarn durchzunallen! Ein Junge allerdings geht klar. In diesem Fall bist du homosexuell – und findest Jungs halt schärfer als Mädchen. Ob du dich dafür schämen musst? Quatsch! Was soll daran schlimm sein? Du liebst, was du liebst. Punkt. Aus. Ende. Aber natürlich, wie du dir denken kannst, funktioniert Sex dann eben nicht mit Scheide, sondern einer anderen Körperöffnung. Darfst du dir aussuchen! Erneut gilt: Alles normal, alles okay. Mach dir keine Gedanken. Und siehe meinen superlässigen Kommentar von oben: Enjoy!!!

7. ICH HATTE NOCH KEINEN SEX. PASST DAS?

Passt schon!

Ich versteh dich aber. Irgendwann fängt urplötzlich einer deiner Kumpels an, von seinen nächtlichen »Abenteuern« zu erzählen: »*Und dann hab ich die Alte so richtig schön durchgenudelt … Du glaubst gar nicht, wie feucht die geworden ist … Wir haben's das ganze Wochenende getrieben … Echt jetzt.*«

Du kannst dir einigermaßen sicher sein: Der Typ übertreibt ohne Ende. Trotzdem – er hatte Sex, wenn auch ganz bestimmt nicht zwei Tage am Stück.

Was denkst du, wenn du solche Storys hörst? Bist du neidisch? Neee. Nie. Ein bisschen vielleicht doch? Darauf, dass DU es noch nicht »getrieben« hast? Dass DU vielleicht noch nicht mal eine »Alte« hast zum »Durchnudeln«? Oder dass diese »Alte« einfach noch nicht bereit dafür ist?

Tatsache ist, so ungefähr 1/3 aller Jungs (33,33333333333 Prozent) und 40% aller Mädchen haben zwischen 14 und 17 Jahren das erste Mal Sex. Einige Jungs und Mädchen auch schon im Alter von 13 oder zwölf oder noch früher. Es bleiben aber, und das bezieht sich auf deine Frage, jede Menge Prozentpunkte übrig für Sex nach 17, also mit 18, 19, 20. Oder 80. Kannst dir also Zeit lassen und musst dich nicht stressen.

Ich weiß, wie nervig es ist, wenn Leute um dich herum Dinge machen, die du selbst eben noch nicht machst, obwohl du eigentlich gerne wollen würdest … Aber es lohnt nicht, Dinge zu überstürzen. Außerdem gibt's doch um dich bestimmt noch genügend Freunde, denen es genau wie dir geht, oder? Na also! Du bist ganz bestimmt nicht allein, glaub mir!

Noch was: Eine amerikanische Studie belegt, dass schlaue Kids generell weniger poppen als doofe … Darauf könntest du die Sex-Klugscheißpenner in deiner Umgebung gerne mal hinweisen …

8. ICH WILL AUCH GAR KEINEN SEX … WAS IST BLOß LOS MIT MIR?

Bitte was? Du hast keinerlei Lust auf Rammeln, Knattern, Bumsen? Nicht am Vögeln interessiert, obwohl du Vögel eigentlich magst? Großer Gott, was geht denn hier ab? Klar, du bist völlig daneben. JEDER Junge in deinem Alter will Sex. Oder doch nicht? Nee, offenbar nicht. Und natürlich ist das in Ordnung und gar nicht mal so hyper-unnormal, wie du vielleicht denkst. Du hast, schätze ich mal, einfach andere Interessen momentan. Findest Mädchen zwar durchaus spannend, kannst dir aber beim besten Willen nicht vorstellen, einen nackten weiblichen Körper vor dir zu haben und damit »Zeugs anzustellen«? Es gibt das Gerücht, dass Jungs IMMER sexgeil sind, aber das ist ziemlicher Quark.

Tatsache ist: Es gibt ein Hormon namens Testosteron, das gerade in der Pubertät bei Jungs richtig Gas gibt und Lust auf Knattern macht. Was aber nichts daran ändert, dass du selbst vielleicht trotzdem lustlos sein kannst und darfst. Möglicherweise hast du aber auch einfach zu viel anderen Stress. Irgendwelche Sorgen, die dich tierisch belasten, sodass an Sex gar nicht zu denken ist. Wieder gilt: Stress dich nicht! Irgendwann kommt die Lust von ganz allein.

Es gibt außerdem Jungs, die sich ernsthaft dazu entschließen, überhaupt keinen Sex zu haben, zumindest, bis sie erwachsen und/oder verheiratet sind. Ist eigentlich gar nicht mal so eine bekloppte Einstellung und zeugt von Verantwortungsbewusstsein. Ob du aber wirklich sooooooooo lange warten willst …?

9. MEINE FREUNDIN WILL NICHT. UND NUN?

Ist ja wohl logisch: Du musst sie bestechen. Oder sie betrunken machen. Beides allerdings ist moralisch kacke! Aber mal ehrlich – was stellt die Alte sich denn so an? Du bist ein Hengst. Mit so einem Sexgott will es doch eigentlich jeder treiben. Nur deine Freundin offenbar nicht.

Hmmmm …. Wenn ihr beide noch nie Sex hattet, kann es sein, dass sie einfach nur warten will. Sie will sich ihrer Sache sicher sein, will genau abchecken, ob du ihr wichtig genug bist, um diese besondere Sache miteinander zu teilen. Kann dauern, bis sie sich entschieden hat, glaub mir. Du brauchst also Geduld, Geduld, Geduld. Auch wenn's schwerfällt. Aber wenn sie noch nicht bereit ist für die Nummer, solltest du das einfach schlucken. Umso schöner wird's dann, wenn sie endlich Ja sagt!

Nun kann es auch sein, dass ihr beide schon Sex hattet. Sogar miteinander. Und jetzt auf einmal hat sie keinen Bock mehr? Frag sie doch einfach, wo das Problem ist. Vielleicht liegt's an ihrer Regel. Vielleicht ist sie einfach nur gestresst. Oder du gehst ihr allmählich auf die Nerven, und sie versucht dir dadurch mitzuteilen, dass sie genug von dir hat. Vielleicht ist die Lage aber auch viel harmloser: Hast du etwa jeden Tag Appetit auf Döner? An 365 Tagen im Jahr? Wohl kaum. So kann es bei ihr auch sein. Dass sie einfach mal ein Sex-Out braucht. Gib ihr die Zeit. Immer. So lange wie nötig. Sieh die Sache doch mal positiv: An sexlosen Tagen kannst du ganz easy-going und völlig stressfrei an dir selbst herumspielen!

10. WORAUF SOLLTE ICH SONST NOCH ACHTEN?

Na ja. Du solltest dir zuerst einmal absolut sicher sein.

Erstens, dass du Sex willst.

Zweitens, dass du Sex mit DIESEM Mädchen willst.

Tipp: Clever wäre es, SIE vorher zu fragen, ob sie überhaupt Interesse hat. Wenn ja, würde ich dir gerne einige Sachen empfehlen, die ein klein wenig nach Romantik stinken, aber sehr, sehr wirksam sind, damit ihr beide eine gute Zeit habt. Oder zumindest, damit SIE in Stimmung kommt.

Musik: Wenn du poppen willst, lass gerne Musik laufen. Hat den Vorteil, dass man sich nicht gegenseitig atmen oder keuchen hört. Muss ja nicht in Discolautstärke dröhnen. Auch solltest du auf Hip-Hop verzichten. Du willst schließlich intime Momente mit deinem Traumgirl verbringen. Dazu ist schnelle und harte Mucke echt nicht notwendig, sogar eher schädlich, weil sie Stress macht. Lieber ruhige Popsongs. Wenn du ganz radikal bist, gib Mozart oder Beethoven 'ne Chance. Sicherheitshalber könntest du auch einfach deine Freundin fragen, was sie bevorzugt.

Socken: Nein. Beim Sex solltest du auf Socken verzichten. Gleiches gilt für Schuhe. Und natürlich wäre es klug, ganz allgemein auf saubere Unterwäsche sowie einen angenehmen Körpergeruch zu achten.

Licht: Am besten vorher alle Lampen an und vielleicht noch einen Halogenstrahler aus der Garage holen und aufs Bett richten, damit ihr beide immer ALLES seht. Kann funktionieren, aber »Stimmung« geht anders. Am stimmungsvollsten also: Licht komplett aus, Kerzen an. Billigste Teelichter genügen. Du musst dich also nicht in einem Kerzenfachgeschäft zum Thema »Was sind die besten Kerzen für Geschlechtsverkehr« beraten lassen. Kerzen, am besten mehrere davon, tauchen das Gesicht und den Körper deiner Freundin in ein ganz neues Licht. Glaub mir: Wird dir gefallen!

11. VORSPIEL? MUSS DAS SEIN?

Der Vergleich hinkt etwas, aber du kannst das Vorspiel, auch als Petting bekannt, mit dem Warmmachen vor einem Fußballspiel vergleichen. Erst mal »reinkommen« ins Spiel, deinen Körper richtig heißmachen auf das, was noch kommen wird. *Ihren* Körper natürlich auch. Allerdings geht Petting (vom englischen »to pet«, was so viel bedeutet wie »liebkosen«) natürlich auch ohne anschließenden Sex. Das Vorprogramm kann nämlich schon scharf und ausreichend genug sein!

Beim gemeinsamen Petting lernst du deine Freundin besser kennen. Du tastest dich also an sie ran … an ihren Körper. Ihr kuschelt euch aneinander und beginnt, mit Küssen und Berührungen alle möglichen interessanten Körperstellen zu entdecken. Und euch gegenseitig zu erregen.

Wenn du einen Hund streichelst, freut er sich meistens tierisch und wedelt mit dem Schwanz. So ähnlich läuft's auch beim Petting: Die Scheide des Mädchens wird feucht, und dein Schwanz, nun ja, er wedelt zwar nicht, steht aber wenigstens aufrecht. Du darfst alles berühren und küssen, anbeißen und anknabbern, was du willst, sofern SIE es zulässt. Ihre Beine, ihren Po, ihre Oberschenkel, die Innenseite ihrer Oberschenkel … und was da noch so zu finden ist. Ihren Hals, ihren Nacken … und natürlich ihre Möpse. Inklusive Nippel.

Du merkst: Hier wird's schon ganz schön intim. So was machst du nicht bei und mit jedem. Stell dir mal vor: Deine Hände wandern zärtlich an ihrem Körper entlang, sind auf Entdeckungstour und können eben auch bei ihren Geschlechtsorganen landen. Vielleicht darfst du mit deinen Fingern oder deiner Zunge in ihre Scheide eindringen … vielleicht umklammert sie irgendwann deinen Penis und spielt damit herum, bis weißes Zeugs herauskommt … vielleicht liegt ihr am Ende nebeneinander, seid völlig ausgepowert und stöhnt wie nach einem Marathon – und absolut glücklich. Und zwar OHNE Sex gehabt zu haben.

Vielleicht gehörst du zu den Jungs, die mit solchen Vorspiel-Petting-Aktionen nichts anfangen können, weil a) »dauert zu lange« und b) »hab keinen Bock auf halbe Sachen«. Aber es ist keine halbe Sache! Und es *kann* zwar lange dauern, was aber von dir und deiner Freundin abhängt und nichts Schlechtes ist.

Außerdem: Für manches Mädchen ist es einfach wichtig, dich und deinen Körper auf diese Art näher kennenzulernen, langsam, mit viel Ruhe und Romantik. Und zwar ohne Penis im

Bauch! Hinzu kommt noch, dass Petting ein prima Vorbereitungsprogramm ist. So wird der Sex, wenn es denn dazu kommt, mit Sicherheit noch 'ne Nummer besser! Wenn du übrigens über Petting nachdenkst, kommst du an Blasaktionen meist nicht vorbei:

12. WIE GEHT DAS MIT DEM BLASEN?

Oha! Jetzt wird's vielleicht ein wenig ekelig. Aber nur, weil ich dir vom Blasen erzähle, heißt das noch lange nicht, dass du es auch machen musst, klar?

Blasen hat mit Penis und Mund zu tun. Deinem Penis – ihrem Mund. Allerdings versucht das Mädchen nicht, deinen Joystick wie einen Ballon aufzupusten. Es gibt also gar keine »blow action«, sodass der Begriff ziemlich irreführend ist. Deine Freundin nimmt deinen Penis in die Hand, leckt fröhlich daran herum, saugt ein und lässt los, saugt ein und lässt los, spielt mit der Zunge an ihm herum ... bis du irgendwann »kommst«. Soll heißen: Orgasmus. Abspritzen. Kann geil sein. Oder auch nicht. Ob dir eine solche Oralbefriedigung (also mit dem Mund) gefällt, musst du selbst herausfinden.

Für Mädchen jedenfalls ist es harte Arbeit, einen »Blowjob« zu geben, während du selbst ziemlich passiv bleibst und in aller Ruhe eine Zigarette qualmen kannst. Deutlich aktiver ist allerdings dein Schwanz! Der ist schwer beschäftigt und, in vielen Fällen jedenfalls, hocherfreut angesichts der Aufmerksamkeit, die ihm zufließt. Falls du deiner Freundin etwas »zurückgeben« möchtest – klar geht Oralverkehr auch umgekehrt, nur halt ohne Penis. Falls du dich traust, und sie dich lässt, kann es sehr erregend für ein Mädchen sein, wenn du sie mit Zunge, Lippen oder meinetwegen auch den Zähnen an so spannenden Stellen wie Klitoris, Schamlippen oder Scheideneingang berührst. Wieder mal kannst du machen, was du willst. Es gibt keine klare Gebrauchsanweisung im Sinne von: »Zuerst müssen Sie die Klitoris oral befriedigen. Anschließend wenden Sie sich den Schamlippen zu, wobei Sie darauf achten sollten, dass …« – Stattdessen gilt: Frag, was ihr gefällt. WO ihr was gefällt. Wie schnell du dich bewegen sollst. Und wann es endlich was zu futtern gibt.

13. WAS GIBT'S DENN SO FÜR STELLUNGEN?

Es gibt verschiedene Körperöffnungen, wo du deinen Knatterknilch hineinstecken kannst. Wie du gerade gelernt hast, der Mund gehört auch dazu. Allerdings sprechen wir dann nicht wirklich von Sex. Für Sex braucht's die Scheide. Irgendwie der Klassiker.

Es geht aber noch eine Spur komischer: Natürlich kannst du den Penis auch in den Hintern eines Mädchens einführen, also Analsex haben. Klingt unappetitlich? Na ja, ist tatsächlich nicht jedermanns Sache. Ich sage ja ganz bewusst »Man kann«, nicht »Man muss«.

Wenn du bezüglich »Stellungen« genauere Infos brauchst, empfehle ich das *Kamasutra*. Dabei handelt es sich um ein indisches Buch, vor fast 2.000 Jahren geschrieben, in dem es nur ein einziges Thema gibt: Die Kunst des Liebemachens. Soll heißen: The Art of Stylish Popping! In modernen Ausgaben finden sich nicht nur Beschreibungen spannender und ungewöhnlicher Sexstellungen, sondern netterweise auch Bilder. Du glaubst ja gar nicht, was alles möglich ist. Viele Stellungen sind für Akrobaten gedacht, die kein Problem damit haben, den Fuß um den Kopf zu legen und parallel den eigenen Pimmel abzuschlecken. Alles in allem gibt es locker 100 verschiedene Variationen: den Frosch, die Reiterstellung, Kuhstellung, Doggystyle, gerne auch im Stehen, den Elefanten, so in etwa die zarte Version des Doggystyle, 69, und natürlich die gekreuzte Kerze, die aber eher an eine Turnübung als an Sex erinnert.

Da du dich allerdings körperlich nicht stressen sollst, ist für den Anfang die »Missionarsstellung« wahrscheinlich der Klassiker, ganz einfach, weil man hierfür keine akrobatischen Fähigkeiten braucht. Sie unten. Du auf ihr. Natürlich Bauch auf Bauch. Bietet sich allerdings nur an, wenn du nicht den Bauchumfang eines Nashorns hast. Das Aufeinanderliegen hat den Vorteil, dass ihr euch dabei ansehen könnt. So erkennst du bei jeder Bewegung, ob deine Freundin happy ist. Falls sie währenddessen mit dem Handy herumspielt oder neues Mascara auflegt, hält sich ihre Begeisterung übrigens in Grenzen …

14. WAS PASSIERT NACH DEM SEX?

Wie wäre es mit 'ner Serie auf Netflix? Oder du gehst einfach nach Hause. Falls du bereits dort bist, schicke SIE nach Hause. Tatsächlich wissen manche Leute nicht, worüber sie nach dem Schlachtfest reden sollen. Manche halten deshalb die Klappe und liegen einfach nur nebeneinander, mit ziemlich identischen Gedanken: »Und jetzt?«

Dinge, die du nach dem Sex niemals sagen solltest:

»War ich gut?«

»Ich fand mich spitze, aber du warst auch nicht übel.«

»Du bist fast so gut im Bett wie meine letzte Freundin.«

Viel besser, gerade, wenn du noch nicht so viel Ahnung von Sex hast und eher unerfahren bist: »Sag mal, hat dir das gefallen? Kann ich was tun, damit es beim nächsten Mal schöner für dich wird?«

Gute, bescheidene Fragen also, verbunden vielleicht noch mit: »Ich weiß nicht, ob es für dich gelungen war, aber ich habe jeden Augenblick mit dir total genossen.«

Auch solltest du nach überlebtem Geschlechtsverkehr nicht …
aufstehen, dich anziehen und wortlos das Zimmer Richtung Dusche verlassen.

Gibt dem Mädchen das Gefühl, dass sie dich irgendwie beschmutzt hat.

Auch nicht: Rauchen, saufen oder furzen. Schon gar nicht,
wenn SIE immer noch neben dir liegt

Stattdessen: Nimm sie in den Arm. Kuschelt euch aneinander.
Streichelt euch. Ich weiß, das klingt jetzt nicht so super-spektakulär, ist aber meistens genau das, was ein Mädchen in exakt diesem
Moment braucht und möchte.

KAPITEL 7

DU & LIEBE:

ALLES ÜBER EIN VERDAMMT RIESIGES GEFÜHL

Liebe ist zuerst einmal das Gegenteil von Hass. Ein positives Gefühl. Obwohl es wehtun kann. Weher als den Kopf in eine heiße Fritteuse zu stecken, als über glühende Kohlen zu latschen. Weher als alles, was du bislang erfahren hast. Aber – wenn Liebe nicht gerade dabei ist, verflucht wehzutun, ist sie das Größte, was es gibt!

1. WAS IST LIEBE EIGENTLICH?

Liebe ist der dringende und zwingende und supernotwendige Wunsch, mit einem Menschen zusammen sein zu wollen. Nein, nicht mit Mama oder Papa, obwohl das natürlich auch Liebe ist. Was ich meine, ist romantische Liebe. Yes! Romantik! Du kannst diesem Wort einfach nicht entkommen, sorry.

Diese »Romantic love« kann dich aus den Schuhen hauen. Sie ist, wenn ein Mädchen wie ein Magnet ist. Sie zieht dich und zieht dich und zieht dich. Du kannst dich nicht wehren. Abhauen läuft nicht. Und willst du auch gar nicht, zumindest nicht, wenn du ernsthaft verliebt bist. Ohne dieses Mädchen willst du nicht mehr leben, so viel ist klar. Du kommst sogar auf die Idee, für sie sterben zu wollen. Was zwar romantisch klingt, aber natürlich Blödsinn ist. Besser wäre es, für sie leben zu wollen.

2. BIN ICH VERKNALLT?

Sorry, weiß ich nicht. Dazu brauche ich Background. Gibt's da also jemanden? Ach, echt? Herzlichen Glückwunsch! Ein Mädchen vielleicht, das du irre süß findest und mit dem du gerne mehr Zeit verbringen würdest? Weil dich ihr Lächeln anmacht? Oder ihr ganzer Körper … In diesem Fall bist du verknallt oder verschossen und sie ist dein Schwarm. Klar klingt das irgendwie nach Würg, aber du schwärmst doch für sie. Also geht der Begriff »Schwarm« völlig klar. Verknalltes Verschossen-Sein ist was Schönes. Fühlt sich gut an. Aber ob da mehr draus werden kann? Du zweifelst jedenfalls und findest deine eigene Schwärmerei irgendwie ein wenig lächerlich, kannst aber beim besten Willen nicht aufhören mit der Knallerei … Dann stellt sich nämlich schon die nächste Frage:

3. ODER VERLIEBT?

Verliebt sein ist die Steigerung von Verknalltheit. Vielleicht hast du, nur mal so als Beispiel, einen Kumpel mit einer rattenscharfen Schwester? Du fandest sie schon immer ziemlich süß, vor allem, wenn sie in Shorts durchs Haus lief, aber auf einmal ist da mehr … da ist dieses beknackte Kribbeln im Bauch, wenn du sie siehst, und wenn dein Kumpel dir erzählt, dass sie einen Freund hat, bist du enttäuscht und sogar richtig sauer? Wenn du mit ihr redest, kriegst du plötzlich keinen graden Satz mehr raus und stammelst wie ein Stotterkönig? – All das ist ein klares Anzeichen dafür, dass du aus dem Verknallt-Stadium ausgebrochen bist. Du bist »in love«, willst mehr wissen über sie und ihre Gefühlswelt und hoffst ein klein wenig, dass sie deine Gefühle erwidert. Und wenn nicht, ist's halt ziemlich mistig.

4. DIESE VERKACKTEN DREI WÖRTER...

Ich liebe dich.
    Ein absoluter Hammerspruch!

Subjekt. Prädikat. Objekt. Mehr ist da nicht.

Und trotzdem gehört dieser Winzsatz zu den härtesten Dingen, die ein Junge einem Mädchen gegenüber sagen kann. Wenn er sie überhaupt rausbekommt.

Woran liegt das? Na, weil »Ich liebe dich« ernst klingt, viel wichtiger als »Ich mag dich« oder »Ich hab dich gern«. – »Ich liebe dich« ist irgendwie brutaler. Inzwischen hört man »Ich liebe dich« nicht mehr nur in Liebesfilmen, sondern sogar in Superhelden- oder Horrorstreifen. Ein Horror. Nervig auf Dauer. Durchschnittlich gesehen sagt man nach ungefähr fünf Monaten Beziehung das erste Mal »Ich liebe dich«. Fünf Monate muss man aber erst mal hinbekommen. Sind schließlich locker 150 Tage, und die Stunden zählen wir gar nicht erst. Es spielt keine Rolle, wer es zuerst sagst. Du oder sie. Wahrscheinlich wartet sie, dass du den Anfang machst. Weil sie Schiss hat, sich vielleicht lächerlich zu machen. Aber: Sag es nur, wenn es auch wirklich wahr ist!

5. SCHREIBEN ODER SAGEN?

Schreiben ist einfacher. Sagen ist besser. Der Vorteil liegt auf der Hand: Du kannst sie dabei ansehen, siehst also, wie sie reagiert. Ob sie lächelt oder die Augen zusammenkneift nach dem Motto »Scheiße …«. Wenn du trotzdem schreibst, z.B. in einem Brief, dann sag es, wie du es meinst, und rede nicht um den heißen Brei herum. Und komm auch nicht auf die Idee, »I love you« zu schreiben. Ist zwar irgendwie dasselbe und nur 'ne Übersetzung, aber ist eben nicht GENAU dasselbe wie die deutsche Fassung. Übrigens – niemals, niemals, niemals schickst du ihr Emojis. Ganz egal, wie cool du die findest. Ohnehin zeigst du deine ganze Klasse, wenn du auf »Ich liebe Dich«-Gelaber auf WhatsApp und Insta eiskalt verzichtest.

6. GEHT'S SOGAR NOCH BESSER?

Da Mädchen total unverständliche und unberechenbare Wesen sind, ist es schwer zu sagen, was sie gerne hören wollen. »Ich liebe dich« ist auf jeden Fall schon mal sehr gut. Damit kannst du nichts falsch machen.

Aber klar, es gibt auch genügend andere Möglichkeiten, deine Liebe auszudrücken: »Du bist für mich das Wichtigste auf der Welt«, »Ich beschütze dich, was auch immer passiert« (auch wenn das irgendwie nach Macho klingt, mögen Mädchen so was!), oder auch »Ich will dich, genauso, wie du bist« sind schöne Beispiele für eine ziemlich perfekte Liebeserklärung. Nur teilweise gelungen sind hingegen Aussagen wie »Ich steh auf deine Titten«, »Mit dir mache ich viel lieber rum als mit anderen« oder »Ich will ein Kind von dir, Baby«. Hiermit beweist du aber immerhin, dass dein Können im Umgang mit Mädchen ausbaufähig wäre …

7. WIE WEISS ICH, DASS SIE MICH LIEBT …?

LIEBE IST EIN ZIEMLICH MEGAGEFÜHL.

Na ja, wenn sie es halt sagt. Mädchen sind vielleicht vieles, aber keine Lügnerinnen. Gerade in Sachen Liebe sind sie meistens sehr ehrlich. Aber, wie gesagt, vielleicht hat *sie* Angst, es so direkt auszusprechen. Statt Worte gehen also auch Taten. Die Art, wie sie dich ansieht. Wie sie dir kleine Geschenke macht. Mit Herzchen drauf. Wie sie dir Briefe schreibt, besprüht mit ihrem Lieblingsparfüm. Wie sie mit dir redet, wie sie versucht, dich bei jeder Gelegenheit zu berühren und mit dir zu kuscheln. Was ja wohl logisch ist: Du bist schließlich ein Hecht. Oder Hengst. Einfach ein krasser Typ. Wenn sie dir also den Eindruck vermittelt, dass sie ohne dich nicht leben kann oder will – dann ist sie verliebt. Aber …

8. WAS MACHE ICH, WENN ICH SIE »NICHT« LIEBE …?

Option A: Du belügst sie natürlich. Nur so könnt ihr eure Beziehung am Laufen halten. Beziehungen sind, das ist wissenschaftlich belegt, auf Lügen und Betrügen aufgebaut.

Option B: Du sagst es ihr. Was dir hammermäßig schwerfallen wird. Aber du musst! Sie hat es, auch wenn sie dir für eine ernsthafte Beziehung einfach nicht »reicht«, ganz bestimmt nicht verdient, angelogen zu werden. Option A ist also Stuss. Und bringe auf keinen Fall den Spruch: »Wir können ja Freunde bleiben« … Schon gar nicht, wenn du hundertprozentig weißt, dass du eigentlich einen kompletten Cut willst.

9. ICH LIEB DICH AUCH …
ALS GUTEN FREUND …

Okay, wenn du so was hörst, geht die Welt unter. Da kriegst du das kalte Kotzen. Du hattest dir so viel mehr erhofft, eine längere Beziehung, oder überhaupt eine Beziehung, aber mit »als guten Freund« hat sich die Sache erledigt. Immerhin, sie liebt dich. Womit sie aber meint: wie einen Bruder. Ja, super. Damit kannst du echt was anfangen …

Wahrscheinlich hasst du sie im ersten Moment, bist zu Tode enttäuscht und wünschst ihr alles Schlechte an den Hals. Verständlich. Und trotzdem, so jämmerlich und hart ihr Satz auch ist, er ist immerhin ehrlich. Anstatt also noch Wochen oder Monate mit dir rumzuspielen, sagt sie dir klipp und klar, wie die Sache aussieht. Was gut für dich ist. Höllisch weh tut's wahrscheinlich trotzdem.

10. MICH LIEBT EIN TYP…

Congratulations! Endlich hat mal ein anderer Junge gepeilt, wie geil du eigentlich bist. Alles Gute für eure Beziehung!

Ach so … du stehst gar nicht auf Jungs? Boah. Dann ist's natürlich blöd. Aber wie sollst du mit der Sache umgehen? Hm. Eigentlich ganz einfach und logisch: Du beschimpfst den Typen in aller Öffentlichkeit als Schwuchtel, warmen Bruder und Hinterlader und hoffst, dass damit die Sache geklärt ist und er Abstand hält. Was bildet der sich denn ein? Der müsste doch peilen, dass du in jeder Hinsicht Hetero bist. Schließlich steht das doch groß auf deiner Stirn geschrieben.

Ach, steht da gar nicht? Dann konnte er es gar nicht wissen? Somit bist du also unfair ihm gegenüber. Solltest du korrigieren, und zwar ohne ihn zu beschimpfen. ER mag ja ein »Homo« sein, aber das macht ihn noch lange nicht zu einem schlechten Menschen, genauso wenig wie du mit deinem »Hetero-Sein« ein *guter* Mensch bist. Oder fühlst du dich irgendwie in deiner Ehre verletzt, von »so jemandem« angebaggert zu werden? Mann, sei nicht so abwertend und freu dich doch! Besser als nichts! Und denk dran: So was könnte dir auch mit einem Mädchen passieren. Du baggerst und flirtest und nix passiert. Entweder sie findet dich einfach nur fürchterlich (was natürlich Unsinn ist), oder aber sie steht eher auf Leute mit Möpsen … was du nicht wissen konntest. Kein Grund also, sauer zu sein.

11. WANN BIN ICH EIGENTLICH WIRKLICH VERLIEBT?

Nicht lachen, und nach Möglichkeit auch nicht kotzen – ich werde jetzt romantisch: Du bist dann verliebt, wenn du an nichts anderes mehr denken kannst als an diese eine Person. Du verkackst eine Deutscharbeit, weil du nur ihr Gesicht vor dir siehst und dir die Analyse der Kurzgeschichte ziemlich am Arsch vorbeigeht. Stattdessen malst du ihre Augen auf den Tisch, Dutzende davon. In deinem Bauch fliegen nicht Schmetterlinge, sondern ganze Raumfähren. Alles kribbelt, alles wirbelt. Ein Hurrikan der Leidenschaft. Wenn du an sie denkst, sie in der Nähe ist, oder auch nicht, wenn du davon träumst, mit ihr … na ja, Dinge zu tun. Die Welt, die vorher vielleicht ihre Kackmomente hatte, ist auf einmal rosarot und sieht aus wie schwule Zuckerwatte. Sogar Schule ist auf einmal erträglicher, und sei es nur, weil du SIE sehen kannst. Deine Eltern sprechen dich auf dein Dauergrinsen an, ein Grinsen, das du selbst noch gar nicht bemerkt hast. Noch nicht einmal Bock auf Burger hast du, der einzige Hunger, den du spürst, ist der nach ihr … nach diesem magischen, wunderschönen Zauberwesen …

(Wie gesagt: Nicht lachen! Nicht kotzen! Ich sag's halt, wie es ist!) Wenn auch nur irgendwas zutrifft von dem hier, dann … ja, dann bist du verliebt. So richtig derbe und ohne Chance auf Heilung!

12. KANN MAN LIEBE LERNEN?

Im Mittelalter war es üblich, dass man nicht aus Liebe heiratete, sondern aus Gründen der Macht. Wenn also die Prinzessin von Spanien den König von Frankreich heiratete, dann war das eine geplante Veranstaltung. Die Prinzessin wurde nicht gefragt, ihr Vater traf die Entscheidung, um mit der Heirat seiner Tochter sicherzustellen, dass der französische König Spanien in Ruhe ließ. Klappte mal mehr, mal weniger gut. Solche Zwangsbeziehungen aber sind in unseren Breitengraden heute nicht mehr üblich. Niemand zwingt dich also, mit einem bestimmten Mädchen zusammen zu sein. Es ist davon auszugehen, dass viele dieser Mittelalterpaare irgendwie miteinander zurechtkamen, und von einigen weiß man auch, dass sie irgendwann begannen, sich zu lieben.

Liebe kann man nicht lernen, aber Liebe kann sich, manchmal wenigstens, entwickeln. Du kannst also hoffen, wenn dir ein Mädchen sagt »Ich mag dich, aber …« – vielleicht schaffst du es ja, sie von deinen Qualitäten zu überzeugen. Dass sie irgendwann merkt, wie großartig du bist. Die Chancen stehen allerdings schlecht bzw. absolut beschissen, da ihr nicht verheiratet seid und also nicht jeden Tag miteinander verbringen könnt. Es gibt also kein Sich-an-einander-Gewöhnen. Wenn du etwas lernen willst, dann nimm Tanzstunden. Liebe lernen ist schlicht und einfach zu anstrengend und wird, egal, wie hart du arbeitest, mit hoher Wahrscheinlichkeit in die Hose gehen.

13. LIEBE IST...

Liebe ist, wie du schon weißt, ein ziemliches Megagefühl. Aber müssen wir wirklich immer den ganzen Romantikwortschatz rausholen? Liebe kann auch einfach sein. Liebe ist ...

- ihr Make-up zu machen.
- ihr beim Pinkeln zuzusehen.
- ihr jeden Tag ihr Horoskop vorzulesen.
- ihr Kekse zu backen. In Herzform. Mit rosa Zuckerguss!
- ihr in die Augen zu sehen und darin ertrinken zu wollen. (Okay. Das war jetzt doch wieder romantisch. Sorry ...)

14. KANN ICH LIEBE VERWEIGERN?

Schwierig. Wer liebt, der liebt. Du kannst dich also nicht zwingen, jemanden *nicht* zu lieben, obwohl du ihn liebst. Läuft einfach nicht. Liebe ist keine App, die du uploaden und nach einmaliger Benutzung wieder löschen kannst. Liebe klebt. Ist wie Kaugummi. Aber einer, der erst nach Ewigkeiten seinen Geschmack verliert – vielleicht sogar nie! Trotzdem kannst du natürlich eine Beziehung, auch du ein Mädchen liebst, und sie dich auch, ganz stumpf beenden. Zum Beispiel, weil du merkst, dass du nicht gut genug für sie bist. Dass sie vielleicht was Besseres als dich verdient hätte. Was natürlich Unsinn ist. Die Liebe hört mit dem Hochhalten des Stoppschildes aber nicht auf zu existieren. Auch wenn's blöd klingt: Sie brennt in dir weiter, und selbst mit dem größtmöglichen Abstand wird es hart für dich. Einige Feuer, da kannst du noch so lange draufpissen, lassen sich halt nicht löschen.

TEIL II

DU & ALL DER ANDERE MIST:

▼ ▼ ▼

WAS SONST NOCH SO SPANNEND IST...

KAPITEL 8

YES, YOU CAN!

WAS DU MIT 14 EIGENTLICH DRAUFHABEN SOLLTEST!

Jungs können bekanntlich vieles. Eigentlich sogar alles. Sogar unmögliche Dinge wie eine Drehtür zuschlagen oder unter Wasser den Grill anschmeißen! Können kann man aber nur Dinge, die man auch tatsächlich ausprobiert hat. Du bist jung. Noch weit entfernt vom Alter-Sack-Sein. Du kannst in diesem Alter nicht alles können. Niemand erwartet von dir, dass du weißt, wie man einen Panzer fährt. Oder wie man ein 5-Sterne-Menü auf den Tisch zaubert. Oder wie man eine Raumfähre baut. Einiges darfst du noch nicht einmal können, weil der Gesetzgeber dich für zu jung und zu dumm dafür hält. Autofahren kannst du also knicken. Dich in einer Kneipe besaufen ebenfalls. Was wohl auch ganz gut ist.

Trotzdem gibt's Sachen, die du einfach draufhaben musst. Denken jedenfalls Erwachsene – zum Beispiel deine geliebten Erzeuger. Sie sind also der Meinung, dass du ohne sie nicht verhungern solltest – wäre also gut, wenn du wenigstens Zeugs wie Spaghetti machen könntest. Aber auch abstrakte Fähigkeiten wie Selbstorganisation und Zeitmanagement finden Erwachsene immer wieder total »lit«. Fairerweise – auch alte Menschen wie deine Eltern liegen mal richtig. Es gibt nämlich wirklich einige Dinge, die MANN beherrschen sollte. Niemand erwartet dabei Perfektion, keine Sorge. Perfektion ist eh langweilig. Schau dir einfach mal die folgende Liste an. Was kannst du bereits? Was hast du davon noch nie getan? Und wenn du etwas noch nicht kannst oder eben noch nicht getan hast, wird's dringend Zeit dafür.

1. WARUM KOCHEN, WENN'S MAMA GIBT?

Weil … weil: Ist halt so. Irgendwann in ferner Zukunft wirst du vielleicht von zu Hause ausziehen. Glaubst du nicht? Stimmt aber. Und dann wäre es clever, wenn du wenigstens einige Sachen selbstständig kochen könntest.

Erstens – um nicht zu verhungern.

Zweitens – um Mädchen zu beeindrucken.

Zu den Klassikern der modernen Jungsküche gehören zweifellos Nudeln – vor allem Spaghetti: Spaghetti sind, wie wir alle wissen, sagenhaft komplizierte und zickige Viecher. Sie sind hart und schmecken fürchterlich. Allerdings, WEIL sie hart sind. Wichtig ist also, sie weich zu machen. Aber wie nur? Hm. Wissenschaftler der Spaghettirologie haben bereits vor Jahrhunderten herausgefunden, dass heißes Wasser in solchen Fällen Wunder bewirken kann. Einfach den Wasserhahn auf »heiß« stellen und die Spaghetti drunterhalten ist allerdings noch nicht genug. Es braucht einen Topf und eine Herdplatte. Wasser erhitzen, Spaghetti rein, irgendwann Spaghetti herausnehmen. Im Idealfall dann, wenn die Dinger weich genug sind. Falls alles aneinanderklebt und du einen Spaghettiball erschaffen hast, solltest du beim nächsten Mal die Kochzeit reduzieren.

Spaghetti, oder alle anderen Nudelformen, schmecken noch tausendmal besser, wenn sie mit irgendeiner Soße in Kontakt treten. Irgendwas mit Tomaten oder Bolognese. Gibt's im Glas und lässt sich problemlos erhitzen, kann man aber auch selber machen. Genau das ist übrigens das Zauberwort. »Selbstmachen.«

Jeden Dreck gibt's in Dosen, die man einfach nur in die Mikrowelle stellen muss. Beim Essen dann feststellen: Es ist wirklich Dreck. Du wirst zwar nicht verhungern, wenn du solche Produkte in dich hineinstopfst, aber wäre es nicht schön, wenn Essen auch wirklich nach Essen schmeckt und nicht nach Chemiescheiß? Eben!

Gerichte, die du also jetzt schon kochen können müsstest, im Idealfall, ohne dabei die Küche zu überfluten oder die Bude abzufackeln:

Nudeln mit Soße. Kann echt jeder Depp! Sogar dein Papa kriegt es hin, kann also nicht so schwer sein …

Spiegelei auf Brot. Man lege also ein Ei auf ein Stück Brot und beides dann auf einen Spiegel und warte ab, was passiert. Tipp: Geduldig sein!

__Kartoffeln und Bratkartoffeln.__ Letztere werden wiederum nicht gekocht, sondern gebraten. Daher der Name ... Man bediene sich diesbezüglich einer sogenannten Pfanne. Pfannen gibt es nur im Pfannenfachhandel und sind so teuer, dass man höchstens eine davon besitzt. Nur Mark Zuckerberg ist reich genug für zwei.

__Pommes! Pommes! Pommes!__ Man kann sogar Pommes selbst machen, dafür braucht man aber Kartoffeln, die man wiederum schälen und schneiden muss. Dauert alles bis übermorgen. Bis dahin ist man bereits ein ausgehungertes Skelett. Kluge Leute netter Firmen packen daher Pommes bereits »readymade« in Tüten. Man braucht nur noch einen Backofen, eine Fritteuse oder einen Flammenwerfer, und fertig ist ein 1A-Menü, das man problemlos mit Majo und jeder Art von Ketchup, notfalls gehen auch Marmelade oder Nutella, liebevoll verzieren kann.

__Kekse.__ – Ich führe an dieser Stelle nach »kochen« und »braten« noch ein zusätzliches Fachwort ein: »backen«. Sorry für die Überforderung ... Wie das im Detail funktioniert, erklärt dir das Internet oder deine Mutter. Genau wie Kekse kann man auch Muffins backen. Oder Kuchen. Vielleicht sogar ganze Torten. Deiner Kreativität sind jedenfalls keine Grenzen gesetzt. Schokoladenkekse mit Hackfleischfüllung? Schwarzwälder Kirschtorte ganz ohne Kirschen? Erdbeermuffins mit integrierten Fischstäbchenstücken? – Ein idealer Snack für ein erstes Date!

Darüber hinaus gibt es Milliarden anderer Gerichte, die man kochen, braten oder backen kann. Du kannst nicht alle können. Aber es braucht ein gewisses Maß an Übung, um in der Küche zurechtzukommen und sich nicht zu verirren. Schöner Nebeneffekt der Kochsache: Mädchen mögen Jungs, die für sie kochen! Muss nichts Spektakuläres sein. Es braucht also ganz bestimmt keinen »gebeizten Thunfischbauch mit einem Hauch Sternanis, konfiertem Gemüse, Oliven und gerösteten Pinienkernen, verbunden durch eine Olivenvinaigrette«, um glücklich zu werden, allein schon, weil kein Schwein weiß, was Sternanis oder Vinaigrette ist, geschweige denn Gemüse.

2. NÄHEN? ICH BIN DOCH NICHT SCHWUL, EH!

Nee. Bist du nicht. Wahrscheinlich nicht. Aber was hat Nähen mit Schwulsein zu tun? Und selbst wenn es da wirklich eine Verbindung gäbe, wo ist dein Problem? Du wirst doch wohl noch einen verfickten Knopf annähen können. Ja, glaub mir, das geht auch ohne Mama. Und mit Glück und Geschicklichkeit sogar ohne Blut. Was machst du also, wenn auf einmal irgendwo ein Knopf fehlt? Das Hemd in die Tonne kloppen? Es Mama auf den Tisch klatschen? Natürlich wortlos?

Nein – du greifst zu Nadel und Faden. Mehr brauchst du nämlich gar nicht. Na ja, und den Knopf. Wenn du gut bist, fragst du vorher, was du mit diesen drei Zutaten anfangen sollst, bevor du zum Klebstoff greifst. Nähen ist eine Superfähigkeit. Du verbesserst deine Geschicklichkeit und Fingerfertigkeit. Total hilfreich, wenn du irgendwann mal einen BH öffnen musst. Im Laufe der Zeit entwickelst du vielleicht sogar Interesse an der Näherei, und ratzfatz, häkelst du Topflappen und strickst dir deine eigene Unterwäsche. Die du dann wieder auf eBay oder so verticken kannst! Apropos verticken …

3. WAS KANN ICH TUN, WENN ICH PLEITE BIN?

Wahrscheinlich geben dir deine Erzeuger regelmäßig Taschengeld. Ist ja wohl das Mindeste. Bei all den Peinlichkeiten, die sie sich täglich gönnen, sollte es selbstverständlich sein, dass sie dich zum Ausgleich dafür bezahlen. Komischerweise ist dein Leben aber viel teurer, und dein »Gehalt« ist deutlich zu mager für all die Dinge, die du eigentlich gerne hättest, für die aber a) das Taschengeld nicht reicht und b) deine Eltern nicht bezahlen wollen. Es wird dich erstaunen, jedoch gibt es eine ziemlich interessante Art, um an Kohle zu kommen. Klar, du kannst 'ne Bäckerei überfallen. Was aber ziemlich illegal wäre.

Stattdessen – schon mal an Arbeiten gedacht? Seit Jahrtausenden gibt es das Ritual, demnach Leute ihre Arbeitskraft einsetzen, um dafür Geld zu bekommen. Ein System, das funktioniert und an dem du dich problemlos beteiligen darfst! Bereits mit 13 Jahren dürfen Jugendliche nämlich Jobs annehmen. In vielen Fällen wird man dir trotzdem sagen: »Hau ab, bei uns geht's erst ab 16.«

EINEN Vollzeitjob hast du bereits: Schule. Allerdings kommen die Lehrer am Monatsende nicht mit Geldscheinen rüber, was echt unfair ist: Lehrer werden bezahlt, du nicht. Irgendwie nicht in Ordnung. Welche Möglichkeiten bleiben also für dich übrig? Die Auswahl hält sich in Grenzen, aber wer weiß …

Nachhilfe geben: Ein absoluter Klassiker. Macht aber nur Sinn, wenn du wenigstens in einem Fach (und nein, ich meine nicht Sport) wirklich etwas auf dem Kasten hast. Was spricht dagegen, einem Fünftklässler Nachhilfe in Englisch zu geben? Müsstest du eigentlich hinkriegen … Noch besser natürlich: ein 14-jähriges, hübsches Mädchen, das Probleme hat beim French Kissing. Schätze mal, hier würdest du auch ohne Bezahlung gerne weiterhelfen …

Nachbarschaftshilfe: In deiner Gegend wohnen vielleicht ältere Leute, die mit ihrem Garten nicht mehr klarkommen? Geh vorbei, klingle und biete an, dich darum zu kümmern. Tipp: Bei den blühenden Dingern handelt es sich um sogenannte Blumen, nicht um Unkraut. Tipp 2: Die großen Teile mit dem braunen Stamm sind Bäume. Stehen lassen!

Babysitting: Häufig ein Mädchenjob, da viele Eltern Jungs nicht zutrauen, sich um die plärrenden Blagen kümmern zu können. Womit sie meistens richtig liegen, allein schon, weil dein brillanter pädagogischer Ansatz zum Kleine-Kinder-Ruhigstellen aus _Resident Evil_, _Mortal Kombat_ oder _World of Warcraft_ besteht, was viele Eltern allerdings als nicht so genial ansehen.

Tiersitting: Deutlich angenehmer. Kann echt Spaß machen, wenn man mit einem Hund oder einer Schildkröte Gassi geht und dabei auch noch Unmengen an Kohle scheffelt. Ein erster Schritt auf dem langen Weg zum Milliardär.

Selbstvermarktung: Baue dich selbst zum Influencer auf und verdiene Geld mit Klicks. Klingt aber einfacher, als es ist. Oder öle dich mit Frittierfett ein und poste das Bildmaterial auf allen Kanälen, die sich finden lassen. Du wirst sehen: Irgendwer zahlt bestimmt dafür. Dafür, dass du mit dem Scheiß aufhörst …

Betteln: Ziehe deine hässlichsten Klamotten an und setze dich mit todtraurigem Gesicht an eine beliebige Straßenecke. Notfalls geht auch der Schulhof. Hab einen Hut dabei und einen Zettel mit der Aufschrift: »Sexy Boy braucht dringend Hilfe« oder »Meine Eltern haben mich ausgesetzt«. Kommt supergut, wenn die Polizei dich dann wieder bei Mama und Papa absetzt, in Begleitung einiger Leute vom Jugendamt.

Flohmarkt: Du glaubst wahrscheinlich, dass du nur wertlosen Schrott besitzt. Und was ist mit deiner Kondomsammlung? Deinem selbst gebauten Vogelhäuschen, in das sich noch nie ein Vogel

getraut hat? Deinen Schulbüchern? Vielleicht gibt es Menschen, die sich gerade dafür interessieren – und sogar Geld dafür bezahlen würden. Vielleicht gibt's in deiner Umgebung einen regelmäßig stattfindenden Flohmarkt. Versuche doch mal, einen Stand zu ergattern, und miste dein Zimmer von vorne bis hinten aus. Videospiele, die du eh nicht mehr spielst. Klamotten, die du niemals wieder tragen willst. Bücher, für die du zu alt bist oder die schon immer blöd waren. Unterwäsche, aus denen der sympathische Braunschleier nicht mehr ganz raus geht, die ansonsten aber noch top in Ordnung ist. Oder Mamas geerbtes Porzellanset von Tante Hildegard. Papas Werkzeugkasten. Alles muss raus! Zögere nicht und werde zum Verkäufer. Falls kein Flohmarkt: eBay. Falls auch kein eBay – nimm den ganzen Plunder einfach mit in die Schule und verscherble den Kram im Lehrerzimmer. Bedenke: Lehrer werden beschissen bezahlt, sind also ziemlich arm, und sind immer dankbar für günstige, gut erhaltene Artikel aus Teenagerhänden.

Werbeflyer austragen: Aber nur als absolute Notlösung! Miserables Payment, aber immerhin lernst du deine Umgebung kennen, auch bei Hagel, Schnee und Sturm. Außerdem schließt du Bekanntschaft mit vielen netten Kampfhunden, die speziell ausgebildet sind, um männlichen Postbotenersatzgestalten wie dir in die Hoden zu springen.

4. KANN ICH EINFACH SO MIT FREMDEN REDEN?

Als Kind lernst du vielleicht: »Steig niemals bei Fremden ins Auto.« Oder: »Nimm von Fremden keine Süßigkeiten an.« Oder: »Kotze bei Fremden nicht in den Garten.« Ohne Zweifel, gute Hinweise! Als Fremde bezeichnet man Leute, die man nicht kennt. Okay, die meisten will man vielleicht auch gar nicht kennen. Kann trotzdem nicht schaden, wenn man keinen Schiss hat, mit solchen »Strange people« ins Gespräch zu kommen, und sei es nur, um nach dem Weg zu fragen. Keine Sorge – nur in sehr wenigen Fällen kommt es vor, dass Fremde dir direkt in die Fresse hauen. Im Gegenteil – Menschen sind naturgemäß freundliche Wesen. Wenn man ihnen freundlich begegnet, begegnen sie einem auch freundlich. Bist du gezwungen, mit Fremden zu reden, z.B. bei einer Familienfeier, wo du die Hälfte der Anwesenden nicht kennst, hilft Small-Talk weiter. Übers Wetter geht immer. Klingt spießig, ist spießig, macht's aber leichter.

Schwieriger wird es aber, wenn du ein fremdes Mädchen anquatschen willst. Hier ist ein lockeres »Ziemlich kalt für diese Jahreszeit, oder?« eher nicht so angebracht. Weil einfach uncool. Gehe einfach auf diese süße Maus zu, die du schon länger im Auge hattest, und frage sie nach ihrer Handynummer. Warte allerdings, bis sie allein ist, also nicht von ihren Freundinnen umzingelt ist. Und vermeide dämliche Anmachsprüche. Also nicht: »Ich hab meine Nummer verloren. Kann ich deine haben?« Vielmehr: »Du, ich hab dich beobachtet und finde dich einfach superhübsch und würde dich gerne kennenlernen. Magst du mir vielleicht deine Nummer ...« Mit etwas Glück (und wenn sie keinen Freund hat) lächelt sie und gibt dir Zahlen. Mit noch mehr Glück sogar die richtigen ... Ich gebe zu: Ein absolut unbekanntes Mädchen anzusprechen ist nicht leicht. Aber: Was soll schon schiefgehen? Mehr als probieren kannst du's nicht. Und wenn sie »Nein« sagt, oder »Leck mich«, dann hat SIE eben Pech gehabt! Dumm gelaufen, Baby!

5. WO BIN ICH, UND WENN JA, WIESO?

Erstens: Die Sonne geht im Norden auf, wie du sicherlich weißt.

Zweitens: Stimmt gar nicht, du Dödel! Die Sonne kriegt ihren Ständer immer im Osten. Wenigstens Himmelsrichtungen solltest du beherrschen können. So viele gibt es schließlich gar nicht davon, ungefähr drei oder so. Falls du nachts klarkommen willst, ist eine Orientierung mithilfe der Sterne möglich, aber, zugegeben, das ist eher eine Sache für Fortgeschrittene. Meistens hast du eh eine Karte: Oben ist Norden, unten Süden. Immer! Gehst du in Richtung untergehende Sonne, bewegst du dich nach Westen. Oder, für Blöde, nach rechts. Wenn du dich irgendwo nicht auskennst, arbeitest du wahrscheinlich nach der GoogleMaps-Methode. Eine Online-Karte also, die dir sagt, wo du lang musst.

Was aber machst du, oh mein Gott, wenn du kein Handy dabeihast oder der Akku leer ist? Dich auf den Bürgersteig setzen und heulen oder stundenlang wie ein Irrer planlos durch die Gegend latschen? Natürlich nicht! Du bist schließlich ein Mann, der selbst in der Sahara genau wüsste, wo der Ausgang ist. Falls nicht: Du bist ein Mann, der einfach jemanden fragt. Ja! Krasse Kiste! Funktioniert aber erstaunlich gut. Hierzu braucht es aber a) den Mut, fremde Leute anzuquatschen, und b) die Fähigkeit, ihnen dann auch zuzuhören, egal, wie kompliziert diese Leute sich ausdrücken. Zum Beispiel: »Also, hier vorne geradeaus bis zur Bismarckstraße, dann nach Westen bis zur zweiten Ampel, dann links und um die Kurve bis zur nördlichen Querstraße. Ab dort noch zweimal links, dann rechts auf die Hauptstraße, und dann bist du da. Dauert keine fünf Minuten.«

Tipp: Mit dem Jammern anfangen!

Es ist wichtig, sich in einer fremden Umgebung orientieren zu können. Irgendwann wirst du nämlich nicht mehr bei Mama und Papa leben, sondern vielleicht in einer eigenen Wohnung in einer total anderen Stadt. Ist zwar noch lange hin, aber wenn es so weit ist, wäre es gut zu wissen, wie man von A nach B kommt und wie weit es ist und ob man einen Bus oder so nehmen kann oder soll und wie teuer der Spaß wird. Notfalls, egal, wo du bist: zu Hause anrufen und warten, bis deine Eltern dich abholen.

6. ICH SOLL VOR PUBLIKUM EINE REDE HALTEN?

Oh ja! Und zwar eine gute! Solltest du von der Schule her bereits kennen. In Schulen nennt man so was »Referat« und ist allgemein ein Hassthema. Oder stehst du etwa gern vor Mitschülern und schnatterst sie voll mit aus Wikipedia ausgedruckten Ergüssen zum Thema »Französische Revolution«? Kann natürlich auch sein, dass du eine richtige Rampensau bist und absolut darauf abfährst, vor Publikum zu sprechen. Wie dem auch sei, es gibt einige Dinge, die du beachten solltest, damit deine Zuhörer a) nicht einpennen oder b) dich nicht mit rohem Gemüse bewerfen. Im Idealfall ist deine Rede (oder dein Referat) nämlich dermaßen geil, dass du am Ende sogar Applaus bekommst, und zwar ehrlichen Applaus, also nicht das dahingerotzte Klopfen auf Schultische.

Kenn dich aus: Wenn du keinen blassen Dunst vom Thema hast, wird es dir nie gelingen, überzeugend zu reden. Wahrscheinlich stotterst du dann dämlich herum und langweilst deine Zuhörer zu Tode. Sei also vorbereitet.

Deine Rede hat immer Einleitung, Hauptteil, Schluss. Die Einleitung beginnst du mit: »Heute erzähle ich euch mal was über den Ersten Weltkrieg.« Echt? Nein. So ein Einstieg ist unterirdisch. Sei kreativer. Vielleicht gibt's ein cooles Zitat zum Thema? Oder irgendwelche Fakten, die tatsächlich interessant sind? So zum Beispiel: »20 Millionen Tote. Doppelt so viele Menschen, wie heute in New York leben. Und alles begann mit einem Attentat. Willkommen zum Ersten Weltkrieg, meine Damen und Herren.«

Klingt doch schon mal besser, oder? Und so was kannst du bei jedem Thema bringen. Wobei du bei einem Referat über das Paarungsverhalten der Feldhasen vielleicht auf Opferzahlen verzichten solltest.

Ist die Einleitung geschafft, geht's in den Hauptteil. Hier kannst du dein gesamtes Wissen schön strukturiert unters Volk werfen.

Und zum Schluss kommst du, voll überraschend, zum Schluss: »Alles in allem ist also klar geworden, dass der Erste Weltkrieg für alle Beteiligten ein ganz schöner Haufen gequirlter Scheiße war.« Oder so ähnlich.

Rede laut. Auch wenn du keine Lust hast. Stell dir vor, in der letzten Reihe sitzt eine 100-jährige Oma mit kaputtem Hörgerät. Auch sie will dich noch hören können. Rede außerdem nicht zu schnell. Und nicht zu langsam. Normales Tempo also.

Nicht ablesen. – Du weißt doch, wie das bei Referaten abläuft: Da wird irgendwas von irgendwo ausgedruckt und dann morgens vor der Klasse abgelesen. Ist langweilig, erbärmlich schlecht und macht niemandem Spaß, dir als Redner schon mal gar nicht. Du solltest daher immer versuchen, frei zu sprechen. Karteikarten mit Notizen sind dabei völlig in Ordnung. Es soll sogar Jungs geben, die bei Dates mit Mädchen solche Kärtchen dabeihaben … mit Themen drauf, über die man sprechen kann … Hierzu mein kluger Hinweis: Schwachsinn! Solche Sachen schreibt man auf die Handfläche …

Blickkontakt halten: Ja! Schau die Nasen an, die vor dir sitzen. Guck nicht auf den Boden. Du musst dich nicht schämen. Du bist toll. Du weißt, wovon du redest. Du bist erste Sahne vorbereitet und findest es klasse, vor der Klasse zu stehen. Musst du dir immer und immer wieder einreden. Falls du trotzdem Schiss hast: Stell dir einfach deine Mitschüler nackt vor. Auch die Jungs. Und die Mädchen. Nicht aber deinen Lehrer. Mit Lachkrämpfen sind Referate nämlich ziemlich schwierig …

Generalprobe machen: Halte deine Rede vor Freunden. Oder deiner Familie. Wenn Freunde oder Familie kein Interesse haben, stell dich einfach auf den Marktplatz und brülle dein Wissen in die Welt hinaus. Nicht vergessen: einen Hut dabeihaben für die Unmengen an Kleingeld, die dir entgegengeflogen kommen …

7. MUSS MEIN FAHRRAD AUF DEN SCHROTTPLATZ?

Kommt drauf an. Wenn einfach nur der Reifen platt ist, probiere einen alten Trick, den heutzutage kaum noch jemand beherrscht: Nimm eine Luftpumpe und pumpe das Ding wieder auf. Ist zwar anstrengend wie Sau, könnte aber helfen. Kommt diese blöde Luft nun auf die freche Idee, einfach wieder abzuhauen, musst du den Reifen flicken, besser gesagt den Schlauch. Bedenke: Flicken und Ficken sind total unterschiedliche Tätigkeiten. Das eine macht Spaß, und das andere ist Ficken.

Keine Sorge – einen Reifen flicken ist kinderleicht. Du nimmst einfach Tesafilm, rollst die Rolle stundenlang um den Reifen, pumpst dann Luft rein – und fertig. Hält aber nicht besonders lange. Wie man richtig flickt, erfährst du auf YouTube. Oder von Papa. Wenn du dich übrigens clever genug anstellst, übernimmt er den Job, weil er es a) besser weiß, sagt er zumindest, und b) gerne zeigt, wie toll er ist. Natürlich ganz ohne Bezahlung und mit dem netten Nebeneffekt, dass du währenddessen seine Flüche und Wutausbrüche genießen kannst, wenn er z.B. nicht in der Lage ist, eine Schraube zu lösen. Herrlich! Ist wie Kino!

Was aber machst du, wenn du überhaupt kein Fahrrad besitzt, das du flicken könntest? Hm. Klau eins! Bohre ein Loch in den Reifen. Am besten in beide. Freue dich, wenn das Ding platt wird. Und dann – Action!

Tipp: Vergiss nicht, das Rad nach getaner Arbeit wieder zurückzustellen. Warte, bis der Besitzer kommt. Teile ihm mit, dass du das Gefährt repariert hast, halte die Hand auf und freue dich, wenn er Geldscheine hineinlegt …

8. WAS SOLLTE ICH BAUEN KÖNNEN?

Mist natürlich. Darin bist du doch Weltmeister. Kannst aber auch etwas Richtiges herstellen, z.B. ein Vogelhaus, ein Bett, einen neuen Schreibtisch, einen Katzenkratzbaum, ein Regal oder meinetwegen auch ein Auto. Viele Mädchen finden Typen ziemlich toll, die handwerklich begabt sind. Zeugt von Männlichkeit und kommt gut an! In deinem Alter solltest du also Basiswissen draufhaben und die wesentlichen Unterschiede zwischen Hammer, Säge, Kneifzange, Schraubenzieher und Presslufthammer wenigstens einigermaßen beherrschen.

Ihr habt einen Garten, in den sich hin und wieder ein Vogel verirrt? Sei ein guter Mensch und baue den Federviechern für klebrig-heiße Tage ein Vogelbad. Auch Vögel wollen sich schließlich hin und wieder mal erfrischen! Hierzu musst du lediglich das Waschbecken in der Küche ab- und im Garten wiederaufbauen. Supereasy! Da werden deine Eltern aber happy sein, dass du was für die Umwelt tust! Oder du bist der Meinung, dass du einen neuen Rucksack für die Schule brauchst? Könnte man kaufen, klar. Kann man aber auch mit ein paar zusammengeschnittenen Holzlatten problemlos selbst konstruieren. Du wirst sehen: In der Klasse stehst du ziemlich schnell im Mittelpunkt mit solch einer vogelkastenartigen Konstruktion aus Kiefernholz.

9. SACHEN REPA-WAS?

Ja! Es ist schon irre, aber man kann, wenn man sich nicht allzu blöd anstellt, einige kaputte Dinge tatsächlich wieder heile machen. Wenn in einer Lampe die Glühbirne nicht mehr leuchtet, wirfst du doch normalerweise auch nicht gleich das ganze

Zimmer raus. Du wechselst die Glühbirne. Oder bittest Papa, diese erschreckend schwere Aufgabe für dich zu übernehmen, da du mit Chillen beschäftigt bist. Bei »Birne reinschrauben« handelt es sich um eine Unterart des Reparierens, denn eigentlich machst du die Lampe nur wieder vollständig. Über das Flicken des Fahrrads haben wir schon gesprochen. Was aber machst du, wenn bei Papas Auto die Bremsen nicht mehr funktionieren? Richtig: Bewaffnet mit Hammer, Nagel und Nagelfeile gehst du das Problem an – und löst es! Gut, das Autobeispiel ist zu hart. Aber einen Radiowecker reparieren? Kannst du wenigstens ausprobieren. Schraub mal auf, das Ding, und schau dir den ganzen Technikkram im Inneren an.

Tipp: Elektrogeräte können ganz schön tödlich sein. Vor allem, wenn das Kabel noch in der Steckdose steckt, was ein echtes Problem sein könnte: Wissenschaftler haben nämlich erst kürzlich herausgefunden, dass sich in diesen Steckdosen Strom befindet. Strom wiederum kann dich killen.

Tipp 2: Lasse parallel zum Reparaturvorhaben ein YouTube-Video laufen, wo dir irgendein Superhandwerkstechnikgenie zu erklären versucht, was du tun musst. NACHDEM du den Stecker gezogen hast … Vielleicht klappts ja sogar! Bei eurem Toaster springt der Toast nicht mehr raus? Oder er hüpft auf einmal links zur Seite? Oder er springt so stark, dass er die Zimmerdecke durchschlägt? – Ein durchaus lösbares Problem! Die elektrische Zahnbürste bürstet nur noch, wenn sie Lust hat? Schau dir mal das Kabel an – und wieder mal ein Video zum Thema.

Wer Dinge reparieren kann, spart a) Geld, und b) tut sogar noch was für die Umwelt. Nicht jeder kaputte Kack muss gleich neu gekauft werden. Manchmal braucht es nur ein Paar männlicher Hände – deine nämlich. Dinge reparieren trainiert außerdem deine Selbstbeherrschung! Wenn du stundenlang am Toaster herumschraubst und das Ding am Ende gar nicht mehr toastet, dafür aber Musik spielt, solltest du die Maschine auf keinen Fall gegen die Wand ballern, sondern tief durchatmen und den unerwarteten Melodien lauschen.

10. WASCHEN? NEIN DANKE.

Dass du dich selbst waschen können solltest, ist hoffentlich klar. Aber hier geht's um deine Klamotten. Lass mich raten: Mama kümmert sich um den Kram, richtig? Und jetzt erklär mir doch mal, warum du deine Hosen und Hemden und Socken nicht selbst in die Maschine werfen kannst. Okay – das bekommst du vielleicht noch gerade hin. Aber den Rest, vom Maschine-Einschalten über In-den-Trockner-Werfen bis hin zum Bügeln lässt du lieber sein. Typisch Mann. Natürlich hältst du Waschen für »Frauenscheiß«. Genau wie Tischdecken. Oder die Spülmaschine einräumen. Stimmt natürlich: Männer kümmern sich um die wirklich wichtigen Dinge: Hair-Styling und *Grand Theft Auto*. Hausarbeit ist Sklavenarbeit, absoluter Dünnschiss. Muss aber halt erledigt werden, sonst lebst du binnen weniger Wochen auf einer Müllkippe. Und, mal im Ernst, deine Eltern kriegen den Kram doch auch geschissen.

Eine Waschmaschine zum Beispiel ist kein magisches Monstrum, das nur dank mütterlicher Hände an- und ausgeht. Ganz im Gegenteil: Eine solche Maschine freut sich einen Keks, wenn sie von deinen harten Männerhänden beknetet wird. Meistens musst du gerade mal zwei oder drei Knöpfe drücken oder irgendwelche

Räder nach links oder rechts drehen, und schon springt das Ding an. Tipp: Vorher die Tür schließen! Zweiter Tipp: Vor dem Türschließen nachschauen, ob sich die Katze vielleicht in der Trommel versteckt hat. Dritter Tipp: Wenn ja – Maschine anmachen. Katzen stehen bekanntlich total drauf, eine Stunde lang bei 60 Grad gedreht zu werden …

Falls du das Waschen irgendwie geschafft und sogar noch den Trockner korrekt bedient hast, kannst du deine Klamotten wieder in dein Zimmer tragen und ordnungsgemäß in den Schrank legen. Hemden oder Pullover müssten allerdings gebügelt werden … ein echter Drecksjob. Aber du hast bislang wirklich gut gearbeitet: Das Bügeln darf also gerne Mama erledigen. Sonst beginnt sie noch, sich zu langweilen. Falls du 'ne Freundin hast: Auch sie wird sich bestimmt freuen, wenn du bei so was an sie denkst!

Insgesamt gilt: Hausarbeit (genau wie Hausaufgaben) macht vielleicht nicht immer Spaß (eigentlich so gut wie nie), ist aber trotzdem eine gute Sache.

Weil sie eben notwendig ist.

Weil sie Extra-Taschengeld bringt. Wäre zumindest theoretisch denkbar. Und wenn's halt doch keine Kohle gibt, hast du wenigstens was gelernt.

Tipp: Falls deine Eltern der Meinung sind, dass du neben deinen anderen häuslichen Tätigkeiten auch noch das Klo putzen sollst, erzähle ihnen von dem Mount Everest von Hausaufgaben, der vor dir liegt, und weise freundlich, aber bestimmt darauf hin, dass dir deine Schulbildung wichtiger ist als die paar Pissflecken auf der Wand.

11. NEIN-SAGEN IST 'NE FÄHIGKEIT?

Nein-Sagen ist sogar eine ziemlich wichtige Fähigkeit. Deine Eltern haben sie bereits ziemlich perfektioniert. »Darf ich heute Nacht bis drei Uhr auf die Party?«, »Kann ich mehr Taschengeld haben?«, »Darf ich den Hund auf eBay reinstellen?«, »Was dagegen, wenn ich mal kurz das Auto nehme und Kippen kaufe?« – Auf all diese Fragen hörst du wahrscheinlich »Nein«. Geflüstert, gebrüllt, gefleht … in allen möglichen Variationen.

Das Wörtchen »Nein« kann, auch wenn diese Beispiele nicht sehr positiv für dich sind, dein Leben unglaublich bereichern. Nehmen wir ein Beispiel: Dein bester Freund will am Wochenende irgendwas unternehmen, worauf du absolut keinen Bock hast. Aber natürlich sagst du trotzdem Ja. Weil er eben dein bester Freund ist und weil du Angst hast, dass ein »Nein« dich unbeliebt macht. Dass du dann bald überhaupt keine Freunde mehr hast und ganz allein bist. Außerdem ist ein »Ja« tausendmal einfacher, denn damit gehst du Streit konsequent aus dem Weg. Aber diese Wochenendsache … sie geht dir echt gegen den Strich. Du willst einfach nicht mit ihm in den Puff gehen. Willst stattdessen was anderes machen. Und sei es nur den ganzen Tag Videospiele mit viel Splatter spielen und Zombies töten, wozu du schon ewig keine Zeit mehr gefunden hast. Natürlich könntest du deinen Kumpel anlügen, irgendeine Story erfinden, nur, um aus der Veranstaltung rauszukommen. Guter Stil ist das aber nicht gerade. Besser wäre ein ganz ehrliches Nein. Nein, ich kann dann nicht. Nein, sorry, ich hab darauf einfach keine Lust.

Vielleicht hast du nach so einem Nein Schuldgefühle. Damit musst du leben. Dafür gewinnst du aber auch: Nämlich a) Respekt, Neinsager zeigen nämlich, dass sie eine eigene Meinung haben, und b) Zeit für dich. Und damit c) Zufriedenheit. Glaub mir: Du darfst gerne mal ein Egoist sein. Daran ist nichts Schlimmes. Allerdings solltest du dich nicht zu sehr an Nein gewöhnen. Auf die Bitte deiner Mutter, mal eben den Müll rauszutragen … die Frage eines Mädchens, an dem du schon seit Ewigkeiten interessiert bist, ob du rummachen willst … das Angebot von Mark Zuckerberg, ob er dir 'ne Milliarde schenken darf … In all diesen Fällen solltest du dir sehr genau überlegen, ob Nein die richtige Vokabel ist.

12. ORGANISIEREN?
KLINGT STRESSIG ...

Dein Leben ist hart. Manchmal sogar knüppelhart. Arbeit ohne Ende, und das meiste hat mit Schule zu tun. Hausaufgaben, Vorbereitungen auf Prüfungen, Referatsplanungen. Nichts als Stress. Und drum herum noch Freizeit. Verein. Freunde treffen. Party machen. Dann Eltern: Tu dies und tu das und morgen gehst du gefälligst zum Friseur. Außerdem sollst du noch deine Bude aufräumen, Oma beim Einkaufen helfen. Und zwischendurch willst du vielleicht auch noch mit irgendeinem Mädchen abhängen. Ach ja, schlafen und essen wäre zwischendurch auch mal nett. Blöderweise hat der Tag nur 24 Stunden. Du kannst dich noch so anstrengen – das Ding lässt sich einfach nicht strecken. Darum ist es wirklich wichtig, deinen Alltag zu managen, und zwar mit Sinn.

Kommt es vor, dass du z.B. Dienstag ganz erstaunt feststellst, dass am Mittwoch Mathe geschrieben wird und du, natürlich, noch keinen Schiss dafür getan hast? Und Dienstag liegt blöderweise auch noch ein anderer superwichtiger Termin? Zum Lernen also bleibt null Zeit, außer, du verzichtest auf dein Bett.

Jetzt die gute Nachricht: Durch eine vernünftige Organisation, ein kluges Zeitmanagement, lassen sich solche Sachen besser regeln. Leg dir einen Wochenplan an. Teile jeden Tag in 24 Stunden. Schreib in die einzelnen Stundenspalten, was du tust oder tun willst. Tipp: Klobesuche nur aufschreiben, wenn du zur Gruppe der Stundenkacker gehörst. Überlege dir, wie du die Woche klug gestalten kannst. Warum fängst du nicht schon Sonntag mit den Mathevorbereitungen an, wenn du doch genau weißt, dass die Tage danach voll wie Hulle sind? Klar, du hast vielleicht keinen Bock. Aber wenn du dich frühzeitig um solche Probleme kümmerst, vermeidest du Stress und hast mehr Zeit zum Wichsen! Wenn dir ein Wochenplan zu doof ist, versuche es wenigstens mit To-do-Listen. Gehirne lieben Listen, kein Scherz.

Und streiche dann nach und nach alles durch, was erledigt werden sollte. Abends kannst du dann hundemüde auf deinen Zettel starren und ziemlich stolz um die Ecke grinsen!

13. ABSCHALTEN!

Alles, was an technischem Kram um dich herumfliegt! Handy. Computer. Fernseher. Weg mit dem Ballast! Schalt weg, schalt ab. Leb mal wieder im Off. Du wirst sehen: Du kannst ohne Probleme weiter atmen. Die Welt dreht sich nach wie vor, nichts geht kaputt, der Planet wird nicht von Erdbeben zerstört oder von Zombieherden überrannt. Aber auf Off gehen ist bestimmt nicht immer einfach. Ziemlich brutal sogar. Du willst ja schließlich in Kontakt bleiben. Willst irgendwas posten oder schreiben oder doch wenigstens sehen, was andere Leute so zu sagen oder zu zeigen haben. Andererseits: Es gibt viele Leute in deinem Alter, denen das alles manchmal einfach »too much« wird. Sagen sie aber meistens nicht. Weil sie vielleicht denken, irgendwie unlässig rüberzukommen. Vielleicht gehörst du ja auch dazu, keine Ahnung. Hausaufgaben machen und dabei dauernd auf WhatsApp starren? Eigentlich nur ein Buch lesen wollen, aber immer wieder von irgendeinem Pling-Sound abgelenkt werden? Kann nicht gut sein. Geht tierisch aufn Sack. Und auf sämtliche Eier. Die einzige Lösung ist und bleibt also: Ausschalten. Wenigstens mal für eine Stunde. Glaub mir, du wirst nichts verpassen! Wirklich nichts! Aber Off-Sein erfordert trotzdem etwas Mut. Du musst einfach nur wollen. Zwinge dich notfalls oder lenke dich anderweitig ab. Mit Mathehausaufgaben, Marshmallow-Grillen oder einer gepflegten Masturbation.

Hinweis: Off-Sein ist nicht gleichbedeutend mit Tot-Sein. Tot-Sein ist schlimmer und vor allem – länger!

14. IRGENDWAS GUT KÖNNEN

Du kannst bestimmt sagenhaft viel! Aber gibt's auch irgendwas, worin du richtig gut bist? Also richtig, richtig gut? Wahrscheinlich sagst du: Ich kann gar nichts gut und bin in allem gleich scheiße. Stimmt aber nicht: Es muss etwas geben, was du besser kannst als andere. Kopfrechnen? Fußballspielen? Kochen?

Wissenschaftler haben mal herausgefunden, dass man zehn Jahre am Stück und pro Jahr 10.000 Stunden an etwas üben oder arbeiten soll – dann kann man sich als absoluten Megaexperten bezeichnen. Wenn du also mit vier Jahren mit »Fernsehen« angefangen hast, die Sache mit Tausenden von Stunden bis heute durchgezogen hast, dann bist du ein Profi! Herzlichen Glückwunsch! Alle anderen sind im Vergleich zu dir Nullnummern und Schwachmaten. Trotzdem wäre eine andere Fähigkeit vielleicht sinnvoller. Was magst du besonders gern? Irgendeine Sportart? Ein Musikinstrument? Malen, Zeichnen, Lesen, Rechnen, Flirten, Bauen, Basteln, Häkeln, Stricken, Ficken? Du hast den Eindruck »Joah, eigentlich bin ich darin gar nicht schlecht«? Dann arbeite daran, besser zu werden. Besser und immer besser. Ein Stürmer hört schließlich auch nicht auf mit dem Training, nur weil er in der letzten Saison 100 Tore geschossen hat. Er ruht sich nicht aus. Er will mehr. Mehr und mehr und mehr. Von Sportlern lernen heißt also: siegen lernen!

KAPITEL 9

YES, YOU DRINK:

WAS DU UNBEDINGT ÜBER ALKOHOL WISSEN SOLLTEST

Sich besaufen gehört nicht gerade zu den Dingen, die du als 14-Jähriger unbedingt können musst. Aber es ist trotzdem gut, wenn du dich etwas näher mit dem Thema beschäftigst, denn früher oder später wirst du mit Alkohol in Kontakt kommen ... und mit ziemlicher Sicherheit hast du ihn sogar schon kennengelernt ... Fragt sich bloß, ob du dich noch dran erinnern kannst ...

1. MACHT ALKOHOL EIGENTLICH SÜCHTIG?

Aber selbstverständlich. Alkohol ist eine Droge, genau wie Kokain oder Heroin. Genau wie Kaffee. Kaffee gehört, wie eben auch Alkohol, zu den sogenannten »legalen Drogen«. Wissenschaftler, die sich mit Alkohol beschäftigen, also Alkohologen, haben längst herausgefunden, dass Alkohol, ob Bier oder Red Bull Wodka, ob Wein oder Weinschorle oder Omas Eierlikör, sich auf das Gehirn auswirkt und dabei Glückshormone freisetzt. Je mehr man also säuft, umso glücklicher ist man? Nicht wirklich. Je mehr man säuft, umso besoffener wird man. Und wenn man irgendwann aufwacht und unbedingt eine Flasche Bier braucht, hat man sich zum Alkoholiker entwickelt. Diese Entwicklung ist allerdings nicht ratsam. Woran du erkennst, dass du zu viel Alkohol trinkst? Ganz einfach: Hast du morgens einen Schädel vom letzten Abend und trotzdem tierisch Bock auf Schnaps? Pfeifst du dir vor der Mathestunde noch mal eben einen Jägermeister rein, natürlich nur zur Entspannung und um besser denken zu können? Findest du es geil, wie ein komatöser Irrer durch die Gegend zu torkeln und dabei in Grunzlauten zu reden? Herzlichen Glückwunsch – dann bist du süchtig.

2. DARF ICH ÜBERHAUPT ALKOHOL TRINKEN?

Grundregel: Unter 14 geht gar nicht. Nicht mal Eierlikör. Über 18 geht alles. Und zwar literweise. Dazwischen gibt's verschiedene Regelungen: Bier, Wein oder Sekt (also Mädchenalkohol) ist ab 16 erlaubt. »Kein Alkohol unter 16« findest du als Hinweis in manchen Supermärkten. Woher aber wissen schlaue Kassiererinnen, wie alt du bist? Hm ... schwierig. A) Sie schauen dich an. Wenn das nicht hilft: B) Sie fragen nach deinem Ausweis. Hast du keinen, hast du Pech gehabt und gehst ohne Bier nach Hause. Das Prinzip »Kein Alk unter 16« gilt auch für Kneipen und Restaurants – deine Eltern können allerdings dem Wirt erlauben, dir trotzdem was hinzustellen. Allerdings gibt es nicht besonders viele Erzeuger, die derartig drauf sind. Mach dir nichts draus: Auch, wenn dir manchmal erzählt wird, wie cool Alkohol ist – soooo cool, wie du vielleicht denkst, ist das Zeug dann allerdings doch wieder nicht. Genaueres erfährst du in den folgenden Kapiteln ...

3. WAS HABEN KATZEN MIT SAUFEN ZU TUN?

Wenn du vielleicht demnächst mal auf einer Party mit heftigerem Zeugs in Berührung kommst, du dir also bewusst oder unbewusst die Birne dichtknallst, bekommst du mit etwas Pech am nächsten Morgen Besuch von einem Kater. Dieser ist in deinen Kopf eingezogen, weigert sich aber zu schnurren. Stattdessen: Hämmern! Wildes, brutales Hämmern! Ein weiterer Kater hat es sich in deinem Magen gemütlich gemacht. Und beide haben sie Durst und verlangen Wasser, Wasser, Wasser. Fühlst du dich also morgens nach einer Party komplett scheiße und willst einfach nur in Ruhe über der Kloschüssel hängen, weißt du, dass du es übertrieben hast. Was lernen wir also daraus? Richtig: bei der nächsten Party noch mehr saufen, um dem Kater von Anfang an zu zeigen, wo der Hammer hängt. Dieser blöde Wicht soll sich mal gepflegt verpissen bzw. gar nicht erst auftauchen.

Oder aber anderer Tipp: WENIGER trinken. Weniger trinken führt zu weniger Presslufthämmern in der Glocke, zu weniger Magenstress und insgesamt zu deutlich besserer Laune am nächsten Morgen.

Weiterer Tipp: Wer gar nicht trinkt, kann nie einen Kater bekommen. Was wiederum schade ist, denn bestimmt bist du ein Tierfreund und willst notleidende Katzenviecher gerne unterstützen, richtig?

4. FINDEN MÄDCHEN MICH TOLLER, WENN ICH TRINKE?

Aber hundertprozentig. Du bist voll der Star, wenn du dir die Birne lötest. Richtig anziehend kommst du vor allem rüber, wenn du in Anwesenheit von Mädchen herumreiherst. Kommt supergut und zeigt der Welt, wie viel Klasse und Stil du hast.

Also, im Ernst: Lange Antwort: Nein. Kurze Antwort: Nö.

Alkohol macht dich nie und nimmer zu einem Mädchenschwarm, eher zu einem Trottel. Trotzdem ist die Gleichung »viel Saufen = viel cool« bei Jungs weit verbreitet. Nach dem Motto: »Wenn ich saufen kann, bis der Arzt kommt, beweise ich den Mädels, dass ich ein richtig harter Typ bin.« Komplettes Dummdenken! Bestimmt haben die meisten Mädchen kein Problem damit, wenn du trinkst – aber, wenn nur noch lallende Geräusche aus deinem Mund kommen und du zum Geradestehen unbedingt die Hilfe einer Wand brauchst, ist das einfach nur peinlich. Du bist dann nichts anderes als eine traurige Gestalt, über die man sich wunderbar lustig machen kann. Saufen und Männlichkeit haben nichts miteinander zu tun. Echt nicht.

5. KANN ICH VON ALKOHOL STERBEN?

Ja. Alkohol ist wie Gemüse. Man kann damit relativ unproblematisch sein Lebensende herbeiführen. Kommt aber auf die Menge an. Es ist relativ unwahrscheinlich, dass du nach einem Glas Waldmeisterlikör direkt ins Gras beißt. Nach drei Flaschen hingegen steigen die Chancen für eine Alkoholvergiftung brutal an. Selbige kann dich dann, wenn du nicht rechtzeitig ein Krankenhaus findest, in die ewige Kiste befördern. Alkohol ist und bleibt ein Gift und tötet Zellen und Nerven. Wie bei Gift üblich, ist eine kleine Menge davon meist kein Problem. Gibst du allerdings alkoholisch Vollgas und säufst dich in die Bewusstlosigkeit, liegt eine akute Vergiftung vor. Nicht so schön! Alkohol im Blut wird durch die Leber abgebaut, die daran richtig Freude hat. Kommt allerdings der Alkohol wie ein Wasserfall hereingedonnert, ist die Leber überfordert und kündigt, was wiederum dazu führt, dass der Körper sich quasi selbst weitervergiftet. Glaub mir – kann man bringen, sollte man aber nach Möglichkeit vermeiden. Komasaufen hat einfach nichts.

6. WAS KANN ICH MIT ALKOHOL BESSER?

Mathematische Gleichungen. Englischvokabeln. Deutschaufsätze. Läuft alles viel, viel runder und macht deutlich mehr Spaß als ohne Alkohol. Auch die Qualität des unklaren Sprechens, des Kotzen-Müssens und über alle möglichen Möbelstücke und Menschen fallen – dank Alk funktionieren diese Tätigkeiten total ohne Probleme.

Tatsache aber ist: Mit Whisky, Wodka, Bier und Wein geht eigentlich gar nichts besser. Zugegeben, du fühlst dich vielleicht »freier«, wenn du einen leichten Pegel hast. Hast du dich bislang nicht getraut, auf die Tanzfläche zu gehen oder ein Mädchen anzuquatschen, findest du dank Alkohol möglicherweise mehr Mut dazu. Ist so! Wenn du trinkst, fangen die Dinge an, scheißegal(er) zu werden. Du bist risikobereiter. Darum sagen manche Jungs auch, sie müssen sich »erst mal Mut antrinken«, bevor sie auf ein Mädchen zugehen. Da ist was dran. Wenn sie dann »Nein« sagt, tut es nicht ganz so weh. Und wenn doch ein Gespräch entsteht, sitzt deine Zunge eventuell etwas lockerer als üblich. Du knallst ziemlich spannende und schlaue und interessante und witzige Dinge heraus. Glaubst du wenigstens. Für das Mädchen ist die Sichtweise möglicherweise eine andere: Eigentlich will sie nichts lieber, als von dir in Ruhe gelassen zu werden. Mit vollgedröhnten Jungs zu sprechen gehört nicht gerade zu den Lieblingsaktivitäten eines Mädchens.

7. KANN ICH EINFACH »NEIN« SAGEN?

Da bist du mit einigen Kumpels zusammen, vielleicht sind auch Mädchen dabei, und das Ziel des Abends ist es, sich ins Nirvana zu befördern? Du selbst hast aber kein Interesse daran? Hm ... was tun? Natürlich mitmachen, ist ja wohl klar. Du kannst doch deine

Freunde nicht enttäuschen. Was sollen die denn von dir denken? Logisch: Du bist ein Weichei. Ein Warmduscher. Ein Feigling. Bist du aber nicht. Schon gar nicht, wenn du dir vornimmst, auch ohne Alkohol Spaß zu haben. Zugegeben – schön ist es nicht, in einer Gruppe von Leuten zu sitzen, die sich die Kante geben, wenn du der Einzige bist, der an einer Cola pur sitzt. Aber da muss man halt durch. Gute Freunde, wirklich gute Freunde, halten dich deswegen noch lange nicht für einen Waschlappen. Mädchen schon mal gar nicht. Die denken eher: Wow, wie cool, dass der bei diesem Gruppenzwangscheiß nicht mitmacht.

8. SIND MISCHGETRÄNKE OKAY-ER?

Kirsch- und Bananensaft? Wasser und Limo? Coke und Pepsi? Klar – kannst du problemlos mischen, mixen, zusammenkippen und ohne Gefahr trinken. Mit oder ohne Strohhalm. Aber ich tippe mal, deine Frage zielt auf Mischsachen mit Alkohol ab. Also z.B. Cola mit Whisky. Red Bull mit Wodka. Longdrinks eben. Wodka ist knallharter Stoff und schmeckt eher mäßig. Mit Gummibärchensprudel hingegen kommt besserer Geschmack rein. Du merkst den Wodka nicht mehr so stark, die Schärfe ist weg, stattdessen schmeckt deine Mischung (mehr oder weniger jedenfalls) herrlich süß und lecker. Muss also gut sein. Recht hast du! Aber nur, wenn du denkst, dass Ariana Grande eine erstklassige Sängerin ist. Denkst du das? Nein – natürlich nicht. Der Zucker im Red Bull (in einer Dose befinden sich gefühlte tausend Zuckerwürfel) verschleiert zwar den Alkoholgeschmack. Nicht aber die Wirksamkeit. Wodka bleibt Wodka.

Eine andere Nebenwirkung hat mit dem Kaloriengehalt von solchen Mischsachen zu tun: Schon eine kleine Flasche Wodka Lemon hat 200 Kalorien, in etwa also dasselbe wie eine Portion Pommes. Da es bei einer Flasche meist nicht bleibt, hast du womöglich am Ende einer Party ganze Kartoffelfelder gesoffen – was man deinem Bauch bei häufiger Wiederholung auch ansieht. Und wir wissen: Nichts ist cooler als ein richtig schöner Bierbauch. Frag mal Papa …

9. WIE WERDE ICH ALKOHOLIKER?

Als Alkoholiker bezeichnen wir Leute, die ohne Alkohol nicht mehr leben können. Alles, was man tut, kreist nur noch um das Thema »Wie komme ich auf Pegel?«. Wenn normale Menschen lieber Saft oder Tee oder Wasser trinken wollen, denken Alkoholiker: »Leck mich!« – Saft oder Tee oder Wasser verfügen zwar über einen Alkoholgehalt, doch dummerweise liegt dieser bei exakt 0,0 Prozent. Hilft also nicht weiter! Nein – um Alkoholiker zu werden, brauchst du Schnaps. Und zwar viel davon. Liköre. Oder sogenannte Spirituosen wie Branntwein oder Weinbrand. Immer rein damit. Zusätzlich Wein und Bier und Sekt in allen

Variationen. Nur nicht Wein und Bier und Sekt in der alkohol-
freien Variante. Bedenke: Alkoholfreie Getränke helfen dir nicht
weiter!

Das Tolle am Beruf des Alkoholikers ist: Du brauchst absolut
keinerlei Schulabschluss. Du brauchst kein Alter. Nur ein wenig
Geld. Erstaunlicherweise ist Alkohol nämlich nicht umsonst zu
haben. Schade eigentlich. Vielleicht aber auch ganz gut. Solltest du
dein Taschengeld nicht besser für sinnvolle Dinge ausgeben? Für
PS4-Spiele? Für, oje, ich mag es gar nicht sagen, Bücher? Solche
wie mich? Oder für kleine Geschenke für deine jetzige oder zukünftige Freundin? Für Unterwäsche, die nicht Mama ausgesucht
hat? Einigen wir uns darauf, dass Alkoholismus vielleicht doch
nicht ganz das Richtige für dich ist. Du wirst nicht schlauer dadurch. Auch nicht witziger. Einfach nur krank – denn genau das
ist Alkoholismus. Eine Krankheit, die du am besten vermeiden
solltest.

10. WIE JETZT? ALKOHOL MACHT NICHT INTELLIGENT?

Der Gedanke, dass Alkohol dich in den Einstein-Bereich bringt,
ist leider, leider, leider ziemlich daneben. Schlimmer noch: Alkohol führt dich auf Dauer auf das IQ-Level einer Kakerlake. Nichts
gegen Kakerlaken, aber besonders helle sind sie nicht gerade.
Alkohol zerstört, sagt man wenigstens, Gehirnzellen. Nun fragst du
dich vielleicht, wofür Gehirnzellen gut sind. Hm. Ich komm nicht
drauf. Vielleicht zum Denken? Es gibt diesen Spruch, demnach ein
einziger Vollrausch ungefähr 10.000 Gehirnzellen wegpustet. Neue
wissenschaftliche Studien sagen jedoch: Alles Quatsch. Und selbst
wenn doch, du hast 100 Millionen dieser Zellen – du müsstest dich
also schon ziemlich häufig wegschießen, bevor sich das Gehirn in
ein gemüseartiges Etwas verwandelt. Ob Unsinn oder nicht – es ist

wohl logisch, dass eine Droge wie Alkohol nicht gerade positiv ist. Es wirkt auf die Kabel deines Denkapparats und stört die Kommunikation deiner Zellen. Daher auch die lallig-lallernde Sprache und der torkelnde Gang. In kleinen Mengen tut das Zeug nicht weh, auch deinem Körper nicht – aber die Kunst besteht eben darin, sich zu beherrschen.

11. WAS IST EIN FILMRISS?

Du hattest einen richtig geilen Abend? Prima. Bis ungefähr 22.00 Uhr lief alles richtig super? Du hast getanzt, ordentlich Likör in dich reingekippt und sogar mit einem richtig süßen Mädel geflirtet? Freut mich für dich. Am nächsten Morgen wachst du allerdings nackt auf dem Badezimmerboden wieder auf, neben dir ein ebenso nackter Typ namens Justin-Dustin und ein halbleeres Bierfass? Du kannst du dich allerdings nicht mehr erinnern, warum du a) keine Klamotten anhast, b) wo sich selbige finden, c) wer zur Hölle Justin-Dustin ist und d) warum das Bierfass nicht komplett leer ist?

Keine Sorge – du hast kein Alzheimer, sondern nur einen Filmriss. Ein Filmriss passiert dann, wenn dein Gehirn mit den gewaltigen Alkoholmengen nicht mehr klarkommt. Es schaltet also gepflegt auf »Off«, auch aus Selbstschutz. Es will sich nämlich gar nicht erinnern an dein lächerliches Gegröle und deine erschreckend peinlichen Annäherungsversuche. Wenn du tatsächlich einmal einen solchen gedächtnisverlustigen Filmriss hast, kannst du dir einer Sache sicher sein: Du hast bestimmt irgendwas getan oder gesagt, wofür du dich entschuldigen solltest. Und bestimmt nicht nur einmal.

12. ALKOHOL SCHMECKT MIR NICHT. BIN ICH KAPUTT?

MIR schmeckt Alkohol auch nicht. Sehe ich kaputt aus? Sofern du mir nicht schon die Hälfte meiner Seiten herausgerissen hast, bin ich topfit und in jeder Hinsicht gesund. Viele alkoholische Getränke schmecken wirklich nicht besonders gut. Bier zum Beispiel ist bitter und herb und passt überhaupt nicht zu deinen sonstigen Trinkgewohnheiten. Harte Sachen wie Whisky oder Wodka sind stark und verursachen Verbrennungen im Hals und der Speiseröhre. Nun könnte man sagen: Je häufiger man solche Sachen trinkt, umso besser schmeckt das Zeug. An dieser Logik ist vielleicht sogar was dran. Tatsache ist aber: Es schmeckt *nicht* besser – du gewöhnst dich lediglich daran. Katzenfutter schmeckt beim ersten Mal auch zum Rauswürgen, beim zweiten Mal immer noch, beim dritten Mal kommen dir Geschmack und Geruch vielleicht schon angenehmer vor, und beim hundertsten Mal findest du die Mansche einfach nur noch lecker. Stimmt aber nicht. Nichts wird lecker. Dein Körper und deine Geschmacksnerven haben lediglich Frieden geschlossen mit der Pampe. Genauso läuft es mit Bier und anderem alkoholischen Zeugs. Wenn dir also Schnaps anfangs nicht schmeckt, ist das völlig normal. Eigentlich könnte man also diese Chance nutzen und auf ein zweites oder drittes Mal verzichten.

13. WARUM ÜBERHAUPT TRINKEN?

Trinken ist gar keine schlechte Erfindung. Ohne Wasser wirst du nicht lange überleben. Obwohl Alkohol, wenn man es genau betrachtet, zwar flüssig ist, handelt es sich doch nur in Grundzügen um Wasser. Trotzdem haben 70% aller Jugendlichen zwischen 13 und 17 bereits Erfahrung mit Alkohol – mal mehr, mal weniger. Warum auch nicht? Ist nachvollziehbar, da Erwachsene schließlich auch trinken und Teenager sich vielleicht ein Vorbild an ihnen nehmen. Wahrscheinlich haben deine Eltern ebenfalls kein Problem damit: Papa kippt sich beim Fußballspiel mal ein Bierchen rein? Ist okay. Mama gönnt sich hin und wieder eine Weißweinschorle? Passt schon. Eltern würden trotzdem antworten: »Du bist zu jung.« Stimmt. 14 ist tatsächlich ziemlich nicht gerade alt. »Du bist zu jung« bleibt dennoch eine ziemliche Kackbegründung. Genau deshalb ist es wichtig, dass du deine eigenen Erfahrungen machst. Klar darfst du Alkohol probieren. Sollst du sogar. Gehört zur Welt einfach dazu. Und wenn's dir nicht schmeckt oder du das Zeug nicht verträgst, dann lass zukünftig die Finger davon. Es gibt genügend andere Getränke, die ebenfalls Spaß machen. Stilles Wasser mit Kohlensäure. Abgestandene Cola. Oder natürlich der allseits beliebte Klassiker: Eigenurin! Sieht aus wie frisch gepresster Apfelsaft und schmeckt … nun ja, nach Pisse eben.

14. KANN ALKOHOL WIRKLICH PROBLEME LÖSEN?

Aber hallo! Vor allem mathematische Probleme! Sicher hast du hin und wieder mal Schwierigkeiten mit irgendwelchen Mathehausaufgaben, die vieles sind, aber ganz bestimmt nicht lösbar. Mit einigen Bierchen im Kopf hingegen sollte das viel einfacher laufen. Dein Hirn ist auf einmal frei und stresslos und denkt in völlig neuen Bahnen. Ratzfatz kannst du jede Gleichung lösen, jeden noch so beknackten geometrischen Körper berechnen, sogar Rauten, Zylinder und runde Pyramiden, und die Zahl Pi kannst du auf einmal bis zur tausendsten Stelle nach dem Komma aufsagen. Natürlich sind all deine Berechnungen radikal falsch, aber immerhin: Du HAST Antworten.

Ums kurz zu machen: Bei Problemen ist Alkohol NIE die Lösung. Besser als 'ne Flasche Wodka sind zehn Tafeln Schokolade und zusätzlich 20 Doppel-Whopper mit Pommes Majo.

Die Legende, wonach man mit Alkohol aber wenigstens Sorgen und Stress vergessen kann, hält sich hartnäckig. Und so falsch ist das auch gar nicht: Wenn du dich betrinkst, vergisst du nämlich wirklich deine Probleme. Blöderweise kommen sie am nächsten Morgen wieder und bringen zusätzlich noch Kopfschmerzen und Übelkeit mit. Was lernen wir also? Richtig – Alkohol löst keinen Trouble. Es macht nur noch mehr davon.

KAPITEL 10

YES, YOU BEHAVE:

WIE DU ES VERMEIDEST, DICH WIE EIN AFFE ZU BENEHMEN

Deine Eltern, Großeltern, Lehrer – all diese Uralt-Typen halt – haben, was dich betrifft, ein klares Ziel: Sie wollen dich in erster Linie zu einem »sozial verträglichen« jungen Mann erziehen. Überleg doch mal, welchen der folgenden Sprüche du schon mal in irgendeiner Weise gehört hast:

> Tu das nicht!
> Setz dich vernünftig hin.
> Iss gefälligst normal.
> Das kannst du nicht anziehen.
> Das auch nicht.
> So was macht man nicht.
> Das gehört sich nicht.
> Du Ferkel!
> Man muss sich für dich schämen!
> Und alles endet mit dem Knüller:
> Benimm dich!

Kommt dir irgendwas vielleicht bekannt vor? Manchmal scheint es, als hätten erwachsene Menschen – dazu zählen wir auch Lehrer – nichts Besseres zu tun, als Teenagern ohne Ende zu verklickern, wie sie sich verdammt noch mal verhalten sollen. Einige Verhaltensweisen sind demnach richtig, einige falsch, und andere sind sogar abstoßend, gehen also mal gar nicht. Was Eltern angeht: Manchmal hast du den Eindruck, dass offenbar so ziemlich alles, was du tust, ziemliche Moppelkotze und rundum daneben ist? Denen kannst du nichts recht machen, und dauernd schreit irgendwer zu Hause rum, nicht selten, weil du mal wieder etwas falsch gemacht hast?

Das hat nicht nur was mit Jungs zu tun. Mädchen haben ähnliche Probleme. Allerdings kriegen Mädchen es häufig irgendwie hin, in der Öffentlichkeit besser rüberzukommen. Wenn ein Mädchen sich scheiße benimmt, ist das vielleicht eher »ungewöhnlich« und hin und wieder sogar »niedlich«. Bei Jungs wiederum ist das »typisch« und »geht gar nicht«. Stellt sich also die Frage:

1. WIESO IST GUTES BENEHMEN GERADE FÜR JUNGS SO WICHTIG?

Vieles von dem, was du tust, hat irgendwie mit Menschen zu tun. Diese Menschen wiederum haben ein Bild von dir, und du selbst bist dafür verantwortlich, wie dieses Bild aussieht. Wie ein sagenhaft schönes Gemälde oder die krakelig-schrottige Zeichnung eines beliebigen Windelträgers. Das Bild, das entsteht, hat mit Manieren zu tun. Manieren statt Blamieren. Benehmen liegt voll im Trend. Gentleman-Stil eben. Aber: Wie benimmt Mann sich heutzutage? Anders als vor hundert Jahren? Und wenn ja, wie zur Hölle funktioniert dieses Benehmen? Und am allerwichtigsten: Was habe ich eigentlich von all der Mühe?

Die meisten Wissenschaftler (Klugleute) glauben, dass es »Benehmen« schon immer gab. Zumindest, seit Menschen existieren. Das, was wir heute unter »gutem Benehmen« verstehen, wurde »erfunden« im 18. Jahrhundert von einem Typen namens Knigge. In der Langfassung Freiherr Adolph Franz Friedrich Ludwig Knigge. Sein Werk *Über den Umgang mit Menschen* gilt bis heute als Rezeptbuch für den Umgang mit allen möglichen Personenkreisen, soll heißen, als Benimmratgeber.

Das stimmt zwar nicht so ganz, wird aber so behauptet. Eigentlich ist es aber auch ziemlich Latte, wer das gute Benehmen erfunden hat, wichtig ist, dass wir, und zwar wir alle, uns an bestimmte Regeln halten und wissen, worauf es eigentlich ankommt und was wir besser sein lassen sollten.

Vor allem jugendliche Jungs (Yeah! Du gehörst auch dazu!) haben in der Gesellschaft nicht immer den besten Ruf, und häufig völlig zu Recht. Man sagt es dir vielleicht nicht direkt ins Gesicht, aber Tatsache ist: Viele alte, ganz alte und extrem alte Leute halten Teenager wie dich für stinkend faul, sagenhaft nutzlos und insgesamt für Menschen, die von Grundlagen der Höflichkeit nicht den leisesten Schimmer haben. Dazu blubbern sie dann gerne etwas von »Früher war alles besser«.

Was früher besser war, sollte uns nicht interessieren. Wir leben im Jetzt, und das ist bekanntlich stressig genug. Knigge ist theoretisch ziemlich tot inzwischen und modert unter der Erde vor sich hin. Warum also ist dieses verflixte gute Benehmen immer noch so »in«? Soll heißen: Was soll der ganze Terror? Hier also einige Gründe für gutes Benehmen:

• Was du als Kind oder Teenager nicht peilst, peilst du als Erwachsener auch nicht mehr. Wenn du als Erwachsener also nicht immer wieder in selten dämliche und peinliche Situationen tapsen möchtest, schadet es nichts, schon als Jugendliche damit anzufangen, die »Spielregeln der Gesellschaft« zu erlernen. Keine Sorge: So schwierig, wie du vielleicht glaubst, ist die ganze Soße gar nicht!

• Du bist mit Sicherheit kein Schleimer, möchtest aber trotzdem bei den Menschen um dich herum einigermaßen passabel rüberkommen? Sich einen guten Ruf zu verschaffen ist nicht verkehrt und ganz bestimmt keine Schande, und dazu gehören nicht nur so schwere Werte wie Ehrlichkeit oder Loyalität, sondern eben auch »Good behaviour«.

• Wenn du lernst, wie man sich in verschiedenen Situationen korrekt verhält, gibt dir das eine gehörige Portion Selbstvertrauen und Sicherheit. Du fühlst dich stärker, auch ohne Bodybuilding.

• Mit gutem Benehmen kann man, wenn man sich nicht völlig trottelig anstellt, richtig gut Eindruck schinden. Menschen um dich herum denken: Wow, dieser Typ hat's echt drauf. Mädchen denken das ebenfalls …

• Andere Menschen finden dich stilbewusst und, noch besser, wenn's richtig gut läuft, sogar sympathisch. Es gibt wahrscheinlich Schlimmeres, als von anderen Leuten gemocht zu werden …

• Falls du irgendwann eine Beziehung eingehen willst (du weißt schon, mit 'nem Typen, 'nem Mädchen oder meinetwegen auch einer tibetischen Hochlandziege), kommt gutes und höfliches Benehmen bei ihm oder ihr bestimmt gut an.

• Wenn du zu Hause im Kreis deiner Familie irgendwelche Scheiß-Benehmen-Verhaltensweisen an den Tag legst, ist das zwar nicht nett, andererseits auch nicht unnormal: Aber stell dir vor, für was für eine Hohlbirne dich die Eltern deiner Freundin halten, wenn du es nicht mal packst, einen Keks zu essen, ohne die Wände zu beschmieren.

• Gutes Benehmen ist wie ein stinknormales Spiel: Kartenspiel, Brettspiel oder Volleyball. Bei jedem Spiel gibt es gewisse Regeln. Einige sind einfach, andere sind schwer, wieder andere machen auf den ersten Blick keinen Sinn. Auf den zweiten auch nicht. Trotzdem sind diese Spielregeln einzuhalten, von jedem. Ist jemand zu dusselig oder zu dumm für diese Regeln, darf er eben nicht mehr mitmachen und ist am Arsch der Gesellschaft angekommen. Herzlichen Glückwunsch!

• Es macht einfach Spaß, sich gut zu benehmen! Wenn du dich erst einmal dran gewöhnt hast, wirst du mit Schrottbenehmen nie wieder glücklich werden.

• Wer anderen Leuten (Freunden, Lehrern, Mitschülern, Eltern, Verwandten, sonstigen Heckenpennern) freundlich, rücksichtsvoll, taktvoll und hilfsbereit gegenübertritt (besser als ein Tritt gegens Schienbein), kann darauf hoffen, dass er selbst auch mit Freundlichkeit und all den anderen Sachen behandelt wird (besser als ein Tritt gegen … na ja, hatten wir schon).

2. WAS SOLLTE ICH IN RESTAURANTS GANZ BESTIMMT BESSER LASSEN?

• Benutze niemals, wirklich niemals, deinen Arm oder deine Hand oder deinen Schal als Serviettenersatz. Benutze auch nicht die Serviette von irgendjemandem, der gerade neben dir sitzt, ebenso wenig wie dessen Arm oder Hand oder Schal! Ein vollgerotztes Taschentuch, egal von wem, ist allerdings in Ordnung!

• Vermeide es, auch wenn's schwerfällt, nach Möglichkeit, deine Füße auf den Tisch zu klatschen, um dir z.B. die Nägel zu schneiden. Kann man viel besser in der Schule erledigen und lenkt ganz prima ab von z.B. stinklangweiligen Referaten oder Ewigkeitsmonologen deiner Lehrkräfte.

- Kratze dich, auch wenn's juckt, nicht an den Eiern und verzichte weiterhin auf deine weitere Lieblingsbeschäftigung: Taschenbillard. Außerdem: Starre nicht Mädchen in der Umgebung auf die Brüste.
- Futter nicht mit den Händen, schon gar nicht Spaghetti, Spargelcremesuppe oder Gulasch, sondern benutze das von klugen Leuten extra bereitgelegte Besteck. Nimm auch keine sonstigen Werkzeuge oder Hilfsmittel, die du eventuell dabeihast, z.B. Schweizer Taschenmesser.
- Es wird nicht gesungen, laut gesprochen oder geschrien. Schon gar nicht werden Kellner angeschrien, auch dann nicht, wenn das Essen ziemlich rotze ist. Geh in die Küche und kack den wirklich Verantwortlichen an – du erkennst ihn oder sie an einer weißen Kochuniform. Das Anschreien des Koches wird in teuren Restaurants regelrecht erwartet und gehört zu jedem vernünftigen Fresstempelbesuch einfach dazu!
- Spiele nicht mit dem Essen herum! Versuche also nicht, mithilfe von Pommes, Schnitzel und Zigeunersoße ein Gemälde von da Vinci nachzuahmen. Merke: Die Mona Lisa ist und bleibt einzigartig, genauso wie Zigeunerschnitzel. Verzichte auch darauf, mit dem gefüllten oder leeren Teller Wurfübungen durchzuführen.
- Spiele nicht mit dem Essen herum II: Auch, wenn du Lego ziemlich toll findest, muss dir klar sein: Pommes, Kartoffeln, Fleischstückchen oder Radieschen sind keine Baugerätschaften. Der Nachbau des Schiefen Turms von Pisa mit Kroketten mag zwar im Endeffekt ein architektonischer Geniestreich sein, doch mögest du deine Schaffenskraft bitte auf zu Hause verlagern.
- Keine Zigaretten! In Restaurants herrscht Rauchverbot. Geh gefälligst nach draußen, wenn dich die Sucht überkommt! Frage vorher den Kellner, ob du bei ihm 'ne Kippe schnorren kannst.
- Kack den Kellner nicht an. Verbaler Durchfall wie »Eh, du Pissnelke, ich will noch Majo« oder »Der Ketchup ist voll von Aldi, Alter« gelten in Restaurants als unangemessen.

- Kaum zu glauben, aber am Tisch bleibt das Handy in der Tasche. Keine Sorge: Moderne Handys sind dermaßen cool, dass sie mit einigen Minuten ohne Berührung relativ gut umgehen können. Fragt sich bloß: Kannst du das auch?
- Auch wenn es manchmal notwendig sein mag, sind »unschöne Geräusche« (Furzen, Rülpsen) doch bitte schön zu unterlassen. Derartiges könnte andere Menschen beim Essen belästigen. Wobei sich hier die Sitten sehr verändert haben: Schon Martin Luther kam einst auf mit der Frage: »Warum rülpset und furzet ihr nicht? Hat es auch nicht geschmecket?« Heutzutage werden körperliche Kundgebungen allerdings nicht mehr so gern gehört. Oder gerochen.
- Spucke kein Essen aus. Weder zurück auf den Teller noch auf den Boden, gegen die Wand (auch wenn's bestimmt spannende Muster hinterließe) oder einem anderen Menschen direkt ins Gesicht. Wissenschaftler haben herausgefunden: Menschen mögen es nicht, wenn ihnen zerkleinerte Nahrungspampe an die Kopfvorderseite klatscht.
- Klaue kein Essen, auch nicht am Nachbartisch. Klar hat da vielleicht jemand was Geiles auf dem Teller, was du auch total gerne hättest. Aber: Pech gehabt! Was nicht deins ist, ist nicht deins.
- Klaue kein Essen II, auch nicht am Nachbartisch. Wenn du den riesigen Gyrosberg nicht schaffst, pack die Reste nicht in Jacken- oder Hosentasche, auch nicht in eine mitgebrachte Plastiktüte. Bediene dich, wie gesagt, auch nicht an den Resten vom Tisch nebenan. Normalerweise gucken die Leute dort in solchen Fällen immer ziemlich sparsam, vor allem, wenn sie noch gar nicht fertig sind.
- Verlasse den Laden nicht, ohne zu bezahlen. Wenn du mit der Family dort bist, übernehmen normalerweise Mama oder Papa den Job, sodass du gar nicht erst in die Verlegenheit gerätst, Geld zu zücken, über das du gar nicht verfügst. Bezahlen ist eine normale Angelegenheit in Restaurants, nur sehr wenige Läden bieten kostenloses Essen an. Eigentlich gar keine.
- Wenn du jemanden dabeihast, den du magst, auf den du stehst, ist das natürlich eine schöne Sache. Weniger schön ist es, wenn ihr euch im Restaurant befummelt und rumturtelt wie zwei verliebte

Kaninchen. Ein kleiner Knutscher ist erlaubt. Handberührungen sowieso. Mehr jedoch nicht! Ihr könnt euch gerne gegenseitig ausziehen – aber nur mit Blicken! Für alles andere gibt es bessere Orte.

• Auch wenn dich Salzstreuer & Co tierisch faszinieren und du eventuell auch den Kerzenständer auf dem Tisch ganz besonders chic findest, noch geiler sogar als die Blumenvase mit der verstaubten Plastikrose – die Sachen bleiben, wo sie sind, und landen weder in Hosen- noch Handtasche, eignen sich also auch nicht als Weihnachtsgeschenk für Mama oder Oma.

• Der Teller wird nicht abgeleckt, egal, wie lecker das Essen war. Nur zur Sicherheit: Dieser Hinweis gilt auch und ganz besonders für die Teller anderer Leute! Wenn also der dicke Typ am Nebentisch noch etwas von dieser leckeren Soße auf dem Tellerchen hat, musst du diszipliniert sein und deine Zunge im Zaum halten!

Wow! Das sind aber viele Dinge, die man im Restaurant nicht machen sollte. Leb damit, so ist es halt.

Übrigens: All diese Tipps gelten nur für Restaurants! Zu Hause darfst du natürlich Teller ablecken und abschlecken, Pommes durch die Küche werfen, furzen oder Achselgeräusche machen, Papa seine Kartoffeln direkt von der Gabel futtern – alles absolut erlaubt. Bis dir wieder jemand sagt: Benimm dich! – Bestimmte Sätze hört mal halt ziemlich häufig im Leben!

3. SONST NOCH ESSENSFRAGEN? Q&AS!

DARF ICH BEIM ESSEN WITZE ERZÄHLEN?

Logisch. Essen ist schließlich keine Beerdigung. Achte trotzdem darauf, ob deine Eltern damit ein Problem haben. Und, für Jungs mit Stil ganz wichtig: Kein Schmutzkram im Sinne von: »Herr Doktor, kann ich mit Durchfall baden?« – »Klar, aber nur, wenn Sie die Wanne vollkriegen.«

DARF ICH SO WAS DENN WENIGSTENS ERZÄHLEN, WENN ICH MIT FREUNDEN ESSE?

Na ja, dürfen darfst du, allerdings vergeht einigen Leuten der Appetit, wenn sie sich beim Essen Jokes über Fäkalien und sonstige körperliche Ausdünstungen anhören. Gleiches gilt für Sexwitze aller Art.

UND POLITISCH UNKORREKTE WITZE?

Rassistische Witze gehören niemals an den Esstisch, egal, wer deine Gesellschaft ist, und schon gar nicht, wenn einer dieser Menschen sich angesprochen fühlen könnte. Zugegeben, mancher Witz über Minderheiten ist, wenn man auf diesen Humor steht, wirklich witzig, gleichzeitig aber für viele Menschen beleidigend. Daher also: Finger weg.

DARF ICH MEINER MUTTER SAGEN, DASS DAS ESSEN SCHEIßE SCHMECKT?

Deine Mutter (oder dein Vater) hat sich die Mühe gemacht, dir Futter hinzustellen, und macht sich diese Arbeit wahrscheinlich sogar ziemlich häufig. Dabei kann auch mal was danebengehen. Zu versalzen, zu fettig, zu kalt, zu viel Gemüse, zu trocken, zu staubig ... Noch lange kein Grund, die Köchin oder den Koch zu beleidigen. Sinnvoller ist eine kleine Notlüge wie: »Schmeckt wirklich gut, aber ich habe gerade eher Appetit auf ein Stück Brot ...« (Weil Brot bekanntlich die Lösung aller deiner Probleme ist!)

ICH WILL ABER NICHT LÜGEN, WAS NUN?

Ehrenwerte Einstellung! Dann sag eben die Wahrheit, aber ohne den Koch oder die Köchin allzu sehr zu kränken. Der Satz »Tut mir leid, ich weiß, du hast dir viel Mühe gegeben, aber das Fleisch schmeckt mir einfach nicht« ist tausendmal besser, als Essensreste unter den Tisch fallen zu lassen ... für die Katze. Was vor allem blöd ist, wenn ihr gar keine Katze habt.

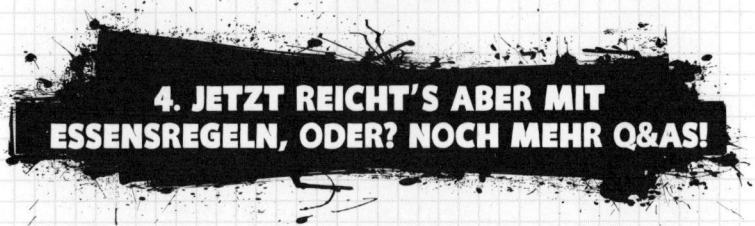

4. JETZT REICHT'S ABER MIT ESSENSREGELN, ODER? NOCH MEHR Q&AS!

Nein, reicht mal gar nicht. Hier noch einige weitere Basics, die aus dir einen Mann von Welt machen können:

WIE VOLL DARF ICH GABEL UND LÖFFEL BELADEN?

Vollstopfen verboten! Du darfst essen und fressen und futtern, bis du platzt, kein Thema, kannst dich vollballern mit Nahrung, bis du keine Luft mehr bekommst oder dein Herz keinen Bock mehr hat zu schlagen. Die Gabel wird allerdings nicht vollgehauen, bis der Arzt kommt. Wenn eine Schubkarre zu voll gemacht wird, kippt sie entweder beim Transport um oder es fallen Teile herunter. Gleiches gilt für Gabel und Löffel.

DARF ICH AUCH DAS MESSER ALS GABELERSATZ BENUTZEN?

Nö. Du benutzt schließlich die Zahnbürste auch nicht zum Kloputzen.

WAS MACHE ICH, WENN ICH MIT DEM ESSEN FERTIG BIN?

Teller und Besteck und Essensrechte unter den Tisch werfen. Dies sagt dem Kellner (oder Mama oder Papa): Der Esser mag nicht mehr. Als bessere Alternative bietet sich an – und diese Methode ist weniger arbeitsaufwendig, als man denkt –, das Besteck stumpf auf den Teller zu legen. Und schon ist's geschafft.

DARF ICH ALSO NIE MIT DEN HÄNDEN ESSEN?

Doch! Darfst du! Brot zum Beispiel. Auch im italienischen Restaurant hat normalerweise niemand etwas dagegen, wenn du die Pizza ohne Besteck isst. Auch Hamburger werden generell nicht mit Messer und Gabel verputzt. Sich einsauen ist also durchaus erlaubt. Tipp: Mit Händen geht vieles – nur bei Suppe wird's schmierig!

MUSS ICH MEIN GEMÜSE ESSEN?

Gemüse ist, da sind sich Ärzte einig, sagenhaft gesund, schmeckt aber stellenweise ganz schön beschissen. Nein, natürlich musst du das Zeug nicht essen. Wenn neben Kartoffeln und Fleisch also auch Erbsen und Möhren vor dir liegen, ist es völlig okay, sie zu ignorieren, auch wenn deine Eltern dich zwingen.

MUSS ICH DEN TELLER IMMER LEER MACHEN?

Nein. Was nicht schmeckt, bleibt liegen. Und wer satt ist, isst nicht mehr. Ganz simple Sache.

WAS IST, WENN ICH IRGENDWAS EKELIGES IM MUND HABE?

Wenn du mit »irgendwas Ekeliges« nicht Zunge oder Zähne meinst, sondern z.B. ein erbärmlich schmeckendes Stück Fleisch, das vielleicht von Knorpel befallen ist, darfst du es, hier ein kleines Quiz, a) jemandem direkt an die Birne spucken, b) es ausspucken und dann dem Kellner in die Hand drücken mit den Worten »schmeckt beschissen« oder, c) es unauffällig auf einen Löffel oder in ein Taschentuch befördern. Die richtige Antwort findest du bestimmt allein …

DARF ICH MEIN ESSEN FOTOGRAFIEREN UND POSTEN?

Du darfst schon, aber: Warum bitte solltest du etwas derart Blödes tun? Genieße dein Essen und iss; es ist unnötig, anderen Menschen von deiner großartigen Mahlzeit zu berichten. Löst nur Neid und Hungerattacken aus.

WIE LÄUFT DAS MIT SERVIETTEN?

Servietten sind, anders als viele Leute fälschlicherweise annehmen, nicht zum Abwischen des Hintern gedacht. Ebenso wenig zum Naseputzen. Man reibt sich das Teil, auch wenn es wirklich einladend aussieht, nicht über Mund, Gesicht und Stirn wie einen nassen Waschlappen, sondern tupft vielmehr damit. Tupfen – eine herrliche Beschäftigung für langweilige Sonntagnachmittage. Getupft werden Lippen und Mundwinkel, um a) lästige Soßenreste und sonstige Fettigkeiten in Nähe der Futterluke zu entfernen und somit b) zu vermeiden, dass dein Glas nach dem Essen aussieht wie eine mit Nivea beschmierte Fensterscheibe. Vor jedem Griff zum Glas gilt daher: Mund abtupfen. Vielleicht reizt dich der Anblick einer Serviette dermaßen, dass du spontan Lust verspürst, einen Papierflieger daraus zu falten. Kein Problem – deiner Kreativität sind keine Grenzen gesetzt. Du kannst dir daraus auch ein Hütchen basteln, dir das Ding auf den Kopf setzen und seltenfurzdämliche Volkslieder jodeln. Kannst es aber auch lassen.

Die Serviette, ob aus Stoff, Papier oder, sehr selten inzwischen, aus Knetgummi, wird normalerweise auf den Schoß gelegt. Falls also mal ein Bissen von der Gabel klatscht, landet er somit nicht auf der Hose. Willst du den Mund abtupfen, nimmst du das Ding hoch, tupfst fröhlich vor dich hin und legst es wieder nach unten, es sei denn, es ist nach einmaliger Anwendung bereits dermaßen verdreckt, dass du es nicht mal mehr in Kleidungskontakt bringen möchtest. In solchen Fällen: Serviette zerknüllen, in die Luft werfen und sie alsdann mit einem beherzten Schlag mit der flachen Hand Richtung Nachbartisch befördern. Für zu Hause: Versuche stets, das Spülbecken zu treffen! Oder ziele wenigstens in die grobe Nähe des Mülleimers. Zeugt von Anstand und Niveau!

WAS MACHE ICH, WENN ESSEN AUF DEN BODEN FÄLLT?

Nicht weiter schlimm, kann schließlich jedem passieren. Passiert so was zu Hause, heb es auf und bring die Spaghetti oder Pommes oder gepanschte Erbsenmatsche zum Müll. Komm nicht auf die beknackte Idee, Heruntergefallenes in den Mund zu stecken.

UND IM RESTAURANT?

Gehört zum guten Benehmen nicht auch, dass man Sachen, die man versehentlich auf den Boden fallen lässt, wieder auf hebt? Stimmt natürlich. Du lässt es trotzdem bleiben! Sofern dein mit Zaziki ummantelter Gyros-Rest nicht mitten im Gang gelandet ist und somit für andere Gäste im Extremfall eine Ausrutschgefahr bedeutet, sondern allerhöchstens zu deinen Füßen schlummert, darfst du es problemlos liegen lassen oder zärtlich mit den Schuhen in den Teppich massieren. Unter den Tisch zu krabbeln ist jedenfalls nicht erwünscht, allein schon, weil man sich dabei den Kopf stoßen kann und so was total aua tut.

WAS IST, WENN MEINE GABEL RUNTERFÄLLT?

Sofern die Gabel nicht zufälligerweise so bescheuert gefallen ist, dass sie einer Kellnerin beide Augen ausgestochen hat, gilt hier: Aufheben ja, aber nur, wenn du problemlos rankommst. Logischerweise wird die Gabel nicht mehr benutzt, auch dann nicht, wenn sie vielleicht einen Käfer erdolcht hat. Die Kellnerin, sofern noch nicht erblindet, wird dir ohne zu zögern neues Besteck bringen. Missgeschicke können eben passieren und sind kein Drama.

UND ZU HAUSE?

Immer aufheben. Immer Richtung Spülmaschine oder Waschbecken befördern. Befördern im Sinne von tragen, nicht werfen! Auch wenn Werfen witziger ist.

5. TISCHGESPRÄCHE? EIN CRASHKURS:

Es ist mit Sicherheit ein Unterschied, ob du mit Freunden beim Essen bist oder zu Hause oder mit der Familie im Restaurant. Gegenüber Freunden ist es normal, eine etwas frechere Sprache an den Tag zu legen. Schmutzige, versaute Witze? Hau raus die

Teile. In Gesellschaft Erwachsener jedoch gilt: Behalt drin den Mist. Erwachsene sind nämlich vieles, aber nicht versaut. Nie. Keine Chance …

In Benimm-Ratgebern für Erwachsene steht häufig, dass man bestimmten Themen aus dem Weg gehen sollte, z.B. Politik oder Religion, weil es darüber immer irgendwie Streit gibt. Typisch alte Säcke! Können sich nicht mal unterhalten, ohne sich zu stressen. DU darfst, sofern Du der Meinung bist, damit nicht unangenehm aufzufallen, über jedes Thema der Welt sprechen, von A bis Z, von Arschbombe bis Zuckerwatte. Wahrscheinlich, wenn du mit deinen Eltern am Tisch sitzt, kommt das Thema ohnehin immer wieder auf Schule zurück – und wie's da für dich läuft, wie die letzte Mathearbeit ausfiel, warum sie ausfiel, wie sie ausfiel, wie du besser werden kannst, dass du dich mehr bemühen könntest, wie du dir deine Zukunft so vorstellst mit solch schwachen Leistungen etc. etc. Geschickte Leute versuchen in solchen Momenten, das Thema zu wechseln, z.B. mit »Habt ihr eigentlich schon gehört, wie sich der Klimawandel auf die sibirische Hamsterratte auswirkt?« oder »Wir haben gerade in der Schule über antike Geschichte gesprochen … Papa, du als Augenzeuge kannst doch bestimmt was darüber erzählen …«.

Kommst du nicht raus aus der Nummer, darfst du auch einfach mal darauf hinweisen, dass du ausnahmsweise mal nicht über Schule sprechen möchtest! Und zwar mit den knallharten Worten: »Ich würde gerne über etwas anderes sprechen.« Da werden die Erzeuger zwar geschockt sein angesichts eines solch brutalen Verbalausbruches, deine Wünsche aber wahrscheinlich respektieren.

Wobei Schule eigentlich noch ein angenehmes Gesprächsthema »bei Tisch« ist. Was gar nicht geht, sind Diskussionen über ideale Pimmelgrößen oder ernste Krankheiten sowie Todesfälle im Bekanntenkreis. Der Tod von Jesus (z.B. an Ostern) ist allerdings wiederum in Ordnung. Eignet sich auch super als Gesprächsthema im Klassenraum, wenn dir der Unterricht mal wieder brutal auf die Klöten geht.

6. WAS SOLLTE ICH WÄHREND DES UNTERRICHTS BESSER LASSEN?

Ziemlich vieles! Unterricht ist geil! Lehrer sind spannende Spaß-kanonen voller Überraschungen – alles, was vom Unterricht ablenkt, ist demzufolge doof! Hier einige Beispiele:

- Keine Kippen. Kein Alkohol. Keine sonstigen Drogen. Auch keine Gummibärchen – das sind die Schlimmsten!
- Keine Fratzen. Keine Grimassen. Auch nicht die, bei denen du dummerweise glaubst, du würdest witzig aussehen. Siehst du nämlich mal gar nicht.
- Kein Papierfliegerbasteln. Auch nicht aus Bleistiftresten den Buckingham Palace nachbauen. Gleiches gilt für das Empire State Building oder Barbies Märchenschloss.
- Kein Schlafen, Pennen, Dösen, Nächtigen, Dämmern, Schlummern. Kluge Leute haben dafür Betten erfunden, und sofern im Klassenraum keins steht, heißt das leider: wach bleiben, so gut es geht.
- Kein Quatschen. Nicht mit dem Nachbarn, nicht mit dir selbst, nicht mit dem Schwamm. Mit deinem Schwarm schon mal gar nicht. Einfach ganz gepflegt die Klappe halten!
- Kein Kippeln. Nicht mit dem Stuhl. Nicht mit dem Tisch. Mit gar nichts. Kippeln sieht kindisch aus. Fällst du tatsächlich um, brichst du dir im Extremfall das Genick. Viel schlimmer aber: Du machst dich lächerlich.
- Keine Kaugummis. Dauerkauende Schüler sehen aus wie wiederkäuende Kühe. Bei Kühen kommt Kauen cool rüber, bei dir wird's nur peinlich.

(All diese genialen Hinweise sind natürlich nur hier aufgelistet, weil mir verschiedene Lehrerorganisationen sagenhaft viele Schubkarren mit Geldscheinen angeboten haben … Ich bitte um Verständnis!)

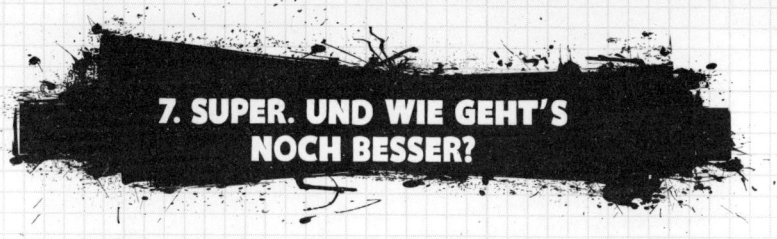

7. SUPER. UND WIE GEHT'S NOCH BESSER?

Ganz einfach: Du verhältst dich wie ein ganz normaler 14-jähriger Junge, der total an Bildung interessiert ist und nichts lieber tut, als ein Arbeitsblatt nach dem anderen zu bearbeiten, der tierisch Spaß daran hat, Aufgaben zu lösen, die noch nie Sinn gemacht haben, geschweige denn jemals Sinn machen werden, der fast schon einen Orgasmus bekommt, wenn er nur das Wort »Referat« hört, und der immer, wirklich immer, an den Ohren des großen Lehrmeisters hängt.

Wie gesagt, alles ganz einfach.

Zuerst einmal befolgst du die Do-Not's von oben. Damit ist schon mal eine Menge gewonnen, gibst du deinen Lehrern nämlich zu verstehen, dass du, als richtiger Mann, bereit bist, den Anforderungen des Ausbeutersystems Schule gewachsen zu sein.

Wenn du dich meldest, dann melde dich wie ein normaler Mensch. Ohne mit den Fingern zu schnipsen. Ohne »Ich, ich, ich« zu rufen. Ohne den Hampelmann zu machen. Jungs machen keine Hampelmänner, weil Hampelmänner ziemlich dusselige Armleuchter sind.

Wenn du eine Sache nicht checkst, dann brüll nicht frustriert »Check ich nicht, du Giftvogel« in den Raum, sondern frage deinen Lehrer freundlich, ob er dir die Sache noch mal erklären könnte. Für so was sind übrigens auch Mitschüler geeignet, sofern du nicht ebenfalls von lauter »Check ich nicht«-Deppen umgeben bist.

Wenn dich ein Giftvogel (Synonym für Lehrer aller Art) bittet, irgendwas zu machen (Tafel putzen, Lösung anschreiben, irgendwas vorlesen), wäre es sinnvoll, auf jegliches hohle Nörgeln zu verzichten (»Warum immer ich, eh?«) und den Kram einfach zu erledigen – oder ein Mädchen darum zu bitten. Solange er nicht von dir verlangt, sein Auto zu putzen, handelt es sich, auch, wenn du es natürlich besser zu wissen glaubst, nicht um Erniedrigungsaktionen, sondern um ganz normale Schülertätigkeiten.

Wenn dich ein Lehrer oder eine Lehrerin allerdings zu einem Eis einlädt – immer wegrennen! Sofort! Don't look back! Just keep running!

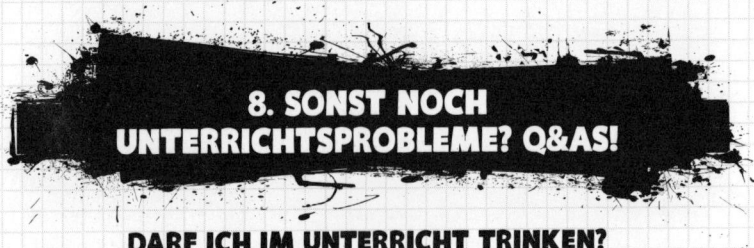

8. SONST NOCH UNTERRICHTSPROBLEME? Q&AS!

DARF ICH IM UNTERRICHT TRINKEN?

Jeder Idiot weiß, dass Flüssigkeitsaufnahme wichtig ist, gerade bei konzentrierter Arbeit. Diese Info hat sich leider noch nicht bei allen Lehrern herumgesprochen. Notfalls einfach fragen.

ESSEN GEHT ABER KLAR, ODER?

Ganz bestimmt nicht. Du bist nicht im Kino. Unterricht ist keine Showveranstaltung. Auf Schokoriegel, Brötchen, Brot, Gemüse, Obst, Bockwurst oder Döner ist also zu verzichten. Auch hier gilt aber: Es soll Lehrer geben, die mit futternden Schülern im Unterricht kein Problem haben. Aber selbst wenn es erlaubt ist: Lass es! Man muss sich nicht dem Niveau seiner Mitmenschen anpassen.

DARF ICH MEIN KAUGUMMI UNTER DEN TISCH KLEBEN?

Habe ich dir Rindvieh nicht gerade erst auf extrem freundliche Weise mitgeteilt, dass Kaugummikauen verboten ist? Weil wegen sieht scheiße aus? – Eben!

DARF ICH NIE MIT MEINEN SATZNACHBARN REDEN?

Doch! Du bist schließlich nicht in Einzelhaft. Aber nur während einer Arbeitsphase, und nur, um Fragen zu klären und sich gegenseitig zu helfen. Dabei sollte es wiederum nur ums Thema gehen und nicht um andere »wichtige« Dinge wie scharfe Girls, Sex, Globalisierung, Klimawandel, Zombieinvasion, Pickel, viele Pickel, noch mehr Sex sowie alles andere, was nichts mit dem Unterrichtsgegenstand zu tun hat.

Auch nicht, wenn ich von einer Diskussion eh nichts verstehe?

Dann erst recht nicht. Hör zu. Vielleicht – voll das Geheimnis – verstehst du dann mehr. Außerdem sollst du natürlich versuchen, dich in Diskussionen einzubringen, was irgendwie aber nur funktioniert, wenn du bei der Sache bleibst.

WENN MIR DER ARSCH WEHTUT VOM SITZEN, DARF ICH DOCH BESTIMMT AUFSTEHEN, RICHTIG?

Eigentlich nicht. Ein Arsch, der nicht irgendwann wehtut, ist zwar kein vernünftiger männlicher Arsch, aber noch lange kein Grund, gleich aufzuspringen und gymnastische Übungen zu machen und den obigen Hampelmann zu imitieren. Wenn's aber wirklich nicht mehr geht oder du dich gesundheitlich nicht ganz fit fühlst, frag deinen Lehrer, ob du kurz an die frische Luft dürftest. Dann hast du endlich Gelegenheit, deine Messages zu checken.

9. DARF ICH IN DER ÖFFENTLICHKEIT MEIN HANDY BENUTZEN?

Natürlich. Dämliche Frage. Was für Mädchen und andere Menschen gilt, ist auch für dich in Ordnung. Ist schließlich ein idealer Zeitvertreib. Zum Beispiel in der Kirche. Auf einer Klassenfahrt ins Museum für antikes Teegeschirr. Bei einer sterbenslangweiligen Familienfeier. Allerdings könnte Handynutzung, muss man einfach so sagen, manchmal ziemlich unhöflich rüberkommen. Nur mal als Beispiel: Du sitzt mit jemandem zusammen, vielleicht in einem Café. Entweder einem Kumpel oder einer Freundin. Eventuell sogar »DIE« Freundin. Vor euch steht ein herrlicher Latte macchiato. Alles ist gut. Stimmung ist super. Scheint zumindest so. Deine Begleiterin ist gut drauf. Oder schlecht. Keine Ahnung. Woher sollst du das wissen? Schließlich habt ihr noch kein relevantes Wort miteinander gewechselt, sondern immer nur wie komplette Blindfische auf Bildschirme gestarrt. Hin und wieder zeigt ihr euch gegenseitig irgendein Foto, kichert ein wenig vor euch hin und wendet euch wieder der Wischerei zu. Nach einer Stunde ist euer Meeting zu Ende. Das Erstaunliche daran ist, dass ihr es in diesen 60 Minuten geschafft habt, nicht einmal in Ansätzen eine Art von Gespräch zu führen. Stellt sich also die Frage: Warum habt ihr euch überhaupt getroffen? Um euch herum aber vermutlich dasselbe Bild: Pärchen sitzen zusammen, die sich allerdings nicht in die Augen sehen – dauernder Bildschirmblick. Freunde, Familien … überall dasselbe.

Noch lange kein Grund, es genauso zu machen. Du musst dich schon entscheiden: Willst du mit einer Person zusammen sein? Willst du dich mit dieser Person unterhalten? Dich auskotzen über deinen Tag? Dir Elend und Ärger von der Seele reden? Ihm oder ihr von guten und schlechten Dingen berichten, die dir versehentlich auch noch passiert sind? Willst du erfahren, was er oder sie so gemacht hat in den letzten Tagen? Wie's ihm geht? Wie sie sich fühlt?

Super! Genau das nämlich ist der Sinn von Gesprächen, der hauptsächliche Grund, warum sich Menschen in ihrer Freizeit treffen. Um miteinander abzuhängen und zu quatschen, über Gott und die Welt und die Liebe und Sex und Politik und Literatur und Kunst und Schule und gute Lehrer und Dreckslehrer und Klassenarbeiten und Klausuren und schlechte Freunde und

sonstige Arschlochkinder und das verfickte Wetter und die Vorteile von Pommes mit Majo im Vergleich zu Pommes ohne Majo. Mit Menschen sprechen macht Spaß (es sei denn, sie labern nur Müll), ist sagenhaft interessant und lenkt vom Lebensstress ab.

Wenn du also trotzdem lieber mit deinem Handy spielen möchtest, bleib gefälligst zu Hause und verkriech dich mit deiner Apple-Samsung-LG-Sony-No-Name-Whatever-Kommunikationskeule unter der Bettdecke.

Ja, auch Erwachsene sitzen in der Öffentlichkeit herum und verschmelzen mit ihren Touchscreens. Noch lange kein Grund, es ihnen nachzumachen. Erwachsene sind manchmal Vorbilder, manchmal nicht – und hier eben nicht.

Stell dir vor, jemand möchte dir sein Herz ausschütten … immer noch im Café, immer noch der Latte macchiato vor dir … aber vor lauter Mit-dem-Gerät-Herumwirtschaften kommt diese Person gar nicht dazu. Sie denkt vielleicht, sie wäre irgendwie »uncool«, wenn sie dich mit privatem Kram belästigt, wo du doch ganz offensichtlich gerade superbeschäftigt bist mit Snap, Insta & Co. Oder sie versucht es und hört mittendrin auf – hat schließlich eh keinen Sinn. Du bist offenbar nicht aufnahmefähig und, noch schlimmer, zeigst brutales Desinteresse.

Andersrum geht natürlich auch. Du willst reden, aber Person X hat Besseres zu tun.

Ums kurz zu machen: Wenn zwei Personen sich treffen, können auch drei oder vier oder fünf sein, und der Ort des Treffens ein öffentlicher Ort ist, Eisdiele, Café, Frittenbude, Heißluftballon – dann bleibt das Telefon in der Tasche – und zwar auf lautlos gestellt. Vibrationsalarm geht in Ordnung; aus sonderbaren Gründen scheinen nämlich Vibrationen in der Hosentasche vor allem bei Jungs ziemlich geil rüberzukommen … aber eine genauere Analyse der Ursachen führt hier etwas zu weit …

WAS IST, WENN ICH MIT EINEM FREUND/EINER FREUNDIN IM CAFÉ SITZE UND MEIN HANDY KLINGELT?

Oh mein Gott! Was tun? Voll der Stress! Also – richtig coole Menschen schalten das Ding aus. Fällt vielleicht anfangs schwer, kommt aber nicht nur lässig rüber, sondern IST lässig!

WAS IST, WENN ICH EINEN WICHTIGEN ANRUF ERWARTE?

Sag deiner Begleitung gleich zu Beginn, dass irgendwann das Telefon klingelt und du unbedingt rangehen musst. Bitte schon jetzt um Entschuldigung. Fragt sich bloß, was ausgerechnet du für wichtige Telefonate erwartest ... ruft dich gleich dein Mathelehrer mit den richtigen Lösungen für die Klassenarbeit an oder was?

DARF ICH MICH AM TELEFON IN NORMALER LAUTSTÄRKE UNTERHALTEN, WENN MEIN KUMPEL ODER MEINE FREUNDIN NOCH DANEBENSITZT?

Kommt drauf an, wo du bist. Viele Leute finden laute Telefongespräche extrem ätzend. Daher gilt also: So leise wie möglich. Außer natürlich in Kirchen. Hier gilt: Schrei, bis deine Stimme aufgibt. Gott liebt Lautstärke. Gottesdienstbesucher ebenfalls!

UND WENN'S LÄNGER DAUERT?

Entschuldige dich bei deiner Begleitung und geh für einige Minuten nach draußen oder aufs Klo. Beende das Gespräch so schnell wie möglich: »Kann ich später noch mal anrufen ... ich bin gerade / ich muss / ich hab gerade ...« Dafür wird jeder Anrufer Verständnis haben. Und wenn nicht, handelt es sich um eine Hohlbirne ohne Klasse. Tipp: Vergiss nach dem Gang aufs Klo nicht, die Hose wieder hochzuziehen bzw. den Reißverschluss zu schließen.

MEINE BEGLEITUNG SPIELT DAUERND MIT DEM GERÄT RUM... ÄTZEND! ICH WILL MICH ABER UNTERHALTEN. WAS TUN?

Ganz klar: Die Freundschaft sofort kündigen und deiner Begleitung eine scheuern! Ist dir das zu radikal, sei einfach ehrlich: »Du, kannst du das Ding mal einige Minuten weglegen?« Hat er oder sie ein Problem damit, solltest du dir wirklich neue Freunde suchen. Klingt radikal? Ja! Und ist ernst gemeint. Es gibt keinen Grund, seine Zeit mit jemandem zu verbringen, der eigentlich seine eigene Zeit lieber mit dem Telefon verbringen möchte.

MEIN EHRLICHES »KANNST DU DAS DING MAL WEGLEGEN?« BRINGT NICHTS. WIE GEHT'S WEITER?

Ganz im Ernst: Geh einfach! Ohne Scheiß jetzt: Steh auf, nimm deine Sachen und geh. Da ein lächerliches Telefon offenbar wichtiger ist als du, spricht nichts dagegen!

ICH WEIß, DASS ICH KEINE FÜNF MINUTEN EXISTIEREN KANN, OHNE AUF MEINEN BILDSCHIRM ZU GUCKEN. UND NUN?

Herzlichen Glückwunsch – du bist süchtig! Respekt! Wenn du Hilfe brauchst, wende dich vertrauensvoll an einen Apple-Store in deiner Nähe … Oder versuche mal was Knallhartes: Entwöhnung! Lass dein Handy einfach morgens zu Hause. Die ersten Tage, davon muss man leider ausgehen, werden die Hölle auf Erden sein.

UND DIE TAGE DANACH?

Die auch noch!

UND DANN?

Dann wird's langsam besser, und du wirst ziemlich fix feststellen, dass du auch ohne ewiges Mobilsein leben kannst und dabei sogar freier und glücklicher bist. Glaubst du nicht? Probier's aus und lass dich überraschen! Es gibt wissenschaftliche Studien, die belegen, dass Jungs mit Handyentzug besser umgehen können als Mädchen. Frag mich nicht, warum das so ist, aber du kannst ja herausfinden, ob das auch auf dich zutrifft …

DANN KANN ICH MEIN HANDY DOCH GLEICH VERSCHROTTEN, ODER?

Muss nicht sein. Das Ding ist sinnvoll und in vielen Momenten einfach notwendig. Aber eben nicht dauernd und immer und ewig und schon gar nicht, wenn du mit anderen Menschen zusammen Zeit verbringst.

Sicher doch. Irgendwie muss man die Zeit schließlich rumkriegen. Viele Pädagogen raten sogar ganz ausdrücklich zur Handybenutzung im Unterricht – sie wissen schließlich am besten, wie unerträglich öde schulische Veranstaltungen manchmal sein können.

Echt jetzt?

Nein, du Schwachkopf. Natürlich nicht. 1) Pädagogen wissen gar nichts. 2) Handys im Unterricht sind unterste Kanone. 3) Es sei denn, der Lehrer erlaubt es. 4) Was nicht sehr wahrscheinlich ist. 5) Also schlaf einfach ganz normal.

11. WIE LÄUFT DAS MIT DER ZEIT?

Eigentlich ganz einfach! Um zu erfahren, wie spät es gerade ist, benutzen kluge Leute, also auch Jungs wie du, eine sogenannte Uhr. Dabei handelt es sich um ein Hightech-Gerät direkt aus der Hölle, das uns hilft, uns zeitlich zurechtzufinden. Man trägt eine solche Uhr, anders als häufig angenommen, nicht in der Hosentasche, sondern am Arm. Viele Teenager wie du sind allerdings dermaßen modern drauf, dass sie nicht einmal mehr ein solches Gerät besitzen, was Sinn macht, wenn doch das Handy dauerhaft griffbereit ist. Vielleicht erstaunt dich die folgende Info, aber Tatsache ist, dass Handys (auch die teuren Teile von Samsung und Apple) neben all den anderen tollen und zum großen Teil vollkommen schwachsinnigen Funktionen außerdem die Zeit anzeigen können. Crazy Shit!

Eigentlich sind Uhrzeiten gar nicht so sagenhaft interessant, sind bei näherer Betrachtung sogar ziemlich öde – bedeutsam werden sie erst dann, wenn du einen Termin hast. Termin beim Friseur. Termin beim Arzt. Termin im Kosmetikstudio. Termin mit dem besten Freund oder der besten Freundin. Weniger wichtig: Termin mit und bei den eigenen Eltern. Deutlich, deutlich, deutlich wichtiger: Termin mit deinem Schwarm. Mal ernsthaft: Man kann sich vieles leisten, aber zu spät kommen ist schon mal eine Nullnummer.

Nehmen wir das berühmte »Erste Date«. Früher oder später hast du eins, die Angelegenheit ist schon in der Vorbereitung nichts als pure Hektik. Du schwitzt wie ein Kaninchen in der Sauna, dein Bauch ist voll mit Schmetterlingen. Alles ziemlich crazy – und dann auch noch Stress, weil du die Zeit nicht im Griff hast? Muss nicht sein! Alles eine Frage der Planung.

Vor allem Mädchen leben häufig in einer Fantasiewelt voller Wahnvorstellungen, in der sich alles nur um sie dreht. So haben sie null Probleme damit, die Zeit zu dehnen, wo es nur geht, und erheben dies zur Kunstform. Ganz getreu dem Motto: Ich bin ein Mädchen, ich bin hübsch und süß, also brauche ich mich auch nicht an Zeiten zu halten, schon gar nicht, wenn ich mich mit einem Typen treffe. Der soll gefälligst auf mich warten, wenn er was von mir will.

Warten jedoch gilt, neben Bockwurst, als schwachsinnigste Erfindung aller Zeiten. Braucht man nicht, will man nicht.

12. NOCH WEITERE ZEIT-TIPPS? Q&AS!

DARF ICH ZU SPÄT ZU EINER
VERABREDUNG KOMMEN?

Nein, wie gesagt: Läuft nicht. Männer, auch angehende, kommen nicht zu spät. Weder zum Date mit deinem Schwarm noch einem Kumpel oder einer Freundin. Kommst du zu spät, gibst du dem Wartenden zu verstehen, dass er oder sie nicht wichtig genug ist, um pünktlich zu kommen.

WAS IST, WENN ICH MICH ZU EINEM DATE TROTZDEM VERSPÄTE, ES ABER RECHTZEITIG MERKE?

Ruf an! Schreib 'ne Nachricht! Schick Brieftauben.

WAS IST, WENN ICH WEISS, DASS ICH DEN TERMIN BEIM BESTEN WILLEN NICHT MEHR PACKEN KANN?

Wieder gilt: Anrufen, Textnachricht, Brieftaube, notfalls Rauchsignale. Ganz wichtig: Entschuldige dich! Lüg nicht rum, erfinde keine dämlichen Gründe, sag einfach, dass alles total schiefgelaufen ist und dass du es bald wiedergutmachen möchtest.

WAS IST, WENN MEIN »TERMIN« SCHON WEG IST, WENN ICH KOMME?

Du darfst und musst diese arschlochhafte Person verfluchen und solltest sofort an Ort und Stelle anfangen, mit blinder Wut irgendwelche Sachen zu zertrümmern. Oder aber: Jammer nicht rum, such den Fehler bei dir selbst und versuche, den Geflüchteten zu kontaktieren. Benutze dann tausendmal das Wort »Entschuldigung«.

WAS IST, WENN ICH SELBST AUF JEMANDEN WARTEN MUSS?

Ein ungeschriebenes Gesetz lautet, mindestens fünf bis zehn Minuten an Ort und Stelle zu bleiben. Wenn bis dahin auch keine Nachricht bei dir angekommen ist, bist du auf jeden Fall auf der sicheren Seite und kannst dich verpieseln. Jemand, der dir dann böse ist, hat ein Meeting mit dir sowieso nicht verdient.

WAS IST, WENN ICH WEDER UHR NOCH HANDY HABE UND GAR NICHT WISSEN KANN, WIE SPÄT ES IST?

Okay, das ist wirklich schwierig. Natürlich könntest du jemanden fragen, aber das ist natürlich ziemlich viel Arbeit. Tagsüber kannst du dich – Jungs können so was! – bestimmt am Stand der Sonne orientieren, abends und nachts wiederum anhand der Sterne.

13. WAS HAT SCHULE MIT PÜNKTLICHKEIT ZU TUN?

Wer Freunde dauerhaft warten lässt, hat diese Freunde nicht verdient und ist ein Arschkäfer! Doch gibt es natürlich auch noch andere Situationen, in denen Pünktlichkeit dringend notwendig ist – in der Schule nämlich. Schule … du erinnerst dich? Ja, genau, das ist dieses hässliche Gebäude, das du von montags bis freitags täglich betrittst und in dem neben jeder Menge Kids auch ulkige ältere Gestalten herumlatschen. Genau – Lehrer! Lehrer wiederum füllen die Zeit zwischen den großen Pausen, also den Langeweilperioden, auch bekannt als Unterrichtsstunden, wozu dein Erscheinen natürlich dringend erwünscht ist. Und zwar pünktlich.

Bei vielen Lehrern musst du dir um Pünktlichkeit jedoch keine Gedanken machen, da sie eben mit dem Bedienen der Uhr auch so ihre Problemchen haben. So interpretieren sie den Gong oder das Klingeln nicht als »Unterrichtsbeginn«, sondern vielmehr als »Ich trink mal noch 'ne Tasse Kaffee«. Wenn du solche Lehrer hast, brauchst du dich jedenfalls nicht zu stressen, sondern kannst in aller Ruhe deine Gespräche beenden und langsam Richtung Klassenraum marschieren. Bei Time-Master-Pädagogen allerdings solltest du Gas geben und dich dringend bemühen, noch deutlich vor dem Ende der Pause am Raum zu stehen, bevor du im Gedränge der Massen niedergetrampelt wirst. Es soll, so berichten

Legenden, sogar Lehrer geben, die Zuspätkommer (auch bekannt als Uhrenallergiker) gar nicht mehr reinlassen. Merke: Wenn die Tür zu ist und du von innen Stimmen hörst, hat der Unterricht bereits begonnen, und zwar ohne dich! So 'ne Frechheit! Anklopfen wäre jetzt eine gute Idee. Allerdings »taktvoll« und ganz bestimmt nicht zu laut. Macht dein Lehrer selbst die Tür auf, gilt folgendes Prinzip:

1. Abwarten, ob er oder sie etwas sagt.
2. In jedem Fall mit einer kurzen Begrüßung beginnen: »Guten Morgen, Frau Lurch.«
3. »Ich bitte vielmals um Entschuldigung« und »Es kommt nicht wieder vor« sagen, dabei möglichst beschämt auf den Boden starren.
4. Ohne jegliches Geräusch zu deinem Platz gehen, Platz nehmen, Sachen rausholen und am Unterricht teilnehmen, egal, um welches öde Thema es gerade geht.
5. Wenn du wirklich toll bist, am Ende der Stunde noch einmal kurz vor dem Pult des Grauens auftauchen und dich ein weiteres Mal entschuldigen. Hat auf jeden Fall Stil.

Einmaliges Zuspätkommen ist kein Desaster – mehrmaliges jedoch schon; auf Dauer wird's peinlich!

Es soll Schüler geben, die absichtlich zu spät kommen, um dann, wenn sie den Raum betreten, komplett im Mittelpunkt stehen zu können. Alle Augen richten sich auf die Tür – auf dich. Kann man bringen. Und funktioniert auch. Aber eben nicht dauerhaft. Nimm dir an solchen Leuten also kein Beispiel.

Lehrer sind Menschen. An dieser Theorie scheint tatsächlich was dran zu sein. Und nur, weil sie den Lebensraum Schule nie wirklich verlassen haben, gibt es keinen Grund, sie als Idioten, Nichtskönner, Trottel und Turnbeutelvergesser zu bezeichnen, schon gar nicht, wenn sie direkt vor dir stehen.

Gewöhne dir einen Tonfall an, der zeigt, dass du nicht hinter den sieben Bergen gleich neben der Müllhalde wohnst. Wichtig ist hierbei eine respektvolle Ansprache, denn wenn du willst, dass Lehrerinnen und Lehrer dich respektvoll behandeln, ist wohl davon auszugehen, dass du ihnen dieselbe Ehre zugestehst.

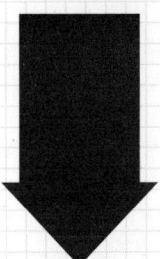

WAS MACHE ICH, WENN ICH EINEM MEINER LEHRER IRGENDWO AUF DEM GANG BEGEGNE?

Nun, entweder dich ganz dicht an die Wand stellen in der Hoffnung, dass sich seine Wand/Person-Verschmelzung ergibt, sodass er dich nicht bemerkt, oder, ganz krasse Sache, ihn oder sie einfach lächelnd mit »Guten Morgen« oder »Hallo« begrüßen, gerne auch mit dem Nachnamen dazu.

MACHE ICH DAS AUCH BEI LEHRERN, DIE ICH GAR NICHT IM UNTERRICHT HABE?

Ja, logisch, jeder Mensch hat das Recht auf eine freundliche Begrüßung. Falls dir das trotzdem zu viel Aufwand ist – viele Schulen sind bekanntlich riesig und verfügen über Tausende und Abertausende von Lehrkräften –, genügt auch ein Lächeln verbunden mit einem Kopfnicken. Kopfnicken geht von oben nach unten, nicht von links nach rechts oder rechts nach links: In letzteren Fällen handelt es sich um Kopfschütteln, was wiederum nur zu bringen ist, wenn du nach den Hausaufgaben gefragt wirst.

UND WENN ICH GAR NICHT IN DER SCHULE BIN UND TROTZDEM EINEM LEHRER BEGEGNE?

Lehrer verlassen eigentlich nie das Haus, aus purer Angst, von ihren Schülern verprügelt zu werden. Eine unbegründete Angst, denn moderne Schüler sind viel zu faul, um auf die Straße zu gehen. Latscht dir aber dennoch ein Lehrer über den Weg, gilt mal wieder: Grüßen, Lächeln, Nicken.

WAS MACHE ICH, WENN EIN LEHRER MEINE FREUNDSCHAFTSANFRAGE NOCH NICHT BEANTWORTET HAT?

Bist du komplett bescheuert? Lehrer sind Lehrer, nicht deine Freunde, folglich gibt es null Gründe, Freundschaftsanfragen zu schicken.

UND WENN ICH EINE SOLCHE ANFRAGE VON EINEM LEHRER BEKOMME?

In solchen Fällen darfst du dich a) wundern und b) ablehnen. Solltest du sogar tun. Lehrer haben kein Recht darauf, in deinen Freundeskreis aufgenommen zu werden, weder online noch sonst wie. Finger weg!

DARF ICH EINEN LEHRER DUZEN?

Nein. Es sei denn, dir wird das »Du« direkt angeboten, was aber eher in der Oberstufe vorkommt.

MUSS ICH EINEN LEHRER DUZEN?

Es gibt einige wenige Pädagogen, die auf die »Du«-Form bestehen, weil sie glauben, damit mehr Nähe herstellen zu können zwischen sich und den Schülern. Müssen musst du aber gar nichts. Wenn du lieber etwas mehr Distanz möchtest, darfst du gerne bei der guten, alten »Sie«-Form bleiben. Niemand kann dich zwingen, »Du« zu deinem Lehrer zu sagen. Somit sind auch Formulierungen wie »Du alter Sack« oder »Du ätzende, hässliche Schabracke« völlig unangemessen. »Sie alter Sack« wäre demnach natürlich völlig in Ordnung, zumindest bei Männern. Bei Frauen: Siehe oben. Was auch immer du tust, wichtig ist vor allem eines: Bleib verdammte Axt cool!

KAPITEL 11

YES, YOU'RE COOL:

WIE DU COOL WIRST – UND BLEIBST

Es ist als Junge dein verdammter Job, cool zu sein – eine Ganztagsbeschäftigung, die nie ein Ende findet. Coolness ist cool. Werde so wahnsinnig cool, dass es hinter dir schneit. Dass du irgendwann anfängst, auch an den heißesten Sommertagen Eiswürfel zu pinkeln. So unglaublich fantastisch cool, dass die Schafe DICH zählen, bevor sie einschlafen! Aber wie bloß? Hm … Dir kann geholfen werden.

1. GETÖNT GEHT'S BESSER?

. . . .

Ohne Sonnenbrille kannst du die ganze Cool-Sache knicken. Du brauchst eine, unbedingt. Ein billiges Plastikdings reicht völlig aus. Gut, besser zwei oder drei davon. Nach Möglichkeit aber keine, die aussieht wie der Bienenschiss auf einer Sonnenblume. Vergiss nicht, die Brille immer und überall zu tragen, auch nachts und unter der Dusche, auch während der Physikstunde und natürlich beim Kacken. Nicht aber beim Lesen! Ist schlecht für die Augen!

2. JAMMERN IST OKAY?

• •

Jammern ist eine ganz tolle Sache. Für alle, die mit Coolness nichts zu tun haben wollen. Coole Leute jammern nicht; selbst wenn sie scheiße verzweifelt sind, versuchen sie, ihre Probleme selbst zu lösen. Das gilt natürlich auch im Umgang mit deinen Eltern. Mach deinen Kack allein! Die meisten Schwierigkeiten kannst du nämlich auch solo in Angriff nehmen – du musst dich nur trauen und die Sache angehen. Komm aber nicht auf die Idee, dich für unverwundbar und unbesiegbar zu halten. Du bist Batman. Nicht Superman. Was okay ist, denn Superman ist so ziemlich der lahmste Held, den man sich vorstellen kann.

3. ICH SELBST SEIN? BLOß NICHT...

• •

Ist logisch: Du suchst nach Vorbildern. Irgendwelche coolen Typen in deiner Klasse. Wo du denkst: So wäre ich auch gerne. Du bist neidisch, was ganz normal ist. Aber Neid hilft dir nicht weiter. Komm also am besten gar nicht erst auf die Idee, andere Leute zu kopieren. Keine Kopie ist so gut wie das Original und im Endeffekt doch nur eine billige Fälschung. Hin und wieder mag das Kopieren von Verhaltensweisen oder Kleidungsstil in Ordnung sein, aber dauerhaft ist's Mist. Bleib gefälligst du selbst! Ja, ja – schon klar: Das ist so ein Rat, den dir Eltern oder Lehrer um die Ohren hauen. Aber deswegen muss er nicht falsch sein. Du hast DEIN Leben. DU bist DU. Niemand sonst. Deine Persönlichkeit ist DEINE Persönlichkeit. Leb damit. Akzeptiere sie. Entschuldige dich um Gottes willen nicht dafür, wer du bist. Kann sein, dass du schlechte Angewohnheiten hast. Die gehören genauso zu dir wie dein Penis. An schlechten Angewohnheiten kann man vielleicht arbeiten, okay, aber nicht an deiner »Persönlichkeitsstruktur«. Die bleibt, wie sie ist. Wirklich coole Typen verändern sich nicht (oder nur wenig) – sie versuchen eher, selbstbewusst zu sein und diese Power auch zu zeigen. Erst dann merken Menschen (dazu zähle ich ausnahmsweise auch Mädchen), dass du ein ziemlich lässiges Original bist!

4. COOL = WITZIG?

Oh ja! Jeder, der cool sein will, braucht Humor, und zwar jede Menge davon, am besten in jeder Lebenslage, egal, wie halb leer das Glas auch sein mag. Ganz wichtig sind hierbei Sprüche:

»I love to entertain you« – gegenüber deinem Mathelehrer, der sich über deine mathematische Dummheit beschwert.

»Erwachsenwerden? Ich mach echt jeden Scheiß mit, aber irgendwann reicht's!« – gegenüber Eltern, die dich mal wieder sinnlos mit einer »Werde endlich mal …«-Aussage nerven.

»Solange es Spaß macht, ist mir der Sinn ziemlich wurscht« – gegenüber allen, die mal wieder an der Nutzlosigkeit deiner Handlungen verzweifeln.

»Dieser Witz ist so geil, dass dir beim Zuhören die Titten abfallen« – gegenüber allen Mädchen, die mit frauenfeindlichen Sprüchen keine Probleme haben. Ob es solche gibt, musst du selbst herausfinden.

»Entweder du kennst mich – oder du kannst mich« – gegenüber Eltern. Geschwistern. Lehrern. Eigentlich ideal bei allen Leuten, die dir über den Weg laufen.

Wer cool sein will, sollte anfangen, ätzende Situationen locker zu sehen. Du bist also nicht bei jeder Kleinigkeit genervt oder gefrustet oder aggressiv, auch dann nicht, wenn die Kacke so richtig schön am Dampfen ist. Ganz im Gegenteil: Du siehst ein Problem und lachst darüber, egal, wie schlimm es auch ist. Und dann suchst du nach der Lösung.

5. ÜBER MICH SELBST LACHEN?

Ja. Was du allerdings erst einmal lernen musst. Ist nämlich gar nicht so einfach. Aber wer cool ist, muss deswegen noch lange nicht perfekt sein. Du darfst also über deine Frisur lachen, wenn sie aussieht wie ein Vogelnest. Darfst auch fröhlich grinsen, wenn du mal wieder unabsichtlich ziemlichen Mist gebaut hast. Damit zeigst du der Welt, wie selbstbewusst und lässig du bist.

6. ZU COOL IST UNCOOL?

Entweder, du bist uncool oder cool. Ich hoffe, du arbeitest an Letzterem. Du kannst allerdings auch ZU cool sein. Eine Sache, die du dir dringend abgewöhnen solltest! Wer ZU cool ist, nimmt sich viel zu wichtig. Folglich ist er ein eingebildeter, ätzender Flachwichser. Kein Mensch mag großmäulige Wichtigtuer. Kein Mensch steht auf Typen, die nicht auch mal albern sein und über sich selbst lachen können. Also: Auf deinem Klettertrip Richtung Coolness solltest du kurz vor der Spitze einfach mal anhalten!

7. KEEP CALM – KEEP COOL?

Genauso ist es. Ruhig bleiben = cool bleiben! Niemals ausrasten, ausflippen, ausklinken, austicken oder, Vorsicht Jugendsprache, abspacen! Coole Leute, das musst du dir immer wieder ins Gedächtnis rufen, haben es nicht nötig, blöd herumzuschreien oder Sachen durch die Gegend zu werfen, weder Katzen noch Schulbücher noch Playstations. (Außer die alten Modelle natürlich!) Wer cool ist, atmet tief durch, überlegt sich einen lässigen Spruch und schluckt seinen Ärger einfach runter. Rauslassen kann man ihn später, allein in seinem Zimmer, aber niemals in der Öffentlichkeit. Natürlich fällt es schwer, in einigen Momenten die Ruhe zu bewahren: Hier zeigt sich aber wahre Selbstbeherrschung und Coolness. Und wenn dir jemand blöd kommt, hau ihm oder ihr einen Spruch entgegen, niemals aber deine Faust. Falls dir kein Spruch einfällt – einfach umdrehen und gehen. Ist keine Schande, kein Zeichen von Schwäche, lediglich ein Beweis deiner »emotional coolness«.

8. ANDERS SEIN = COOL SEIN?

• •

Wer immer mit der Masse schwimmt, hat es ziemlich leicht. Du tust einfach alles, was deine Freunde auch tun, hörst dieselbe Musik, hast dieselben Hobbys und trägst am besten noch die gleichen Klamotten wie alle anderen. Das ist absolut okay! Aber was ist, wenn du andere Interessen hast als deine Kumpels? Wenn du vielleicht irre Lust darauf hättest, Ballettstunden zu nehmen oder ein Musikinstrument zu lernen? (Bedenke: Gitarre, Klavier und Schlagzeug gehen als Musikinstrumente durch. Blockflöten und Triangeln nicht!) Oder wenn du in deiner Freizeit einfach gerne Kekse backst? – In solchen Fällen: Mach es! Hör nicht auf damit! Oder fang überhaupt erst einmal an damit! Und, noch wichtiger, rede darüber. Warum solltest du ein Geheimnis aus deinem Leben machen? Eben! Du machst, was du willst! Und wenn du gerne Vogelhäuser baust, dann baust du eben gerne Vogelhäuser, auch wenn deine Kumpels das vielleicht als erbärmlichen Mädchenscheiß sehen. Steh drüber! Wahrscheinlich sind sie einfach nur neidisch. Ach übrigens – Mädchen stehen auf Jungs, die gegen den Strom schwimmen, sich ihre eigenen Meinungen bilden und nicht wie Schafe einer Gruppe hinterherlatschen. Schiss vor Neuem ist also Quatsch!

9. COOLES AUSSEHEN– WIE GEHT DAS?

An deinem Aussehen, ob du's glaubst oder nicht, lässt sich eine ganze Menge machen. Du kannst zwar nicht die Form deines Gesichts verändern (es sei denn, du läufst regelmäßig mit voller Wucht gegen alle möglichen Wände) oder deine Körpergröße (Verlängern oder Verkleinern funktioniert nicht, egal, wie sehr du dich anstrengst und streckst), wohl aber deine Kleidung. Sei ehrlich: Ist es nicht viel zu häufig Mama, die deine Klamotten kauft? Fängt bei der Unterhose an und hört beim Pullover auf? Sorry – aber du hast ein Alter erreicht, wo du gefälligst selbst shoppen gehst, auch wenn du Shopping (natürlich völlig zu Recht) absolut weibisch findest. Vergiss aber nicht, Mama den Kram bezahlen zu lassen!

Ein eigener Fashion-Style kommt nicht von allein. Er muss sich entwickeln. Wichtig ist: Zieh an, was dir gefällt! Nicht, was gerade angesagt ist. Und wenn du am liebsten mit Jogginghosen zur Schule gehst, dann, na ja, mach es halt. Wahrscheinlich fragst du dich aber eher, was bei Mädchen gut ankommt. Kurze Antwort: keine Ahnung. Längere Antwort: schwer zu sagen. Mädchen sind Menschen. Menschen haben unterschiedliche Ansichten darüber, was cool aussieht und was nicht. Probiere dich aus und experimentiere an deinem Stil.

Tipp: Egal, wie häufig deine Eltern sagen »Mit den Klamotten gehst du nicht aus dem Haus«: Du musst sie ignorieren! Wenn dir dann auf dem Schulweg JEDER erzählt, wie scheiße du aussiehst, ist vielleicht aber doch was dran. In diesem Fall: Klamotten direkt auf der Straße ausziehen und nackt oder in Unterwäsche (von Mama gekauft) weiterlaufen. Verschafft enorme Aufmerksamkeit und einen schönen Tag auf der Polizeistation!

10. KÖRPERCOOL?

Genau! Körpercool! Dieses Wort habe ich gerade erfunden und bin ziemlich stolz darauf. Körpercool bedeutet: gepflegt sein. Frischer Atem, immer, also ohne Aschenbecher- oder Zaziki-Aroma. Geduscht. Mit Deo und allem Drum und Dran. Nicht vergessen: Auch unten waschen! Gib deinem Penis jeden Tag seine wohlverdiente Happytime! Ansonsten: geschnittene und saubere Fingernägel. Dreck ist zwar natürlich, aber natürlich absolut uncool. Keine Gyrosreste zwischen den Zähnen. Keine Schuppen in den Haaren. Keine Pickel! – Okay, dafür kannst du nichts. Pickel sind für den Arsch und noch nutzloser als dein Englischbuch. Wenn du Glück hast, besitzt du nur wenige. Hast du Pech, sieht dein Gesicht aus wie Pizza. Schon klar – happy macht dich das nicht, aber du musst damit leben. Irgendwann verpissen sich die Dinger. Und bis es so weit ist, nützt es absolut gar nichts, irgendwelche Make-up-Scheiße draufzuschmieren. Bedenke: Make-up ist – im Wesentlichen – für Mädchen gedacht. Davon abgesehen haben andere Leute auch ihre kleinen oder größeren körperlichen Fehlerquellen.

Körpercool heißt außerdem: fit sein. Nicht zu verwechseln mit Fett sein! Fit sein bedeutet übrigens nicht, jeden Tag ins Fitnessstudio zu rennen und danach noch einen Marathon zu laufen. Aber irgendwas mit Sport wird dich nicht umhauen. Tipp: Stundenlang die FIFA-Champions-Edition zu spielen ist vieles, aber ganz bestimmt kein Sport!

11. RAUCHEN, SAUFEN, COOL SEIN?

»Boah, ich hab gestern 'ne ganze Flasche Bacardi mit Cola weggemacht!« – Schon mal irgendwas in dieser Art gehört? Bestimmt. Solche Sprüche kommen von Wichtigtuern und Angebern. Saufen ist nämlich, siehe Kapitel 9, ziemlich uncool. Mal ein Bier oder so ist okay, sich den Kopf in die nächste Dimension zu brettern ist es nicht. Genauso wenig wie Kippen: Klar, da sind diese Typen (und Typinnen) an der Schule, die sich regelmäßig hinter dem Gebäude treffen und dampfen, bis der Arzt kommt? Sieht schon cool und erwachsen aus, wenn sie lässig in Grüppchen zusammenstehen und Qualm in die Luft blasen, oder? So eine Raucherclique wirkt vom Spielplatzrand gesehen wie etwas extremst Spannendes, etwas Besonderes, total faszinierend. Raucher haben einen rebellischen Ruf, machen den Eindruck, als ob sie »anders« sind. Mag sein.

Oder auch nicht, denn trotz des Coolness-Faktors – denk mal an die Nachteile: Ein Raucher riecht aus dem Maul wie ein Stinktier aus dem Arsch. Stinktiere stinken hauptsächlich, um Feinde zu vertreiben. Raucher stinken, um … um was eigentlich? Ach ja – um cool zu sein. Toller Trick! Oder weil es ihnen vielleicht sogar schmeckt. Weil sie eventuell längst süchtig nach Nikotin geworden

sind und auf Aufhören einfach keinen Bock mehr haben. Dabei ist der erbärmliche Tabakgeruch, der sich auch auf die Klamotten überträgt, noch nicht mal das Schlimmste – Herzprobleme, Lungenkrebs, Lebenszeitverkürzung! Ohne Scheiß – wer regelmäßig raucht, »verkleinert« sein Leben durchschnittlich um zehn Jahre. Was wirklich eine ziemlich rebellische Veranstaltung ist …

Außerdem kostet Rauchen ein Schweinegeld – Kohle also, für die du vielleicht bessere Verwendung findest? Wer auf Kippen verzichtet und trotzdem dampfen will, kann als Alternative z.B. zur Wasserpfeife greifen. Dieses Shisha-Rauchen, eine absolute IN-Sache, schmeckt vielleicht sogar etwas besser – die gesundheitlichen Gefahren bleiben aber dieselben. Du nimmst im Gegensatz zum normalen Rauchen sogar noch eine Extraportion Teer in die Lunge auf, womit dieses Weichei-Organ allerdings nicht viel anfangen kann. Verständlich, denn Teer wird eigentlich zum Bauen von Straßen verwendet … Man muss schon sehr »cool« sein, um sich freiwillig so ein Zeug in den Körper zu jagen …

12. MEIN KÖRPER KANN COOLSPRECH?

• •

Kann er – und sogar ganz ohne Stimme. Cool sein bedeutet, selbstbewusst zu sein und dieses Selbstbewusstsein auch zu zeigen. Dafür braucht es eine positive und starke Körpersprache. Nein – jede dahergelaufene Hackfresse zu verprügeln ist damit nicht gemeint, auch wenn es Spaß machen könnte. Coolsprech beginnt bereits bei deinem Gang: Gehe aufrecht, Kinn nach vorne, Kopf nach oben. Wer herumläuft wie ein nasser Sack, läuft herum wie ein nasser Sack und hat eine beschissene Außenwirkung. Du aber willst ein cooler Sack sein: Also! Bewege dich, als wärest du der König der ganzen verdammten Welt. Redest du mit jemandem, siehst du ihm oder ihr in die Augen (und nicht auf die Titten!). Fummle nicht mit deinen Händen herum. Schon gar nicht zwischen deinen

Beinen. Taschenbillard ist in der Öffentlichkeit ein No-Go! Und wenn es aus Eimern regnet und du im Freien bist – kein Grund, wie ein Irrer herumzurennen. Männer rennen nicht, außer beim Sport. Männer *gehen*. Immer! Aufrecht, Kinn nach vorne, Brust raus. Drauf geschissen, wie nass man wird. Regen ist dein Freund.

Ausnahme: im Fall von Tornados, Erdbeben, Tsunamis, Sturmfluten oder Lawinen. Dann gilt: Renne, was das Zeug hält!

13. RESPEKT?

• •

Wer cool ist, respektiert sich selbst. Mit allen noch so bescheuerten Fehlern, die man hat. Und ja – du hast Fehler ohne Ende! Man respektiert aber, was vielleicht nicht immer einfach ist, auch andere Leute. Und zwar alle. Dies gilt für Eltern und Lehrer, auch die Vollidioten unter ihnen, Brüder und Schwestern, Tanten und Onkel und absolut alle anderen auf diesem Planeten. Auch Tiere.

Du denkst, mit dem »Outsider« deiner Klasse abzuhängen ist uncool, weil dich alle anderen Leute dann nicht mehr respektieren? Vergiss es! Häng mit ihm ab, wenn du Interesse an ihm oder ihr hast. Ihr müsst ja nicht gleich Best Friends werden, aber ein freundliches »Hallo« hat mehr Stil, als diese Person komplett zu ignorieren. Du denkst, die Putzfrau an deiner Schule ist irgendwie unwürdig, weil sie »nur« die Schule putzt (also auch DEINEN Dreck entfernt) und keinen Nobelpreis für Physik gewonnen hat? Falls du echt so drauf bist, solltest du deinen Grützkopf dringend reinigen. Warum sollte die Reinigungslady weniger »Wert« haben als andere Leute? Eben! Hat sie nicht. Respektiere Menschen. Egal, was sie beruflich machen. Egal, wie sie aussehen. Egal, welche Hautfarbe sie haben. Mal ehrlich: Who the fuck cares? Außer natürlich oberflächliche Idioten – aber davon willst du dich natürlich abgrenzen. Wer cool ist, ist niemals oberflächlich, und ein Idiot schon mal gar nicht.

14. WAS SOLL ICH MIT DER WELT?

Ich: »Weißt du eigentlich, was gerade in Syrien abgeht?«

Du: »Keinen Schimmer. Interessiert mich nicht.«

Ich: »Hm. Was hältst du denn von der Idee, auf Atom- und Kohlekraft zu verzichten?«

Du: »Mir doch egal.«

Ich: »Hast du denn in letzter Zeit mal ein gutes Buch …«

Du: »Fick dich.«

Habe ich das »Du« richtig getroffen? Ich hoffe nicht. Um dich herum gibt es eine ziemlich riesengroße Welt, in der verflucht viel los ist. Gutes und Pissiges. Wäre nicht schlecht, sich auszukennen. Damit man Ahnung hat. Damit man mitreden kann, wenn Erwachsene sich unterhalten. Es geht um Weltwissen und Allgemeinbildung. Wissen ist Macht, hat mal ein kluger Mann gesagt, und lag damit richtig. Wer nichts weiß, ist dumm. Bleibt dumm. Wer dumm ist, ist ein Spacken. Spacken sind uncool.

Was schließen wir also daraus: Bilde dich. Informiere dich. Und zwar nicht nur über Twitter-Insta-Snap-Facebook-Posts, sondern vor allem mithilfe »seriöser Medien«. Vor langer Zeit haben Schlauköpfe zu diesem Zweck nämlich sogenannte Nachrichten erfunden. Nicht nur im Netz, sondern auch im Fernsehen. Nachrichtensendungen und so. Wenn du ganz heavy drauf bist, kannst du auch zu Zeitungen greifen. Völlig wurscht. Hauptsache, du bewegst deinen Verstand. Ansonsten schrumpelt er in sich zusammen – was natürlich auch Auswirkungen auf deinen Penis hat. Und das wollen wir ja nun wirklich nicht …

KAPITEL 12

YES, YOU DO:

▼ ▼ ▼

WIE DU DIESE ÄTZENDE LANGEWEILE ÜBERLEBST

Der Begriff »Freizeit« bedeutet, überraschenderweise, »freie Zeit«. Du bist also nicht in der Schule. Bist auch sonst nirgends. Hast also Zeit. Und weißt nichts damit anzufangen. Also wirklich: Masturbieren geht immer! Aber man kann bekanntlich nicht stundenlang an sich herumrubbeln, also braucht es andere Möglichkeiten, sich von dieser ekeligen Langeweile zu befreien. Hier mal einige Vorschläge:

1. LERN LISTEN!

Ein »spannendes« Hobby für regnerische Wochenenden, Zeiten ohne Freunde oder einschläfernde Chemiestunden. Eine Liste aller Elemente des Periodensystems. Passt sogar zu Chemie. Oder eine Liste der US-Präsidenten. Eine der römischen Kaiser. Oder der Päpste. Eine Liste aller Filme, die jemals einen Oscar gewonnen haben. Noch cooler: Eine Liste mit allen Filmen, die KEINEN Oscar gewonnen haben. Sind bestimmt nicht soooo viele. Eine Liste mit Nobelpreisträgern. Oder mit ausgestorbenen Tieren. Oder fast ausgestorbenen Tieren. Oder mit noch lebenden Tieren (geht schneller). Vielleicht auch eine Liste mit »Ereignissen der Weltgeschichte«. Mit Hauptstädten. Mit Großstädten. Mit Kleinstädten. Mit allem, was du dir vorstellen kannst. Und dann – lerne den Scheiß! Und zwar auswendig. So bringst du a) dein Allgemeinwissen in marsmäßige Höhen und bist b) stundenlang, tagelang oder wochenlang sinnvoll beschäftigt! Großartig. Davon abgesehen tatsächlich ein ganz ordentlicher Zeitvertreib bei langen Autofahrten oder Familienfeiern, oder wenn du auf dem Klo sitzt und einfach nichts rauskommt.

2. LERN GEDICHTE!

Falls du Listen langweilig findest (womit du natürlich recht hast), probiere dasselbe Spiel mit Gedichten. Irgendwas von Shakespeare, am besten noch auf Englisch. Aber auf Deutsch ist auch schon hart genug. Goethe, Schiller, Whitman, Auden etc. – Und falls dir diese Namen nichts sagen, informiere dich über das Leben und Werk dieser Menschen. Klingt genauso spannend, wie es ist … Andererseits: Mädchen finden es bestimmt ziemlich genial, wenn du spontan einfach mal ein Gedicht von Shakespeare aufsagst. Einfach, weil du's kannst. Oder, falls du Shakespeare für einen Trottel hältst – schreib halt deine eigenen Werke. Soooo schlecht können die gar nicht sein!

3. SCHREIB TAGEBUCH!

Schon kapiert. Du schreibst kein Tagebuch. Weil wegen »ist voll schwul«. Um das zu beurteilen, müsstest du aber eigentlich erst mal einen Schwulen fragen. Aber was spricht sonst dagegen? Dass es Arbeit ist, deine Gedanken aufzuschreiben? Na ja, stimmt. Aber Kacken ist auch Arbeit – und tut trotzdem gut. Einfach mal aufschreiben, was dir den Tag über passiert ist, und das täglich. Kannst schreiben, was du willst, fluchen ohne Ende, Leute beleidigen, ohne Konsequenzen zu fürchten, dir ausmalen, wie geil es wäre, jemanden an bestimmten Körperstellen zu berühren … – Ein Tagebuch kann, auch wenn du so was für Mädchenmurks hältst, ein ziemlich guter Freund sein. Nicht so ein guter Kumpel wie ich, ist klar, aber eben ein schwuler bester Freund.

4. LIES 'N BUCH!

Tue ich doch gerade, denkst du wahrscheinlich. Sehr richtig. Und? Tut's weh? Nee, wahrscheinlich nicht. Oder sind deine armen Äuglein schon überfordert mit all diesen bösen, bösen Buchstaben? Schätze mal, es macht sogar Spaß, mich zu lesen. Kein Wunder – ich bin ja auch ziemlich klasse. Aber andere Bücher sind es auch – gute Tipps, von mir persönlich ausgewählt, findest du in Kapitel 14. Bücher, die dir Geschichten erzählen, mit denen du mal aus deiner Welt ab- oder auftauchen kannst. Ist egal, was für ein Buch du auswählst. Ob was mit Vampiren oder Werwölfen oder Zombies, was mit Liebe, mit Sex oder mit jeder Menge Mord und Totschlag und ohne Liebe und Sex. Hauptsache Buch. Ein ideales Buch, falls du auf Gewalt stehst, ist übrigens die Bibel, vor allem das Alte Testament … Nicht ganz einfach zu lesen, aber Gott ist echt ziemlich mies drauf in dem Teil. Falls zu öde: Das Tagebuch deiner Schwester ist bestimmt ebenfalls eine großartige Klolektüre. Falls wiederum keine Schwester zur Hand: Mamas Tagebuch. Und falls diese keins führt: Lies halt dein eigenes Tagebuch … (Siehe Punkt 3 …)

5. KOCH WAS!

Essen ist 'ne ziemlich faszinierende Erfindung. Du steckst oben was rein, und unten kommt es in leicht veränderter Form wieder raus. Vorher musst du es aber kaufen. Oder natürlich selbst kochen. Siehe Kapitel 8. Schau einfach, was Kühlschrank oder Vorratskammer zu bieten haben, klatsche alles zusammen, was nach Nahrung aussieht, erhitze es auf 250 Grad und warte ab. Wenn du Glück hast, ist das Ergebnis essbar. Hast du Pech, freuen sich vielleicht die Nachbarn, denen du die Pampe einfach vor die Tür stellst. So tust du sogar noch was Gutes mit deinen Kochkünsten. Ein echter Menschenfreund eben!

6. MACH WAS SINNLOSES!

Zum Beispiel könntest du dein Mathebuch öffnen und jede Aufgabe bearbeiten, die da drinsteht. Also echt jetzt – JEDE! Egal, wie bescheuert sie dir vorkommt. Wenn dir das zu blöd oder anstrengend ist: Rubbel dir einen! Geht immer und zu jeder Tageszeit. Außerdem an fast jedem Ort. Tipp: Stelle sicher, dass du allein bist! Sonst noch was Sinnloses?

Geh raus und zähle Grashalme! Ist irre faszinierend!

Mähe den Rasen mit einer Nagelschere. Dauert zwar lange, macht null Freude, führt aber wenigstens zu Rückenschmerzen!

Bemale deinen ganzen Körper mit Filzstiften. Falls keine zur Hand, geht auch richtige Farbe. Vielleicht hat Papa noch einen Topf rumstehen? Pinsel dich richtig schön ein und wälze dich dann auf dem Fußboden oder presse dich gegen die Wand! Du wirst erstaunt sein, was für crazy Muster du entwerfen kannst.

Finde im Kühlfach ein Bratwürstchen und beatme es so lange, bis es wieder aufwacht!

Geh raus, nimm das erste Mädchen, das du siehst, und küsse sie! Mann, wie die sich freuen wird …

Räume dein Zimmer auf. Soll heißen: Kicke den ganzen überflüssigen und herumliegenden Mist unters Bett und warte, bis er sich auflöst.

Schalte deinen Fernseher ein und schaue einen Tag lang, 24 Stunden am Stück, nichts anderes als Arte oder Tagesschau24. Erstens lernt man was dabei, und zweitens kann man super dabei einschlafen!

Drucke alle englischsprachigen Internetseiten aus. Wirklich alle. Direkt im Anschluss fängst du an mit der Übersetzung ins Französische oder Lateinische.

Beobachte das Wetter. Ist genauso scheißöde, wie es sich anhört. Aber besser als gar nichts tun …

 ## 7. ODER WAS SINNVOLLES!

Ruf doch einfach mal deinen Klassenlehrer zu Hause an. Bin fest davon überzeugt, dass er oder sie sich tierisch freuen wird. Falls es sich um eine Frau handelt, teile ihr mit, dass du dich brutal in sie verknallt hast und ohne sie nicht leben kannst. Die sich anschließenden Gespräche mit deinen Eltern (oder einem Psychiater) werden dir über Langeweilphasen problemlos hinweghelfen.

8. GEH SPAZIEREN!

Ist ja gut. Ich weiß ganz genau, wie sich das anhört. Hypermäd-chenhaft! Spazieren gehen ist genauso spannungsarm wie einge-schlafene Füße. Hat aber ja auch keiner gesagt, dass du allein her-umwandern sollst. Wie wäre es mit Oma oder Opa als Begleitung? Lass dir von ihnen (sexuelle) Storys aus ihrer Jugend erzählen. Sie können dir bestimmt erklären, wie man vor tausend Jahren, als sie noch jung waren, gedated hat. Und ob Beziehungen anders waren damals. Und überhaupt … die Vergangenheit ist spannen-der, als man denkt. Tipp: Bevor du spazieren gehst, überlege dir eine Route, die an allen Häusern aller Mädchen vorbeiführt, die dich interessieren. Vielleicht siehst du also unterwegs doch noch etwas Interessantes …

9. ERFINDE SPORT!

Fußball, Handball, Tennis … alles ausgelutscht für dich? Und der Ami-Kram, also Baseball oder Football – ebenfalls voll lahm? Dann erfinde doch mal was Neues. Denke an Sportarten, die es be-reits gibt, und verbinde sie miteinander. Wie wäre Tennisfußball? Fußball mit einem Tennisball also. Oder Autobahnschwimmen. Aber Achtung: Autofahrer werden dich vielleicht für bekloppt hal-ten! Eine Sportart, die Körper- und Geistestraining miteinander verbindet, ein neuer Trend aus Korea, ist natürlich das »voll-crazy« Vokabel-Jogging. Du lernst also Vokabeln, und bei jeder falschen Übersetzung joggst du die Treppen rauf und runter. Kann man natürlich auch mit Geschichtsdaten oder chemischen Elementen machen. Eine weitere ideale Freizeitbeschäftigung wäre das hier-zulande leider kaum bekannte Book-Juggling. Du jonglierst dabei mit, nun ja, Büchern. Falls dir Bücher allerdings zu kostbar und wertvoll sind, geht Book-Juggling auch mit Bananen oder Küchen-messern! Heißt dann aber Knife-Juggling. Oder Cat-Juggling. Tipp: Du brauchst in der Regel mehr als eine Katze! Aber eventuell können die Nachbarn weiterhelfen …

PS: Wenn du Book-Juggling mit MIR machst und MICH runter-fallen lässt, bring ich dich um! Muss einfach mal gesagt werden!

10. DEKORIER UM!

Dein Zimmer nämlich. Im Normalfall besitzt du Bett, Schreib-tisch, Stuhl und andere Möbelstücke. Nur mal als Idee: Könntest du nicht den Schreibtisch ans Fenster rücken? Das Bett dafür an die Wand? Die Wand an die Tür, die Tür in den Keller und den Keller in den Garten? Oder warum ziehst du nicht selbst in Keller oder Garten? Falls zu radikal, gibt es sicherlich viele andere Mög-lichkeiten, dein Zimmer zu pimpen. Mit richtig hartem Klebstoff, Industriekleber, ist es sogar möglich, dein ganzes Mobiliar, also auch Bett und Tisch und Teppichboden, einfach an die Decke zu pappen. Damit wirst du auf jeden Fall Instagram-König! Wo du dann allerdings schlafen willst, ist mir schleierhaft, es sei denn, es gelingt dir, auch noch die Schwerkraft auszuschalten. Und wenn du eh schon am Umbauen bist, wie wäre es mit neuer Farbe für die Wände? Ein zärtlich-schwuchteliges Rosa für übers Bett? Knall-hartes Schwarz für übern Schreibtisch? Du kannst das Schwarz natürlich noch mit weißen Totenköpfen verzieren – so hast du ein harmonisches Raumklima geschaffen, ideal für Hausaufgaben.

Das Thema Umdekorieren lässt sich problemlos auch auf die ganze Wohnung ausdehnen. Was gefällt dir nicht an eurem Wohn-zimmer? Die Couch steht falsch? Der Fernseher auch? Und der Schrank in der Ecke hat dich schon immer gestört? Prima! Dann los! Deiner Kreativität sind absolut keine Grenzen gesetzt. Ver-frachte die Glotze ins Bad, bohre zum Ausgleich Mamas Make-up-Schränkchen direkt über die Wohnzimmercouch, baue die Toilettenschüssel zum Katzenklo um und wirf alles, was nach Pflanze aussieht, raus auf die Straße. Nach nur wenigen Stunden erstrahlt dein Zuhause in einem gänzlich neuen Glanz. So richtig zum Wohlfühlen. Bestimmt werden dir dein Einsatz und deine Mühe mit einer Taschengelderhöhung entlohnt!

11. SPIEL WAS!

Ich spreche hier von Spielen ohne Internet und ohne Konsole. Unmöglich? Gar nicht! Unmöglich gibt's nicht für Männer! Wir können alles. Zum Beispiel einfach im Haus sein und spielen. Nicht an dir rum, sondern mit Freunden. Es gibt Tausende aufregender Brettspiele. Und notfalls gehen sogar Mensch-ärgere-dich-nicht oder Monopoly. Aber auch Tabu oder Scrabble sind gar nicht mal so uninteressant. Ganz im Gegenteil! Kartenspiele sind natürlich ebenfalls eine gute Beschäftigung. Kannst du vielleicht Poker? Wenn nicht, lerne es! Dann haste was zu tun. Wenn fertig gelernt, triff dich mit Freunden und erhöhe schon in der ersten Runde den Schwierigkeitsgrad. Fachleute sprechen dann von Strip-Poker: Jeder, der verliert, muss immer ein Kleidungsstück ausziehen. Und dann noch eins und noch eins. Irgendwann wird's dann vielleicht kalt. Aber: Hier handelt es sich um eine Spielidee, die vor allem dann richtig Laune macht, wenn Mädchen dabei sind, die ohnehin schon knapp bekleidet sind …

12. BESUCH WEN!

Und zwar, um die Sache interessanter zu gestalten, jemanden, den du seit Ewigkeiten nicht gesehen hast. Zum Beispiel Papa auf der Arbeit. Auch Onkel Erwin würde sich bestimmt freuen, Gleiches gilt für Tante Kunigunde. Erinnerst du dich noch an jemanden aus deiner Kindergartenzeit, mit dem du total gerne gespielt hast? Den du danach aus den Augen verloren hast? Finde heraus, wo er oder sie wohnt und, wenn nicht allzu weit entfernt, mach dich auf den Weg. Könnte ein echt mieses Treffen werden, weil ihr euch nichts mehr zu sagen habt. Vielleicht aber entwickelt sich die Sache zu einer neuen Freundschaft. Oder zu mehr … wer weiß?

13. MACH WAS!

Ich dachte hier an, halt dich fest, »gemeinnützige Arbeit«. Dabei handelt es sich um Arbeit, für die du nicht, also gar nicht, bezahlt wirst. Du tust dabei aber etwas für die Gemeinschaft und veränderst die Welt zu einem besseren Ort. Okay, nicht übertreiben. Aber im Ernst: Frag doch mal alte Leute in der Nachbarschaft, ob sie bei irgendwas Hilfe brauchen, z.B. beim Einkaufen oder so. Verlange kein Geld dafür! Vielleicht geben sie dir trotzdem was – aber natürlich lehnst du ab. Zumindest anfangs. Eventuell gibt's aber auch ein Jugendzentrum in der Nähe? Oder ein Tierheim? Solche Läden sind immer dankbar, wenn sich jemand zum Helfen bereit erklärt. So kannst du zumindest abends ins Bett gehen und sagen: Ich hab heut echt was Gutes getan. Wenn dich gemeinnützige Jobs nicht begeistern (da halt ohne Kohle), bietet sich natürlich auch richtige Arbeit an.

Wer gelangweilt ist und nichts macht, hat einfach Pech beim Denken, denn es gibt nun wirklich tausend Milliarden Möglichkeiten, Langeweile zu bekämpfen. Obwohl – hin und wieder ist souveränes Chillen sogar in Ordnung. Du MUSST mal abschalten, um wieder klarzukommen. Du brauchst also gar nicht immer einen Plan oder ein Ziel. Einfach abhängen, dabei Musik hören und an die Decke starren geht klar. Ganz egal, was Mama und Papa dazu sagen, die dich sowieso für stinkend faul halten, egal, was du tust. Aber chillen kann man nicht immer; irgendwann ist es genug. Und dann? Entweder kannst du die bisherigen Tipps befolgen, oder …

- Einen Verein gründen. Egal, was für einen, Hauptsache, es gibt ein Oberthema. Du würdest total gern mehr über Mädchen lernen oder dich mit »weiblichen Dingen« auseinandersetzen? Perfekt. Dann finde einen Haufen Kumpels, baut euch ein Klubhaus im Keller und quatscht darüber. Besser noch: Ladet welche ein. Als Anschauungsobjekte. IHR bestimmt die Kleidung!
- Einem Verein oder Club beitreten. Kann was Sportliches sein. Oder was Politisches. Gibt's 'ne Umweltorganisation in der Nähe? Dann schau dir die Bude doch mal genauer an. Auch die freiwillige Feuerwehr, die DLRG oder die Tafeln haben ganz bestimmt nichts gegen deine Mitarbeit einzuwenden.
- Ab in den Zoo. Museum geht ebenfalls. Beobachte die Affen, wie sie wichtig vor Bildern stehen und so tun, als würden sie die »Intention des Künstlers« nachempfinden können.
- Zieh dir Mädchenklamotten an und laufe einen ganzen Tag damit durch die Gegend. Ist zwar peinlich wie Sau, gibt dir aber ein ganz neues Lebensgefühl. Wer weiß … vielleicht entwickelst du sogar eine Vorliebe für BHs und Röcke …
- Mach 'ne Fahrradtour. Voraussetzung: Du hast ein Fahrrad. Du musst nicht mal damit fahren: Kannst das Ding auch huckepack nehmen und damit durch die Stadt latschen. Es bleibt ja eine Fahrradtour …
- Geh zur Polizei und mach eine Selbstanzeige. Erzähle den Beamten, dass du ständig geil bist, was doch bestimmt nicht in Ordnung ist …

- Sortiere ungewaschene Unterwäsche oder Socken nach Geruch und stelle den Gewinner online. Kann man zwar nicht riechen, aber mit etwas Fantasie geht alles …

14. DENK NICHTS!

Denken ist eigentlich 'ne easy Veranstaltung und total angesagt – vor allem in der Schule. Jeder kann es. Jeder tut es. Aber – wie wäre es zur Abwechslung mal mit »An nichts denken«?

Geht das überhaupt? Na logo – setz dich hin, konzentriere dich und denke an absolut gar nichts. Hm. Funktioniert nicht die Bohne, oder? Sobald du nämlich darüber nachdenkst, an nichts zu denken, denkst du übers Nichtdenken nach – und hast somit dein Ziel verfehlt. Schöne Scheiße! Kann man aber nichts machen. Dein erstklassiges männliches Brain-Dings ist einfach dauernd in Bewegung und viel zu groß und mächtig, um in völlige Leere abzugleiten. Vielleicht solltest du mit etwas Einfacherem anfangen: Setz dich hin, konzentriere dich und versuche, NICHT über Mädchen nachzudenken. Hm. Sobald du darüber nachdenkst, nicht über Mädchen nachzudenken… Mist, verdammter… da wird's wohl nichts mit Schlafen heute Nacht.

SOLL HEISSEN:
ZU TUN GIBT'S EIGENTLICH IMMER WAS.
OB SINNVOLL ODER SINNLOS, OB SPANNEND,
AUFREGEND ODER WENIGSTENS ANSATZWEISE
INTERESSANT. ALLES IST BESSER,
ALS DAUERND ABZUHÄNGEN.

KAPITEL 13

YES, YOU SURVIVE:

WIE DU MIT DEINEN PEINLICHEN ERZEUGERN KLARKOMMST

Eltern sind was Feines. Ist gut, welche zu haben. Entweder Mama und Papa, also beide, oder wenigstens einen Teil davon. Trotzdem ist Familienleben manchmal sagenhaft ätzend. Weil Eltern komischerweise immer anders drauf sind, als du willst. Weil sie klugscheißen können, dauernd. Und unwitzige Witze raushauen. Und verzweifelt versuchen, so cool wie du zu sein. Was absolut immer konsequent in die Hose geht.

1. WARUM SIND MEINE ELTERN IMMER SO PEINLICH?

Sie können einfach nicht anders. Fische schwimmen, Vögel fliegen, und Eltern sind peinlich. Ist ein Naturgesetz. Dabei machen die das gar nicht absichtlich. Trotzdem schämst du dich für sie. Kein Wunder: Wenn sie in dein Zimmer kommen, obwohl deine Freunde gerade da sind, und nichts Besseres zu tun haben, als rumzunörgeln. Wenn sie dir in der Öffentlichkeit unbedingt einen Kuss geben wollen oder dir durch die Haare fahren. Wenn sie für dich im Restaurant nach einem Kinderteller fragen. Wobei – gegen einen Micky-Maus-Teller mit zwei Fischstäbchen und einer halben Portion Pommes ist nun wirklich nichts einzuwenden … Sie bedienen das Handy mit dem Zeigefinger und rufen dich laut »Hasenmuckel«? Mama zieht dir VOR deinen versammelten Freunden den Reißverschluss der Regenjacke zu? Ja, geht's noch? Was soll der Fuck? Was du gegen solche Peinlichkeiten tun kannst? Na, Türen schlagen. Schreien. Jammern. Sachen zertrümmern. Oder den älteren Herrschaften einfach immer und immer wieder freundlich mitteilen, dass sie bestimmte Sachen sein lassen sollen. Meistens peilen sie nämlich gar nicht, dass sie sich scheiße benehmen. Für sie ist es normal, mit dir Unterhosen shoppen zu gehen, für dich hingegen eine Megaschande. Genau deshalb musst du sie immer wieder darüber aufklären, was geht und was nicht geht. Vielleicht gibt's ja einen Lerneffekt. Aber erwarte bloß nicht zu viel …

2. ICH TUE ZU WENIG FÜR DIE SCHULE, SAGEN SIE.

Womit sie bestimmt recht haben. Trotzdem kein Grund, dauernd dran erinnert zu werden, und auf Dauer echt nervig. Eltern wollen, dass du erfolgreich bist und nicht irgendwann unter einer Brücke pennen musst, weil du für einen Millionärsjob zu doof bist. Dauernd fragen sie: »Sind deine Hausaufgaben fertig?«, »War da nicht 'ne Englischarbeit?«, »Hast du schon geübt für Mathe?« – Deine Antworten: »Nein. Weiß nicht. Keinen Bock.« Mit solchen Reaktionen wird die Sache aber nicht besser. Auch wenn's dir auf den Sack geht: Gib vernünftige Antworten, aber einige dich mit deinen Erzeugern darauf, dass Schule DEIN Job ist und dass DU dich selbstständig darum kümmerst. Wenn du dann auch noch ordentliche Zensuren mit nach Hause bringst, lassen sie dich in Ruhe. Oder aber sie bringen Sprüche wie: »Na ja, eine 2+ ist nicht schlecht, aber da wäre bestimmt mehr drin gewesen, wenn du mehr gelernt hättest …« Alles in allem: Egal, was du tust, du verlierst. Leb damit. Irgendwann ist Schule vorbei und das Thema durch. Dann nerven sie dich allerdings mit anderen Sachen. Merke: Eltern geben nie auf, dich zu erziehen!

3. SIND ANDERE ELTERN COOLER?

Wenn du bei einem Kumpel bist, kommt dessen Mama alle zehn Minuten ins Zimmer und bringt Kekse oder Saft? Nein?

Super! Sein Papa bestellt Pizza für euch, bringt noch einen lässigen Spruch und lässt euch dann in Ruhe? Ja? Wahnsinn. So soll's sein! Tatsache ist: Andere Eltern sind immer cooler! Deine eigenen sind spießig, nervig und lästig. Denkst du jedenfalls. Dein Kumpel sieht die Sache aber manchmal ganz anders … für ihn sind DEINE Eltern die geilsten Leute überhaupt, was du beim besten Willen nicht verstehen kannst. Du hast ja auch keine Ahnung, was bei deinen Kumpels wirklich abgeht, wenn du das Haus verlassen hast. Und, mal ehrlich, willst du auch gar nicht wissen …

4. SIE WOLLEN MIT MIR ÜBER SEX SPRECHEN…

Klar. Dieser Tag musste ja irgendwann kommen. Aber anstatt froh und happy zu sein, dass sich Mama und Papa um so was überhaupt Gedanken machen, bist du, natürlich, angepisst. Was verständlich ist. Du lehnst solche Gespräche ab. Bist bereits informiert. Hast voll die Ahnung. Warum also den Quatsch noch ein weiteres Mal durchsprechen? Na ja, weil deine Eltern sich Sorgen machen und glauben, dass du ohne ihren sexuellen Input nicht überleben kannst. Mach dir einen Spaß draus und höre dir den Klugschwatz in Ruhe an. Nicke ohne Pause und wiederhole immer wieder den Satz »Ich verspreche, verantwortungsbewusst zu sein«. Bedanke dich am Ende für die »genialen« Ratschläge und frage am Ende des Gespräches nach mehr Taschengeld – für Sexspielzeug.

5. ICH HAB 'NE FREUNDIN ...
WIE SAG ICH'S MEINEN ELTERN?

Gar nicht natürlich. Meine Fresse, die werden es schon selbst herausfinden, spätestens, wenn du das Mädchen das erste Mal mit nach Hause bringst. Klar wird deine Mutter es hundert pro schaffen, daraus eine peinliche Aktion zu machen, indem sie etwa darauf hinweist, dass ihr »beide ein wunderschönes Paar« seid. Womit sie bestimmt recht hat! Aber sobald du ein Mädel ins Haus bringst, kannst du darauf wetten, dass dir bald jede Menge Infos an die Birne geworfen werden, ganz im Sinne von »Wenn ihr Sex haben wollt, dann musst du ...«, »Lass es langsam angehen, Junge«, oder »Die passt eigentlich gar nicht zu dir«. Richtig spannend wird es, wenn Mama dich VOR deiner Freundin fragt, ob ihr euch schon geküsst habt ...

6. KANN MEINE FREUNDIN BEI MIR ÜBERNACHTEN?

Kann sie. Spricht überhaupt nichts dagegen. Außer wahrscheinlich für deine Eltern. Denn: »Dafür bist du noch zu jung« oder »Dafür bist du noch nicht reif genug«. Standardsätze. Wieder mal gilt: Deine Eltern machen sich voll die Sorgen, dass du Sex hast und dass sie demnächst Enkelkinder haben werden. Zugegeben, mit 14 ist Sex in der Tat etwas »early«. Aber vielleicht ist das auch gar nicht dein Ziel: Du möchtest vielleicht einfach mal neben einem Mädchen, das du echt magst, einschlafen und wieder aufwachen und erfahren, wie toll es sein kann, überhaupt ein Mädchen neben dir liegen zu haben. Muss ja nicht gleich die große Popp-Orgie draus werden. Wenn das so ist, solltest du deinen Eltern dies auch erzählen. »Wir haben überhaupt nicht vor, irgendwas zu tun, wir wollen nur die Nacht miteinander verbringen.« Mit etwas Glück kaufen Mama und Papa dir so was ab. Aber nicht herumlügen. Wenn sie dir das »Okay« geben, halte dich an die Regeln. Und selbst wenn deine Eltern mitspielen, heißt das noch lange nicht, dass IHRE Eltern genauso drauf sind. Mädcheneltern sind meistens viel, viel unlockerer und sehen dich bestenfalls als Problem, schlimmstenfalls als Gefahr für Leib und Leben ihrer Tochter. Daher ist es so wichtig, dass du ihre Eltern kennenlernst, bevor Übernachtungssachen geplant werden. Kann auch sein, dass sie zwar einverstanden sind, aber nur bei sich zu Hause. Damit sie ihre Tochter wenigstens irgendwie im Blick haben und dich jederzeit rausschmeißen, die Treppe runterwerfen oder eiskalt erschießen können, falls sie den Eindruck haben, dass du es zu weit treibst. Die Eltern deiner Freundin vertrauen immer IHR. Dich kennen sie zu wenig. Du bist eine Bedrohung. Für Jungs ist sie sowieso noch zu jung. Und Sex gibt's erst mit 80. Töchterchen hat es also genauso schwer wie du.

Eltern haben viele Hobbys. Am wichtigsten: deine Erziehung. Dazu gehören natürlich auch Bestrafungen. Jede schief gelaufene Aktion deinerseits führt somit zu einer Reaktion ihrerseits, die in Handyverbot, Taschengeldentzug oder Hausarrest münden kann. Eltern glauben, dass du auf diese Weise lernst, dich richtig zu benehmen und über deine Fehler nachzudenken. Tust du natürlich nicht die Bohne: Du hast vielleicht Mist gebaut, aber wie deine Eltern die Sache wieder mal aufbauschen und voll das Drama daraus machen, ist, nun ja, abgrundtief peinlich und ätzend. Davon bist du fest überzeugt. Und natürlich, nur *deine* Eltern sind so. *Andere* Eltern würden sich niemals so aufregen und dich zwingen, tagelang ohne Konsole zu vegetieren und nur noch für die Schule zu leben. Denkst du. Klar liegst du falsch.

Wenn deine Kumpels dir erzählen, dass ihre Eltern immer total locker drauf sind, ist die Chance groß, dass sie lügen. Weil es für sie peinlich wäre zuzugeben, wie uncool und spießig ihre Eltern sind. Deine Eltern mögen dich. Vielleicht lieben sie dich sogar. Von daher glauben sie, immer am besten zu wissen, was gut für dich ist. Und wenn sie mit irgendwas nicht einverstanden sind, gibt es halt Strafen. Genau wie in der Schule. Bescheißt du während einer Klassenarbeit, musst du die Konsequenzen ertragen, entweder Nachsitzen oder Kloputzen. Kommst du also von der Party später nach Hause als erlaubt: Strafe! Ist dein Zeugnis insgesamt unterdurchschnittlich oder sogar scheiße: Strafe! Lasst du benutzte Kondome auf dem Küchentisch liegen: Große Strafe! Manchmal blicken Eltern ein Problem nicht. Folglich musst du ihnen die Gründe für z.B. das zu späte Nachhausekommen erläutern. Kann ja sein, dass du wirklich einen guten Grund hattest (»Ich musste noch einem Freund helfen ...« oder ganz stumpf »Tut mir leid, ich hatte so viel Spaß, da hab ich einfach die Zeit vergessen«).

Völliger Schwachsinn ist es, Mama und Papa anzuschreien oder zu schmollen oder sie sogar zu beschimpfen. Sag einfach »kommt nicht wieder vor, sorry«, und meistens sind sie dann schon deutlich milder gestimmt. Strafe gibt's natürlich trotzdem. Weil Eltern nun mal nicht anders können.

8. GIBT ES ECHT VERSCHIEDENE ELTERNTYPEN?

»JAJA, MEIN SOHN HATTE LETZTE WOCHE GANZ SCHLIMMEN DURCHFALL ...«

Jede, jede Menge sogar. Hier mal eine Auswahl:

Helikopter: Das sind die, die einfach immer überfürsorglich sind und dir folglich ziemlich auf die Eier gehen. Ihr einziger Job: dich beschützen. Weil die Welt total böse ist. Darum fahren sie dich auch mit der Karre zur Schule, auch wenn diese nur einen Kilometer entfernt ist. Aber der Verkehr ist gefährlich. Außerdem könnte es regnen, und du könntest dir eine Erkältung holen. In Anwesenheit solcher Eltern mal auf einen Baum klettern? Bist du irre? Du könntest dir wehtun! Süßigkeiten essen? Oh mein Gott – du verdirbst dir den Magen! Helikopter kreisen um dich herum und haben einen Tank, der nie gefüllt werden muss. Sie transportieren, retten und kämpfen – und übertreiben ohne Ende. Einzige Chance für dich: abschießen das Ding!

Demokraten: Auch nicht schlecht! Hast du solche Eltern, wird diskutiert. Über jeden Dreck wird abgestimmt, sogar über die Frage, ob du wirklich ein neues Outfit brauchst, oder mehr Taschengeld, oder ob du deine Hausaufgaben nachmittags oder abends machen sollst. Als Einzelkind hast du verschissen, denn Demokratie funktioniert nach dem Mehrheitsprinzip. Und ja, deine Eltern sind mehr!

Intimplauderer: Oje, ganz üble Leute. Sie lieben es, über dich zu sprechen, blöderweise mit anderen Personen, und gerne auch, wenn du danebenstehst. »Jaja, mein Sohn hatte letzte Woche ganz schlimmen Durchfall, und außerdem sind da so komische Pickel an seinen Genitalien …« Da möchtest du am liebsten den Erdboden aufreißen, darin versinken und nie wieder auftauchen. Die einzige Gegenwehr: Mach genau dasselbe. Spricht Mama also über dich, sprich du gefälligst über Mama. »Meine Mutter stöhnt immer ganz laut im Schlafzimmer, wenn Papa mit ihr …« – Da freuen sich die Nachbarn, und deine Mutter wird daraus lernen!

Autoritäre: Erziehung ist für sie harte Arbeit. Disziplin ist alles. Alles, was sie sagen, muss genauestens befolgt werden. Sie sprechen nicht – sie befehlen. Immer. Deine eigene Meinung ist schnurzegal. Sie verbringen den Tag damit, zu drohen, zu kritisieren, zu nörgeln und zu strafen. Kurzum: ziemliche Arschlocheltern.

Alles-Erlauber: Also die absoluten Gegenteilleute der Autoritären. Bei denen und mit denen kannst du machen, was du willst, was auf den ersten Blick ziemlich cool klingt. Willst dein Zimmer in die Garage auslagern? Läuft! Bis zum frühen Morgen an der Playstation daddeln? Geht klar! Die langweiligen Religionsstunden schwänzen? Na logisch! Passt schon. Alles-Erlauber kümmern sich auch nicht um deine schulischen Leistungen. Eigentlich kümmern sie sich gar nicht, weil sie denken: »Der Junge weiß am besten, was richtig ist.« Stimmt ja auch. Häufig jedenfalls. Aber nicht immer. Kinder solcher Eltern wären hin und wieder wahrscheinlich sogar dankbar für etwas mehr Strenge, denn zu viel Freiheit macht auf Dauer schließlich kirre.

Und? Findest du deine eigenen Eltern hier irgendwo wieder? Wenn nicht – Glück gehabt …

9. MEINE KUMPELS DÜRFEN ALLES ... ICH NIE ...

Stimmt überhaupt nicht. Ist nur dein persönlicher Eindruck. Klar, vielleicht darf Niklas länger draußen bleiben und muss nicht gleich zu Hause anrufen, wenn's mal wieder später wird, aber dafür sind seine Eltern bei anderen Dingen, Hausaufgaben oder so, vielleicht härter. Vielleicht darf Tim schon ein Mädchen mit nach Hause bringen ... die sogar bei ihm übernachtet. Bei dir dürfte nicht mal der Dackel von den Nachbarn pennen? Ja, alles möglich.

Aber: Manches kriegst du gar nicht mit. Manchmal lügen dich deine Freunde nämlich einfach nur an, weil sie glauben, dass es cool ist, wenn sie von all den Freiheiten sprechen, die sie zu Hause haben. Obwohl es häufig gar nicht stimmt. Da sagt dann jemand »Meine Alten sind total locker, wenn's um Alkohol geht.« Kann sein, ist aber unwahrscheinlich.

Was deine eigenen Eltern zum Kotzen finden ist, wenn du sie mit anderen Eltern vergleichst. »Tims Eltern sagen immer ... Tims Eltern haben damit kein Problem ... Tims Eltern sind sowieso viel geiler als ihr ...« – Mit solchen Aussagen wirfst du ihnen eine Wand gegen den Kopf. Sie hassen so was. Was dazu führt, dass sie dir noch weniger erlauben.

Wenn du wirklich etwas willst, und deine Eltern strikt dagegen sind, z.B. auf ein Konzert gehen, dann bring Argumente vor. Überzeug sie. Dass so was gar nicht schlimm ist. Dass du mit Freunden hingehst. Dass der Vater von Tim euch wieder abholt. Dass du regelmäßig ne Nachricht schreibst. Dass du dir das Geld für die Karten selbst verdient hast ... Irgendwie so was halt. Damit zeigst du Verantwortungsbewusstsein. Finden Eltern super! Ob sie dann aber wirklich »ja« sagen, musst du selbst herausfinden ...

10. DAUERND FRAGEN SIE...

Es gibt so viele schöne Gesprächsthemen, aber trotzdem dreht sich immer alles um die verdammte Lehranstalt. Da kommst du nach einem harten Tag nach Hause, und das Erste, was dir entgegenpupst, ist: »Wie war's denn heute? Was habt ihr in Englisch gemacht? Hast du in Bio gut aufgepasst? Wie häufig hast du dich gemeldet in Religion? Hast du ein süßes Mädchen kennengelernt?« Irgendwas davon kennst du bestimmt! Eigentlich willst du nur essen und pennen, musst aber stattdessen jeden Tag aufs Neue mit diesen beknackten Fragen kämpfen. Erst von Mama, und dann vielleicht abends auch noch mal von Papa. Dreh doch einfach den Spieß mal um. Warte, bis Mama oder Papa voll gestresst von der Arbeit kommen, und gib Gas: »Wie war's denn heute? Was hast du so gemacht? Wirst du eigentlich irgendwann mal befördert? Was denken denn deine Kollegen über deine komische Hose? Hat der Chef dich mal gelobt?« – Falls du irritierte und wütende Blicke erntest, umso besser. Mit etwas Glück lassen sie dich in Zukunft in Ruhe.

Bedenke aber: Deine Eltern fragen nicht, um dich zu nerven, sondern weil sie ehrliches Interesse an dir haben. Das geht dir zwar auf den Keks, ist aber eigentlich nur ein Zeichen dafür, dass deine Eltern dich mögen. Ein bisschen wenigstens. Macht es nicht besser, ist aber vielleicht ein Trost für dich, wenn auch nur ein schwacher.

11. WIE WERDE ICH EIN PERFEKTER SOHN?

Indem du alles tust, was man dir sagt. Abwaschen. Tisch decken. Zimmer aufräumen. Bad putzen. Rasen mähen. Regelmäßig baden. Und duschen. Zähne putzen, täglich, und dann auch noch mehrfach. Nicht schreien, nicht jammern, keine Türen knallen.

Keine laute Musik. Kein Alkohol, keine Zigaretten, keine dummen Witze, keine Freunde, die Scheiße labern, keine Flecken auf den Klamotten, immer brav sein, strebsam in der Schule, fleißig bis zum Umfallen, höflich bis zum Erbrechen.

Ist also echt total simpel, perfekt zu sein. Aber warum solltest du so was Blödes eigentlich wollen? Du bist klasse, wie du bist. Klar, du hast ziemliche viele Fehler und benimmst dich häufig mal komplett daneben, außerdem könntest du in der Schule deutlich bessere Leistungen bringen – aber: Who cares? Du musst überhaupt nicht perfekt sein. Und dauernd »brav« sein schon mal gar nicht. Weil's einfach öde und viel zu anstrengend ist und vom Chillen ablenkt.

Trotzdem … trotzdem gibt es Dinge, die du ändern könntest. Muss deine Mutter dich denn ernsthaft jeden Tag daran erinnern, die verdammte Spülmaschine auszuräumen? Mach den Scheiß doch einfach, dann ist Ruhe im Karton. Außerdem freut's deine Mutter, wenn du Dinge auch mal ungefragt erledigst. SIE tut das schließlich auch für dich. Deine Socken werden schließlich nicht von einem magischen Kobold gewaschen, sondern von Mama, und zwar, ohne dass du es sagst. Irgendwann liegen sie einfach wieder in deiner Schublade, sind sauber und haben den leckeren Käsegeruch komplett verloren. Dafür, und für all die anderen Dinge, die deine Eltern täglich für dich machen, darfst du dich gerne mal revanchieren. Oder, der Knüller, auch mal »Danke« sagen. Kommt gut und ist gar nicht so schwer, wie du denkst. Was allerdings wirklich schwer ist, sind Taschengeld-Diskussionen. Hölle. Aber notwendig.

Du bekommst bestimmt Taschengeld. Mit hoher Wahrscheinlichkeit ist es zu wenig. Was also volle Axt unfair ist! Was also tun – zumindest, wenn du nicht willens bist, für dein Geld zu arbeiten? Richtig – verhandeln natürlich! Verhandlungen sind wichtig und notwendig. Hier ein No-Go-Beispiel:

»Mama, ich will mehr Geld.«

»Nein.«

»Aber alle anderen Jungs kriegen auch mehr.«

»Mir egal, was andere Jungs bekommen. Du bekommst, was wir für richtig halten.«

»Ich will aber mehr.«

»Nein.«

»Doch.«

»Nein.«

»Doch.«

Merkst du, wie die Sache danebengeht? Weil du Idiot keine vernünftigen Argumente vorbringst. Außerdem versetzt du dich nicht angemessen in deine Vertragspartnerin hinein, hier Mama. Mama interessiert es nicht die Bohne, wie viel Kohle Lukas und Tim und all deine anderen Kumpels bekommen. Sie fragen sich zuallererst: Mehr Geld? Aber wofür denn? Wann lernt er endlich, verantwortungsbewusst mit Geld umzugehen? Wir geben ihm doch schon genug. Er hat doch alles, was er braucht. Oder will er etwa Drogen kaufen?

All das musst du dir bewusst machen! Hier ein erfolgversprechenderes Beispiel:

»Mama, ich hätte gern ein klein wenig mehr Taschengeld für Bücher.«

»Für Bücher?«

»Na ja, ich wollte anfangen, mehr zu lesen.«

»Aber du bekommst doch schon genug Geld.«

»Stimmt. Aber ich muss zugeben, dass ich es manchmal für ziemlich unnütze Dinge ausgebe.«

»Oh, das ist aber gut, dass du das selbstständig merkst. Wie viel hast du dir denn vorgestellt?«

»Es soll gar nicht so viel sein. Aber das musst du natürlich selbst entscheiden. Du weißt schließlich besser, was gut für mich ist.«

»Das klingt logisch. Ich finde es toll, dass du mehr lesen willst …«

»Ich auch.«

Punktlandung! Und denk außerdem immer daran …

- den richtigen Moment abzuwarten: Also nicht, wenn Mum und Dad gerade von der Arbeit kommen, megamäßig gestresst oder sowieso schon sauer auf dich sind.

- auf deine guten schulischen Leistungen zu verweisen (sofern du denn welche zu bieten hast).

- deinen Eltern mitzuteilen, dass du dir überlegst, YouTube-Star zu werden, wenn sie nicht mit deutlich mehr Kohle rüberkommen.

12. DAUERND VERGLEICHEN SIE MICH ...

»Also, Nicks Mutter hat erzählt, dass er die Klasse sogar überspringen könnte, weil er so fleißig und intelligent ist ... Und Kai ist total engagiert am Nachhilfegeben ... Wusstest du eigentlich, dass Nino freiwillig im Garten hilft?« Nee, der ist stinkend faul und springt höchstens ein Schuljahr nach unten, und engagiert ist der auch nicht, der will nur das Geld, und Nino ist sowieso ein warmduschender Idiot ... Aber wahrscheinlich kennst du solche Vergleiche. JEDER Junge kennt solche Vergleiche. Sie kommen immer dann vor, wenn Eltern unzufrieden sind. Wenn sie glauben, dass du nicht das Beste aus dir herausholst. Was deine Eltern natürlich nicht die Bohne kapieren: Solche Vergleiche tun weh! Auch, weil da vielleicht ein Fünkchen Wahrheit drinstecken kann. Was aber noch lange kein Grund ist, jetzt auch eine Klasse überspringen oder im Garten helfen zu wollen. Eltern drücken mit solchen Vergleichen einen Wunsch aus. Dass du nicht so faul sein sollst, den Arsch hochkriegen musst und zu Hause mal mithilfst. Anstatt also einfach zu fragen, kommen sie mit »Tims Mutter sagt ...« und glauben, dich damit zu motivieren. Geht aber mit Sicherheit nach hinten los, oder? Spielt aber keine Rolle: Auf Dauer, glaub es oder nicht, hat man es im Leben leichter, wenn man den Hintern häufiger mal aus der Couch wuchtet, anstatt sich darin häuslich einzurichten.

13. EINFACH MAL MIST GEBAUT...

Was ist passiert? Hast du mit dem Fußball das Fenster der Nachbarn zerdeppert? Irgendwas im Supermarkt geklaut und bist dabei erwischt worden? Eine ziemlich beschissene Mathearbeit geschrieben? – Ganz egal, was davon stimmt, irgendeine Scheiße baut jeder irgendwann, oder auch mehrfach, absichtlich oder aus Versehen.

Eigentlich auch gar nicht so superschlimm, es sei denn, man wird dabei erwischt oder hat jemandem einen Schaden zugefügt. Und jetzt hast du natürlich sagenhaften Schiss, deinen Eltern davon zu erzählen. Absolut verständlich. Hilft aber nichts. Früher oder später, meistens früher, kommt's sowieso raus. Spätestens, wenn der Nachbar oder die Polizei oder ein Lehrer oder der Vater deines Kumpels klingelt. Und dann ist die Kacke richtig am Dampfen. Es nützt nichts – erzähle deinen Eltern, was Sache ist, und zwar *bevor* sie es selbst herausfinden. Klar gibt's Stress, aber im Vergleich zu der Hölle auf Erden, die sich auftut, wenn du die Sache geheim hältst, ist der noch einigermaßen zu überleben. Vor Eltern, die Typen sind einfach irre gute Spione, kann man Mistbau-Aktionen langfristig nicht verbergen. Geh also in die Offensive: »Also, ich wollte euch mal erzählen … da ist gestern ziemlich was schiefgelaufen …« Sie werden wahrscheinlich stinksauer sein, gleichzeitig aber sind sie beeindruckt von deiner Ehrlichkeit und Offenheit. Hausarrest gibt's trotzdem, aber vielleicht nur für sechs Monate statt für ein ganzes Jahr.

14. SIE PLANEN MEINE ZUKUNFT…

Ist doch großartig! Dann musst du dir keine eigenen Gedanken darum machen. Dein Leben wird also einfacher. Tatsache ist, einige Eltern wissen bereits bei deiner Geburt, lange, bevor du plärrend aus Mamas Bauch kommst, was du einmal werden willst. Pilot oder Bankkaufmann, Lehrer oder Arzt oder wenigstens, wenn's nicht so gut laufen sollte, Bundeskanzler. Hierbei werden sie von zwei Annahmen geleitet:

Der Junge soll es besser haben als wir.

Damit wir stolz auf ihn sein können.

Genau deshalb ist Schule auch so wichtig für sie. Weil sie halt Angst haben, dass du ein Bildungsversager wirst und damit die

Türen zu guten Berufen für dich ziemlich dicht bleiben. Du lebst blöderweise in einer Welt, in der Leistung wichtig ist und es ohne Erfolg irgendwie nicht geht. Allerdings verstehen Eltern manchmal nicht, dass du eigene Interessen hast und vielleicht eben Bock hast auf Mechaniker oder Gärtner. Sofern du überhaupt schon über einen zukünftigen Beruf nachgedacht hast. Du bist 14, hat also alles noch Zeit. Denkst du. Denken deine Eltern keine Sekunde. Sie haben einen klaren Plan: Schule super beenden, natürlich mit Abitur, dann Studium, natürlich ebenfalls mit super Noten, dann ein super Job. Hättest du Kinder, würdest du ihnen wahrscheinlich dasselbe wünschen. Wieder mal gilt: Deine Eltern wollen das Beste für dich. Was okay ist. Sie glauben allerdings auch, den besten Weg zu kennen, und zwar immer.

Aber DU musst ihn gehen, und zwar ohne Mamas Hand zu halten. Es ist also in Ordnung, wenn du keinen Bock auf Bankkaufmann hast und lieber erst mal an die Party am Wochenende denkst oder an deine nächste, zukünftige Freundin. Tausendmal wichtiger als irgendein Job in irgendeiner Zukunft. Fairerweise muss man aber zugegeben: Da Eltern bekanntlich älter sind, leben sie schon länger auf diesem Felsbrocken. Länger als du jedenfalls. Länger leben bedeutet: Sie sind tausendmillionenfach klüger als du. Was sie leider viel zu häufig erwähnen müssen, was aber trotzdem nicht heißt, dass ihr Wissen und ihre Erfahrung nicht auch mal (versehentlich) hilfreich sein können.

KAPITEL 14

YES, YOU NEED:

ALLES WEITERE, WAS DU SONST NOCH BRAUCHST

1. SERIEN, DIE DU DRINGEND MAL ...

THE WALKING DEAD. Weil Zombies einfach die besseren Vampire sind! Aber: Die Sendung ist nicht nur Splatter, sondern durchaus intelligent. Du musst dich also hin und wieder auch mal auf lange Dialoge einlassen. Aber danach wird wieder gekillt! Versprochen!

FEAR THE WALKING DEAD. Weil Zombies einfach die besseren ... naja, du weißt schon.

DIE SIMPSONS. Weil gelbe Typen immer wieder Spaß machen und Bart garantiert ein miserables Vorbild ist. Halte dich also an Lisa!

GAME OF THRONES. Weil zwar hyperbrutal, aber auch supergenial. Aber erneut: Die Serie ist hoch kompliziert und springt dauernd von einem Land ins andere, und nie weiß man wirklich, wer Held und wer Bösewicht ist. Anstrengender Stoff fürs Hirn, für das du Geduld brauchst. Falls zu hart, lies die Bücher: Jeder Band hat tausend Seiten oder mehr ...

MALCOLM MITTENDRIN. Weil Malcolm einen IQ von 165 hat, und ein fotografisches Gedächtnis, er also ein verdammtes Genie ist, fast genauso wie du also ... Dauernd geraten der Einstein-Junge und seine insgesamt ziemlich bekloppten Familienmitglieder, z.B. sein hohlbirniger Bruder Reese, in peinliche und stressige Situationen, was dir als Zuschauer ziemlichen Spaß macht.

STRANGER THINGS. Weil du jede Menge über die Technik der 1980er erfährst ... einer Zeit also kurz nach dem Ende der Dinosaurier. Außerdem gibt's absolut hässliche Megamonster, die du dir bislang noch nicht mal vorstellen konntest ...

VIKINGS. Weil Wikinger einfach krass sein können!

DOCTOR WHO. Weil eine Sendung, die es bislang auf 843 Folgen gebracht hat, so schlecht nicht sein kann … und weil der in jeder Hinsicht wahnsinnige Hauptdarsteller mit einer Telefonzelle durch Zeit und Raum rast, was, mal ehrlich, echt eine verdammt spritzige Idee ist.

BUFFY– IM BANN DER DÄMONEN. Weil das Mädel mit dem bescheuerten Namen heiß ist und Power hat … und richtig gut kämpfen und töten kann. Und weil die mitspielenden Jungs und Vampire einfach lässige Gestalten sind!

TÜRKISCH FÜR ANFÄNGER. Weil da der Lehrer aus *Fack ju Göhte* mitspielt, und zwar als Teenager-Türke, der sich in eine ziemlich süße deutsche Arroganz-Zicke verknallt. Führt zu jeder Menge Trouble!

2. BÜCHER, DIE NUR DARAUF WARTEN, DASS …

MÄRCHENMOND, von Heike und Wolfgang Hohlbein. Weil die Story alles andere als hohl ist. Du begleitest hier einen Typen namens Kim auf einer verdammt stressigen Reise, überwindest Berge, kämpfst Schlachten und tust all das, um ein Mädchen zu retten. Okay, das Mädel ist »nur« deine Schwester, aber die abenteuerliche Story macht Lust auf mehr!

ROBINSON CRUSOE, von Daniel Dafoe. Weil du damit perfekt vorbereitet bist, wenn du, wie Robinson, selbst mal auf einer einsamen Insel strandest, ohne Handy, ohne Essen, ohne alles. Und weil's ein verdammter Klassiker ist.

RATS, von David Fermer. Weil's um Ratten geht, die so ziemlich klügsten und niedlichsten und knuffigsten Tiere der Welt. Und weil da noch ein Junge ist, Daniel, der auf die blöde Idee kommt, sich mit ihnen anzulegen. Wer hier gewinnt? Finde es heraus, wenn du dich traust.

Sämtliche **WAS-IST-WAS?**-Bände. Weil die Dinger es wirklich schaffen, Wissen so zu vermitteln, dass sogar Jungs es verstehen … Ein *Was-ist-Was?* zum Thema »Mädchen« fehlt allerdings in der Reihe, was echt eine Schande ist. Aber: Dafür gibt es ja Teil 1 DIESES Buches …

IM SCHATTEN DER WÄCHTER, von Graham Gardner. Weil du hier erfahren kannst, wie man sich komplett neu erfindet. Aus einem absoluten Kackleben wird dank eines Schulwechsels etwas völlig Neues … blöd nur, dass ein komplett neues Leben auch neue Gefahren mit sich bringt …

DER LANGE WEG DES LUKAS B., von Willi Fährmann. Weil es spannend ist, ins uralte Steinzeitjahr 1870 einzutauchen und mit einem Jungen aus Deutschland mitzufiebern, der in Amerika sein Glück sucht, was aber einfacher ist als gedacht …

TOM SAWYER UND HUCKLEBERRY FINN, von Mark Twain: Weil's wieder mal ein Klassiker ist, weil's Spaß macht und vollgepackt ist mit den Abenteuern zweier Typen, die ihren Platz in der Welt noch finden müssen.

KRABAT, von Otfried Preußler: Weil schwarze Magie immer ein korrektes Thema ist, vor allem, wenn die Story in einer Mühle spielt. Hammergruselig. Letzteres war übrigens Ironie … Dennoch sehr spannend, und natürlich mit integrierter Liebesgeschichte. Sollte dich aber nicht hindern.

DIE WELLE, von Morton Rhue: Weil du hier erfährst, wie schnell du gewollt oder ungewollt zum Nazi werden kannst … und dass es Leute gibt, die sich gegen solche braunen Kackbratzen auflehnen!

SKULDUGGERY PLEASANT, von Derek Landy. Weil Skulduggery ein lebendes Skelett ist, das nichts Besseres zu tun hat, als dauernd die Welt zu retten. Er ist, wie bei lebenden Skeletten üblich, überzeugter Anzugträger (+ Hut)!

STUDIEN HABEN ÜBRIGENS ERGEBEN: JUNGS LESEN WENIGER ALS MÄDCHEN. VIEL WENIGER. DEMNACH BIST DU ALSO SCHLECHTER ALS EIN MÄDCHEN. HMM... OB MAN DAGEGEN ETWAS TUN KANN???

3. FILME, DIE DU …

STAND BY ME – DAS GEHEIMNIS EINES SOMMERS. Weil sich vier Jungs einfach mal auf die Suche nach einer Leiche begeben, der ihres toten Kumpels nämlich. Übrigens wäre Leichensuchen auch für dich und deine Freunde eine fantastische Idee für die nächsten Ferien …

IT. Weil Clowns böse sind. Echt jetzt. Und zwar alle. Darfst du eigentlich gar nicht gucken, was dich aber nicht hindern muss! Nochmals: Clowns sind böööööse!

STAR WARS. Alle Teile. Weil das Imperium einfach in jeder Folge einen auf die Mütze bekommt und man manchmal einfach rebellisch sein muss, um das Universum zu retten.

DEADPOOL. Weil der hässlichste Superheld des Planeten einfach eine geile Sau ist. Ach ja, und ziemlich gewalttätig. Weshalb du natürlich viel, viel, viel zu jung bist für diesen Film …

AMERICAN PIE, vor allem Teil 1. Weil du hier auf extremst witzige Art lernst, was ein Penis mit einem Apfelkuchen anstellen kann – und vieles mehr.

TSCHICK. Weil hier zwei komplette Loser-Jungs eine atemberaubende Reise unternehmen. Zu sich selbst und so …

FICKENDE FISCHE. Weil du dir jetzt die Frage stellst, wie Fische eigentlich ficken können … Ist allerdings kein Naturfilm. Fisch 1 (ein Junge) muss sich mit einer schweren und womöglich ansteckenden Krankheit herumplagen – und verliebt sich ausgerechnet in Fisch 2, was die Sache nur noch komplizierter macht. Und schöner.

THE FACULTY– TRAU KEINEM LEHRER. Weil sich hier Aliens einnisten, und zwar in Lehrkörper. DU wusstest natürlich schon immer, dass Lehrer irgendwie nicht von diesem Planeten sind, Grund genug also, sie abzumurksen, zumindest im Film.

SCOTT PILGRIM GEGEN DEN REST DER WELT. Weil du hier lernst, mit den Ex-Freunden deiner Freundin umzugehen, die dich unbedingt töten wollen.

SUPERBAD. Weil's eine irre schmutzige Story ist, wenn ein fetter Typ und sein schüchterner Freund auf eine Party gehen und Mädels abschleppen wollen.

Tipp: Einige Filme kannst du sogar »nachfilmen«. Filme dich selbst bei den Hausaufgaben und nenne das Werk »Stirb langsam«. Filme dich selbst beim Masturbieren und poste das fertige Meisterwerk unter dem Titel »IT«. Filme dich bei »anderen männlichen Dingen« und nenne das Ding »Superbad«. Viel Spaß dabei!

4. MUTPROBEN, DIE DU...

-> Zünde während des Gottesdienstes einfach mal eine Zigarette an und rufe dabei: »Gott will es!«. Zeige dabei auf Papa.

-> Teile dem Besitzer eines Kampfhundes in erotischer Stimmlage mit, dass du seine 14jährige Tochter rattenscharf findest. Mal schauen, wer schneller ist, du oder der sympathische Dobermann namens »Beißer«.

-> Lade einen Skinhead zu einem Multi-Kulti-Abend im örtlichen Jugendzentrum ein.

-> Frage in einem 5-Sterne-Restaurant nach Majo und Ketchup und ob sie das Steak auch püriert anbieten. Bitte diesbezüglich außerdem um einen Strohhalm. Verlange noch während des Essens nach einem Kotzeimer.

-> Gehe zu H&M oder Zara oder sonst was und begrapsche die weiblichen Schaufensterpuppen. Entkleide sie sorgfältig und nimm die hübscheste mit nach Hause. Wirf im Weglaufen der Verkäuferin einen »Ich kann alle haben«-Blick zu.

-> Sag zu deiner Lehrerin: »Also, für 'ne Frau machen Sie das gar nicht mal schlecht.«

-> Nimm eine Spinne in den Mund und gib dem krabbelnden Achtbeiner die Chance, deinen Mundinnenraum genauestens zu erkunden. Wenn es genug gekitzelt hat, beiße herzhaft zu und schlucke das Vieh runter. Sofern dir Tierschutz allerdings am Herzen liegst, lässt du Spidey aber doch wieder frei, ja?

-> Halte ein Polizeiauto an und frage die freundlichen Ordnungshüter/innen, ob sie dich nach Hause fahren können, weil deine Eltern dich ausgesetzt hätten. Sie sollen bitte außerdem das Blaulicht anmachen. Kommt einfach gut rüber bei Nachbarn und Freunden und erhöht deine »street cred«.

-> Stell dich an einem Wintertag in die Fußgängerzone und singe laut plärrend deutsche Volkslieder, beginnend mit »Hänschen klein«. Lasse vorher die Hose runter, zur Beweisführung.

-> Bestelle Pizza nach Hause und öffne die Tür, allerdings nackt. Jeder hat ein Recht, dich in reinster Schönheit zu sehen, auch Pizzaboten und der Typ, der den Zalando-Kram bringt.

Was auch immer du tust: Man kann sich am Ende nur freuen, wenn man überlebt. Gibt also keinen Grund, sich in Gefahr zu begeben. Was also z.B. die Sache mit der Spinne angeht: Es muss ja nicht gleich eine Goliath-Vogelspinne sein. Allein schon, weil so ein Viech mit 30 Zentimetern Beinspannweite eh nicht in deine Futterluke passt.

5. SPRÜCHE, DIE EINFACH IMMER ...

- Ich bin nicht arrogant! Ich bin einfach nur tausendmal besser als du!
- Klug war's nicht. Aber geil.
- Meine Hose ist nicht dreckig. Das nennt sich »used look«.
- Ich wäre lieber reich als sexy. Aber was soll man machen?
- Fick dich, Schwerkraft! Ich steh auf Leichtsinn!
- Mein Leben war einfacher, als ich Mädchen noch doof fand.
- Mädchen sind die männliche Beta-Version.
- Ich hab ein Problem für jede Lösung!
- Ich kann mir deinen Namen eh nicht merken. Ich nenn dich also einfach Kackbratze.
- Eh, du bist genauso hell wie ein Tunnel.

6. UNMÖGLICHE DINGE, DIE DU...

- Einen Löffel Zimt essen. Daran sind schon härtere Typen als du gescheitert ... genau wie daran, eine Scheibe ungetoastetes Toast in weniger als einer Minute herunterzuschlucken. Aber bitte: Beweis mir, dass du's draufhast!
- Deinen Ellenbogen ablecken. Keine Chance.
- Einen ausgeschalteten Ventilator einfach nur durch Pusten zum Ventilieren bringen! Sieht auf jeden Fall herrlich dämlich aus.
- Mit deiner Blockflöte unter Wasser die Nationalhymne spielen. Oder irgendeinen anderen Song. Aber sehen würde ich's schon gern ...
- Pickel ausdrücken und mit dem ausspritzenden Saft einen Smiley auf dem Badezimmerspiegel machen. Falls es gelingt: fotografieren und posten mit dem Kommentar »Mein Sperma fliegt und fliegt ...«.

- Länger als eine Minute die Weihnachts-ansprache des Bundespräsidenten anhören.
- Eine Banane essen, ohne grausame Schmatz-geräusche zu machen. Ernsthaft: Du klingst wie ein Nilpferd, egal, wie sehr du auch versuchst, leise zu sein.
- Öffne 'ne Tüte deiner Lieblingschips und iss exakt EIN Stück. Nicht zwei oder drei und schon gar keine Handvoll. EINEN Chip. Geht gar nicht? Hast recht!
- Laufe über Wasser. Was Jesus kann, kannst du schon lange.
- Furze und pisse gleichzeitig. Wäre zwar toll, geht aber nicht, weil dein Körper für solche komplexen Vorgänge einfach zu doof ist.

7. DINGE, DIE DU NIEMALS IN DEN MUND ...

Nasenpopel! Sieht zwar lecker aus, schmeckt aber nicht.

Kondome! Zum Lutschen oder als Kaugummiersatz leider völlig ungeeignet.

Rosa Zuckerwatte! Schmeckt bestimmt geil, aber alles, was rosa ist, ist tabu, scheißegal, wie viel Hunger du hast!

Antibabypillen! Sind und bleiben Mädchenkram!

Zigaretten! Zum Zwischen-die-Lippen-Stecken und Rau-chen okay, sofern du scharf auf Lungenkrebs bist, aber als Futter ziemlich giftig.

Urin! Irgendwelche Nasen behaupten, dass es total healthy ist, seine eigene Pisse zu trinken. Was total Sinn ergibt. Der Körper scheidet es aus, weil er es nicht will, und du kippst es oben wieder rein ...

Sand! Als kleines Kind hast du mit Sicherheit mal den Sandkasteninhalt probiert, richtig? Auch wenn du jetzt den Kopf schüttelst – du hast es getan, aber willst oder kannst dich nicht mehr erinnern. Was am Sand liegt! Sand ist böse!

Glühbirnen! Nein – auch deine enorme Manneskraft wird das Ding nicht zum Leuchten bringen. Du kannst reinpusten, dran lutschen oder das Ding anknabbern, aber es wird kein Licht rauskommen. Versprochen!

Erdbeereis! Vergiss nicht, du bist KEIN Mädchen. Erdbeereis ist so ziemlich die armseligste und unlässigste Eiskreation aller Zeiten. Jungs essen immer und ausschließlich nur Schlumpfeis!

8. MÄNNER, DIE DICH INSPIRIEREN...

JESUS CHRISTUS: Weil der Sohn Gottes einfach ein scharfer Typ mit supergeilen Fähigkeiten war. Konnte über Wasser latschen, Wasser in Wein verwandeln und jedes Mädchen rumkriegen, das ihm über den Weg lief. Gut, das Letzte stimmt vielleicht nicht so hundertprozentig, aber es wäre zumindest denkbar. Immerhin hat er 'ne Kirche gegründet. Das ist mehr, als du vorzuweisen hast.

IRGENDEINER DEINER LEHRER: Ach, komm schon, so scheiße können die gar nicht sein. Irgendwer, wenigstens einer, hat bestimmt was auf dem Kasten und könnte sogar eine Art Vorbild für dich sein. Halte dich notfalls an den Hausmeister; meistens ist er nützlicher als jeder Pädagoge …

CHRISTOPH KOLUMBUS: Weil er 1492 immerhin Amerika entdeckt hat (na ja, nach den Wikingern), obwohl der Depp dachte, er wäre in Indien. Aber: Er hat alle Steine, die man ihm in den Weg legte, beiseite geräumt und hat seinen Traum verfolgt.

ALEXANDER DER GROSSE: Weil er schon als Teenager das größte Reich der Antike eroberte. Schönes Hobby, dieses Erobern!

ARISTOTELES: Weil dieser »King of Philosophy«, der sich viel mit Logik beschäftigte, ein absolutes Multi-Genie der Antike war. Und Lehrer von Alexander dem Großen.

BRIAN ACTON UND JAN KOUM: Weil die beiden eine kleine Klitsche namens WhatsApp gründeten. Vielleicht hast du schon mal davon gehört … Beide sind natürlich Mega-Hyper-Multi-Milliardäre.

JOHANNES GUTENBERG: Weil er als Erfinder des Buchdrucks gilt und somit seit den 1440er-Jahren Bücher nicht mehr handschriftlich kopiert werden müssen. Praktisch also! Als Gutenberg starb, war er übrigens pleite, was weniger praktisch ist.

ISAAC NEWTON: Weil ihm im Jahr 1665 ein Apfel auf den Kopf fiel und er daraufhin die Gravitationsgesetze entwickelte. Merke: Auch die lächerlichsten Ereignisse können einen großen Effekt haben!

CHARLES LINDBERGH: Weil er 1927 ganz allein den ersten Flug ohne Zwischenlandung über den Atlantik (von New York bis Paris) durchzog. Der Legende nach hat er auf seinem 33-stündigen Flug noch nicht mal masturbiert! Harter Typ also!

IMMANUEL KANT: Weil dieser berühmte deutsche Philosoph, eine Art Influencer des 19. Jahrhunderts, auf die geniale Idee kam, dass Leute gefälligst ihren Verstand einschalten und nicht alles glauben sollen, was ihnen erzählt wird. Darauf muss man erst mal kommen …

Außerdem, nicht zu vergessen: **PAPA!**

9. DINGE, DIE DU NIEMALS IN DER ÖFFENTLICHKEIT...

- In den Schnee pinkeln. Schon gar nicht deinen Namen. Und schon gar nicht, wenn's überhaupt nicht geschneit hat.
- Allein eine Polonaise durch die Schule machen. Weil wegen sieht aus, als wärst du verhaltensgestört.
- Bücher zerreißen. Schon gar nicht verbrennen. Egal, wie blöd ein Buch auch sein mag. Dein Englischbuch ist mit Sicherheit strunzenhohl – es hat es trotzdem nicht verdient, wie Müll behandelt zu werden.
- In einem voll besetzten Fahrstuhl furzen. Klar, macht tierisch Spaß, was aber die Mitfahrer vielleicht anders sehen. Spießer halt!
- Schmodder aus Nase und Ohren entfernen, schon gar nicht mit den Fingern.
- Pickel ausdrücken. Dafür hat Gott das Badezimmer erfunden! Oder willst du es ernsthaft riskieren, einer fremden (oder bekannten) Person Pickeleitersaft in die Fresse fliegen zu lassen?

- An Fingernägeln herumknabbern. Auch nicht an Zehennägeln. Auch nicht mit Schere und Feile bearbeiten, und wenn doch, dann nur mit Socken an …
- Mädchen hinterherpfeifen und Sprüche bringen wie »Eh Baby, willst rummachen?«. So was bringen nur Typen, die von Stil keine Ahnung haben.
- In irgendwelche Gärten oder an Hauswände pissen, auch nicht in offene Cabrios hinein.
- Deinen Müll einfach auf die Straße werfen. Ist es ernsthaft so schwer, einen Eimer zu finden? Die Welt ist doch auch ohne deinen Abfall schon schmutzig genug. Im Notfall: Wirf deinen Unrat in ein offenes Cabrio …

10. ZITATE VERDAMMT BERÜHMTER LEUTE, DIE AUCH FÜR DEIN LEBEN...

Menschen mit einer neuen Idee gelten so lange als Spinner, bis sich die Sache durchgesetzt hat.
(Mark Twain, Autor)

Man sieht nur mit dem Herzen gut. Das Wesentliche ist für die Augen unsichtbar.
(Antoine de Saint-Exupéry, Autor)

Es ist nicht genug zu wissen – man muss auch anwenden. Es ist nicht genug zu wollen – man muss auch tun.
(Johann Wolfgang von Goethe, der Typ aus den »Fack ju«-Filmen ...)

Lach nicht über die Dummheit der anderen – sie ist deine Chance!
(Henry Ford, Unternehmer)

Niemand weiß, was er kann, bis er es probiert hat.
(Publilius Syrus, römischer Autor)

Hau rein, Alter!
(unbekannter Verfasser, offenbar ein Genie!)

Wer einen Fehler gemacht
hat und ihn nicht korri-
giert, begeht einen zweiten.
(Konfuzius, chinesischer Mönch)

Ich denke gern groß. Immer.
Für mich ist das sehr einfach:
Wenn Sie ohnehin denken, könnten
Sie ebenso groß denken.
(Donald Trump, US-Präsident und größen-
wahnsinniger Irrer. Aber der Spruch ist
trotzdem gut!)

Alle Träume können wahr
werden, wenn wir den Mut
haben, ihnen zu folgen.
(Walt Disney, Micky-Maus-Erfinder)

Versuche nicht, ein
erfolgreicher, sondern ein
wertvoller Mensch zu werden.
(Albert Einstein, deutsches Superhirn)

SO, MEIN ALTER!

Bis hierhin hast du's schon mal geschafft. Erste Sahne! Hast ganz allein und ohne fremde Hilfe auf total beeindruckende Weise ein ganzes Buch gelesen. Mich nämlich! Darauf kann man schon mal stolz sein!

Und? Sag schon ... wie war dein Leseerlebnis? Gut? Oder eher nur so mittelkacke? Oder sogar richtig, richtig, richtig, richtig toll? Also, ich persönlich find mich atemberaubend klasse. Aber das ist natürlich Geschmackssache. In jedem Fall hoffe ich, dass du Spaß an mir hattest (oder viel Spaß oder hin und wieder Spaß oder wenigstens kein »Würg!«) und dass du vielleicht sogar noch was gelernt hast. Wenn du ein Mann werden willst - und du bist ja auf einem verdammt guten Weg -, ist Lernen 'ne gute Sache. Glaub mir! Männer - und damit meine ich ganz besonders auch 14-jährige Typen wie dich - hören nie auf zu lernen. Das ist ja das Krasse am Mannwerden: Dauernd entwickeln wir uns weiter. Weil wir's können! Es wird nicht immer alles einfach sein für dich, aber du packst das schon! Keine Sorge und, wie ich schon tausend Mal gesagt habe, kein Stress! Wenn du übrigens in einigen Wochen oder Monaten oder Jahrhunderten Lust hast, blättere gerne noch mal wieder in mir herum. Bist herzlich eingeladen! Ich bin auch beim zweiten Mal noch ziemlich gut...

In diesem Sinne: Take it easy! Take care! Keep calm! Wir sehen uns wieder. Spätestens jedenfalls bei der Fortsetzung ... wenn du noch älter bist, noch lässiger, noch männlicher und somit noch tausend Mal bereiter für die nächsten hochgenialen Lektionen in Sachen Leben, Liebe, Sex und Mädels - und all den anderen spannenden oder drecksöden Kack, mit dem du dich so abplagen musst.

Und bis dahin - hau rein, mein Freund!

B.

625 WICHTIGE DINGE FÜR JUNGS

FINGER WEG, MAMA UND PAPA! HIER KOMMT ENDLICH
MAL EIN RATGEBER FÜR JUNGS UND NICHT FÜR DEREN ELTERN

**625 DINGE, DIE EIN JUNGE WISSEN MUSS UND GETAN
HABEN SOLLTE, BEVOR ER ZUM MANN WIRD**
Von Stephan Borchers
Mit Illustrationen von Jana Moskito
408 Seiten, Taschenbuch
ISBN 978-3-86265-436-9 | Preis 12,99 €

Erwachsenwerden ist kein Kindergeburtstag. Für Jungs schon mal gar nicht. Ein wenig Orientierung kann daher nicht schaden.
In *625 DINGE, DIE EIN JUNGE WISSEN MUSS
UND GETAN HABEN SOLLTE, BEVOR ER ZUM
MANN WIRD* finden Jungs 25 mal 25 überaus
aufschlussreiche und praxistaugliche Tipps
in angenehm kurzen Häppchen.

Alles über den Umgang mit Mädchen,
richtiges oder falsches Küssen, Dating,
durchgeknallte Mutproben, das Überleben
in der Schule, das korrekte Verhalten im Fall
der Zombieapokalypse und noch vieles andere mehr.

Mit Witz, nie von oben herab, ohne päd-
agogischen Zeigefinger. Immer am Puls des
jugendlich-männlichen Lesers. Ungeniert,
ungeschönt und unverschämt hilfreich: der
ultimative Ratgeber und ein Must-have für
Jungs mit Klasse!

WWW.SCHWARZKOPF-SCHWARZKOPF.DE

DAS BUCH Ä

DIE VON **DIE ÄRZTE** AUTORISIERTE BIOGRAFIE –
DIE GANZE GESCHICHTE DER **DIE ÄRZTE** VON FRÜHER BIS JETZE

DAS BUCH Ä
DIE VON DIE ÄRZTE AUTORISIERTE BIOGRAFIE
Von Stefan Üblacker
928 Seiten, gebunden mit Schutzumschlag,
mit mehreren Bildteilen von insgesamt 160 Farbseiten
ISBN 978-3-86265-585-4 | Preis 29,99 €

*Die Band **die ärzte** aus Berlin (aus Berlin!) sind ein Phänomen. Seit über 34 Jahren kümmern sie sich um den Rock und haben sich dabei von einer kleinen Berliner Szene-Band zu einer gesamtdeutschen Institution hochgearbeitet. Es gibt wohl kaum einen, der nicht schon mal etwas von BelaFarinRod gehört hat und nicht mindestens einen ihrer Songs kennt. DAS BUCH Ä widmet sich der besten Band der Welt in aller Ausführlichkeit. Von den frühen Anfängen bis heute wird darin nicht nur die Karriere der **die ärzte**, sondern zugleich auch der Zeitgeist und historische Kontext ihres Schaffens beleuchtet. Verfasst wurde es von Stefan Üblacker, der die Band schon seit mehr als 15 Jahren begleitet und Zugang zu ihren Archiven bekam.*

Auf über 800 Seiten wird nun die ganze Geschichte erzählt. Zahlreiche Abbildungen ergänzen den Text.

WWW.SCHWARZKOPF-SCHWARZKOPF.DE

10 DINGE, DIE DU NACH DEM ABITUR
<u>NICHT</u> TUN SOLLTEST

**10 DINGE, DIE DU NACH DEM ABITUR
NICHT TUN SOLLTEST**
Von Carlo Reumont
232 Seiten, Taschenbuch
ISBN 978-3-86265-638-7 | Preis 9,99 €

*»Heutzutage gibt es keine klaren Karriere-
wege mehr. Es gibt nur den eigenen Weg.«
Das ist die These, die Autor Carlo Reumont in
»10 DINGE, DIE DU NACH DEM ABITUR NICHT
TUN SOLLTEST« aufstellt.*

*Und doch gibt es Orientierungspunkte.
Sollte ich studieren? Schon, aber nicht sofort.
Sollte ich arbeiten? Ja, aber nicht für Geld. Und
was ist mit meinem Lebenslauf? Schreibe ihn,
nachdem du gelebt hast, nicht andersrum.*

*Bei all den Möglichkeiten, die junge Er-
wachsene heute haben, ist es nicht nur wertvoll zu wissen, was man tun sollte, sondern
auch, was man nicht tun sollte. Dieses Buch
umfasst eine Top-Ten-Liste der weitverbrei-
tetsten Fehler von Abiturienten zum Thema
Lebensgestaltung. Dabei greift der Autor auf
eigene Erfahrungen zurück. Persönliche und
humorvolle Tipps nicht nur für Schulabgän-
ger, sondern auch deren Eltern*

33 LEHRER, MIT DENEN IHR KIND RECHNEN MUSS

BESSERVERDIENENDE HALBTAGSARBEITER, FERIENKÖNIGE ODER DOCH ENGAGIERTE PÄDAGOGEN? EINE SATIRISCHE LEHRER-COLLAGE

33 LEHRER, MIT DENEN IHR KIND RECHNEN MUSS
TYPEN, TIPPS & TÜCKEN –
DAS BUCH FÜR EINE GLÜCKLICHE SCHULZEIT
Von Ulrich Knoll. Mit Illustrationen von Jana Moskito
288 Seiten, Taschenbuch
ISDN 978-3-86265-493-2 | Preis 9,99 €

Die Lehrer in diesem Buch heißen Heinz Polster, Lisa Steinwald oder Christine Doll. Sie scheinen an konkreten Schulen zu unterrichten. Doch sie könnten genauso gut Roland Beck, Annemarie Bäuerlein, Kai Kramer oder sonst wie heißen. Es gibt sie also so konkret nicht, sie sind frei erfunden – und doch unterrichten sie in ähnlicher Form landauf, landab, mit ihren jeweils charakteristischen Merkmalen und Eigenschaften, Verhaltensweisen und Vorlieben, Vorzügen und Macken. Sprich: Ein jeder kennt sie, ein jeder hasst sie – oder gibt es vielleicht doch den einen oder anderen Lehrer, zu dem sich aufschauen lässt?

In 33 LEHRER, MIT DENEN IHR KIND RECHNEN MUSS zeichnet Autor Ulrich Knoll witzige Porträts der hassens- und liebenswertesten Lehrertypen. Ein humorvolles und pointiertes Buch für alle, die mit Schule zu tun haben!

STEPHAN BORCHERS, geboren 1977, ist seit 15 Jahren Lehrer an einem ostfriesischen Gymnasium. Er kennt sich aus mit Schülern und mag sie – Grund genug, immer wieder über sie zu schreiben. Nach »625 Dinge, die ein Junge wissen muss und getan haben sollte, bevor er ein Mann wird« ist »Das Jungs-Buch« sein neuer Ratgeber speziell für angehende Männer, vielleicht, weil er sich noch sehr gut an seine eigene Kindheit erinnern kann.

Stephan Borchers
DAS JUNGS-BUCH: DER GANZE KRAM,
DEN DU MIT 14 WISSEN SOLLTEST!
Mit Illustrationen von Jana Moskito

ISBN 978-3-86265-768-1
© Schwarzkopf & Schwarzkopf Verlag GmbH, Berlin 2019

VERLAG
Schwarzkopf & Schwarzkopf Verlag GmbH
Kastanienallee 32, 10435 Berlin
Telefon: 030 – 44 33 63 00
Fax: 030 – 44 33 63 044

INTERNET | E-MAIL
www.schwarzkopf-schwarzkopf.de
www.facebook.com/schwarzkopfverlag
info@schwarzkopf-schwarzkopf.de